北方民族大学中央高校基本科研业务费专项资金资助
（项目编号：113159185 ）

保险合同解除权研究

王海燕/著

中国政法大学出版社

2020·北京

声　明　1. 版权所有，侵权必究。
　　　　2. 如有缺页、倒装问题，由出版社负责退换。

图书在版编目（CIP）数据

保险合同解除权研究/王海燕著. —北京：中国政法大学出版社，2020.9
ISBN 978-7-5620-9675-7

Ⅰ.①保… Ⅱ.①王… Ⅲ.①保险合同－合同法－研究－中国 Ⅳ.①D923.64

中国版本图书馆CIP数据核字(2020)第189290号

出 版 者	中国政法大学出版社	
地　　址	北京市海淀区西土城路25号	
邮寄地址	北京 100088 信箱 8034 分箱　邮编 100088	
网　　址	http://www.cuplpress.com（网络实名：中国政法大学出版社）	
电　　话	010-58908441(编辑室) 58908334(邮购部)	
承　印	北京九州迅驰传媒文化有限公司	
开　本	880mm×1230mm　1/32	
印　张	10.75	
字　数	251 千字	
版　次	2020 年 10 月第 1 版	
印　次	2020 年 10 月第 1 次印刷	
定　价	69.00 元	

摘 要 ABSTRACT

作为保险合同最基本、最核心的问题之一，保险合同解除权具有仅凭权利人单方意志即可改变相应法律关系的效力，对保险合同当事人利益影响巨大。尤其在我国保险法采三分法体制下，保险合同具有利他性，这就意味着除合同当事人之外，还涉及被保险人和受益人主体，使得主体之间的人身或财产关系尤为错综复杂，由此所产生的权利冲突，也更加容易引发争议。因此，在尊重保险合同的技术性原理的前提下，保险合同解除权问题更多的是一个涉及利益衡量和价值判断的问题。本书拟以保险合同解除权为切入点，进而对保险合同解除制度进行体系化的研究，重点在于分析利他保险合同中各个当事人之间的解除权利分配问题，最后落脚点是尝试对我国保险合同解除制度提出完善建议，以期能够引发进一步的讨论，促进保险合同解除制度理论的深入研究。

本书主要从保险合同解除权的四个方面对保险合同解除制度进行了全面的分析研究，除绪论之外，共分为五章。

第一章保险合同解除权基础理论概述。本章第一节从解除权引发的典型案例切入，引出当前解除权存在的主要问题，同时明确本书研究主题：保险合同解除权。第二节与第三节内容为基础理论部分，为后文具体问题的顺利展开作必要的理论铺垫和知识准备。该部分阐述的主要内容是保险合同解除权的基础理论，尤其是对利他保险合同的基础理论进行重点分析，具体包括利他保险合同的概念、法律关系、法律结构，以及利他保险合同解除与一般合同解除比较等问题。

第二章保险合同解除权的行使主体研究。本章主要是对保险合同解除权的归属问题进行研究。保险合同解除权应当由谁来行使？虽然《中华人民共和国保险法》（以下简称《保险法》）第15条对此作出了具体规定，但却没有明确合同解除权归属于哪些主体。保险合同所涉之相关主体，除合同当事人之外，还可能存在保险合同关系人，甚至包括合同外部的利益关系人。那么，这些主体在特定情形下能否享有合同解除权？本章以最大诚信、禁止权利滥用等基本原则所承载的正义价值为导向，主要对被保险人、受益人、继承人、债权人以及司法机关等五种主体的相关权利（权力）进行深入剖析。

第三章保险合同解除权的行使条件研究。本章主要包括法定解除和约定解除两部分。其中，保险合同法定解除又划分为投保人任意解除、保险人法定解除两种情形。基于对价原则和信赖规则两大理论基石，本书认为应当合理限制投保人任意解除权，以期能够适当地平衡投保人与被保险人以及受益人之间的解除权利益关系。保险人法定解除权行使条件部分，主要对因违反如实告知义务、谎报或故意制造保险事故、违反安全维护义务、年龄申报不实、违反危险增加通知义务等保险合同法定解除事由逐一项进行具体分析，在重点对大陆法系国家（地区）保险法进行梳理的前提下，进行比较法上的借鉴，为保险人法定解除条件进一步的细化和完善提供解决思路。约定解除部分，首先阐明保险合同中法定解除条件与约定解除条件的关系问题，并根据我国《保险法》第15条的性质，得出下述结论：对于投保人的任意解除条件，可以允许当事人约定以其他规范来替代，除非这种约定有悖于法律上的公平、公正。对于保险人的法定解除权，一般情况下应适用"法定优于约定"的原则。然有原则必有例外，如果排除法定解除条件的约定有利于投保方，法律则不应否定其效力。

第四章保险合同解除权的行使及法律效果研究。本章围绕保险合同解除权的行使方式、期间、限制以及法律效果等四部分内容展开。一般保险合同解除权的行使方式，应适用合同法上的有关解除规定，采取通知解除模式即可。但在利他保险合同中，投保人欲解除合同则略有不同。虽然投保人依旧采取通知解除的模式，但是在通知解除的意思到达保险人时并不立即发生解除的效果。这种解除效果须经过一定期间方能发生，如果在此期间内被保险人请求赎买保险合同，则期间经过不影响合同的效力。保险合同解除权期间问题，本书建议对投保人解除权行使设置一个解除权行使期限，即自保险合同成立后至保险事故发生之前，以保护受益人的保险金请求权。对于四种未规定行使期间的保险人解除权，必须先抽出一个关键点（"三点合一"），即保险合同解除权行使的客观期间起算点应为保险人合同解除权产生的时间点，同时也是投保人或被保险人违反相关义务的时间点。在此基础之上，本书根据三种法定解除情形的差异性逐一项进行完善。保险合同解除权的限制，主要包括弃权、禁反言以及不可抗辩条款三种方式。本书着重对不可抗辩条款从实践适用到条文本身存在的问题进行深入分析，同时提出相关改进建议。最后，关于保险合同解除权的法律效果问题，本书主要从保险合同解除溯及力、保险费返还以及保险责任承担等三个方面展开论述。

第五章保险合同解除制度的完善。本书最后落脚于我国保险合同解除制度的改进与完善。如果说前三章是建立在借鉴比较法基础上的分析研究，那么，本章的主要内容则是立足本土实际，对借鉴成果进行理论加工和成果提炼。综合前文的论证结论，该章对我国现行法中的保险合同解除制度进行全面的反思，系统剖析了现行制度的"足"与"不足"。对于制度存在的不足之处，本书最后单辟一节，主要从保险合同解除权的行使主体、行使条件、行使方式、行使期间和法律效果等五个方面，阐述了关于我国保险合同解除制度具体规则的完善思路。

目 录 CONTENTS

绪 论 | 001
　一、研究动机 | 001
　二、文献综述 | 002
　三、研究方法 | 004
　四、创新与不足 | 005

第一章　保险合同解除权基础理论概述 | 007
　第一节　问题的提出 | 007
　　一、典型案例引入 | 007
　　二、提出问题 | 010
　第二节　保险合同解除权基础理论论述 | 011
　　一、合同法中解除权的性质分析 | 011
　　二、保险合同解除权的性质分析 | 014
　　三、保险合同解除权的理论基础评述 | 016
　第三节　利他保险合同解除权基础理论论述 | 022
　　一、利他合同与利他保险合同之比较研究 | 023
　　二、利他保险合同解除权论述 | 041
　本章小结 | 043

第二章　保险合同解除权的主体研究 | 044

第一节　保险合同当事人解除权分析 | 044
一、投保人解除权相关问题分析 | 045
二、保险人解除权相关问题分析 | 051

第二节　被保险人相关权利剖析 | 063
一、被保险人法律地位分析 | 064
二、被保险人权利救济分析 | 067
三、被保险人撤销权与债权人撤销权之比较 | 072

第三节　受益人相关权利剖析 | 073
一、权利剖析一：保险事故发生前 | 074
二、权利剖析二：保险事故发生后 | 076
三、受益人的介入权分析 | 077

第四节　继承人相关权利剖析 | 080
一、保险合同解除权之可继承性分析 | 080
二、保险合同解除权继承之相关问题讨论 | 086

第五节　债权人相关权利剖析 | 093
一、债权人行使撤销权探析 | 094
二、债权人行使代位权探析 | 098

第六节　司法机关相关权力分析 | 113
一、投保人作为民事案件被执行人的情形分析 | 114
二、投保人作为刑事案件被告人的情形分析 | 120

本章小结 | 129

第三章 保险合同解除权的行使条件研究 | 131

第一节 论法定解除 | 131
一、投保人法定解除权行使条件分析 | 131
二、保险人法定解除权行使条件分析 | 147

第二节 论约定解除 | 220
一、约定解除条件与法定解除条件之适用关系 | 220
二、保险合同中约定解除之范围界定 | 224

本章小结 | 227

第四章 保险合同解除权的行使及法律效果研究 | 229

第一节 保险合同解除权的行使方式分析 | 229
一、合同解除权的行使方式简介 | 229
二、保险合同解除权的行使方式分析 | 230

第二节 保险合同解除权的行使期间分析 | 232
一、投保人解除权的行使期间分析 | 233
二、保险人解除权的行使期间分析 | 236
三、保险合同解除权期间的特殊问题分析 | 247

第三节 保险合同解除权的行使限制分析 | 249
一、弃权与禁反言 | 250
二、不可抗辩条款 | 260

第四节 保险合同解除权的法律效果分析 | 267
一、合同解除溯及力分析 | 268
二、保险合同解除溯及力 | 269

本章小结 | 280

第五章　保险合同解除制度的完善 | 282
第一节　保险合同解除制度的评价 | 282
一、解除权制度利益分配不合理 | 282

二、保险人解除权制度仍有待完善 | 284

三、制度借鉴与市场契合度不高 | 286

第二节　保险合同解除制度的完善 | 287
一、解除制度宏观架构的论证与完善 | 287

二、解除制度具体规则的重整与完善 | 292

本章小结 | 306

结　论 | 308

参考文献 | 312
致　谢 | 328

绪 论

一、研究动机

首先,在我国保险法采"三分法"体制下,保险合同项下的权利义务结构具有利他性,使得保险合同解除权表现出与一般合同解除权不同的特点。例如,投保人作为保险合同的当事人,其当事人地位与民事合同的当事人有很大不同,不能依照或者类比民事合同的当事人地位予以判断,而应当结合保险合同中的权利义务结构的利他性进行具体分析。因此,保险合同解除权在保险立法中有专门加以规范的必要。其次,保险合同解除权问题产生的纠纷通常涉及保险法以外的其他法律部门,因而在保险合同解除权问题缺乏明确法律规定的现状之下,司法部门通常在其他法律部门中寻找解决依据,甚至在相应法律规则缺失的时候,运用法律原则来处理案件,使得解决案件的法律效果有时差强人意,甚至是有悖保险法基本原则。最后,原有对保险合同解除权问题的研究比较零散且缺乏体系性。因此,保险立法具有单独体系化建构保险合同解除制度的现实必要性。本书拟以保险合同解除权问题为切入点对整个保险合同解除制度进行体系化研究,一方面完善保险合同解除制度,另一方面防止制度内外部之间的冲突和失衡。这便是本书研究的出发点和归宿。

二、文献综述

（一）国内文献综述

从保险法在我国的发展历史来看，其纯属于一种舶来品，缺少传统法律文化的继承。可以说从最初的启蒙式保险法学术研究，到今天我国保险法基本具有了发达国家和地区的保险法特质，这不仅是借鉴其他国家和地区的法的产物，[1]也是学者们专心致志，孜孜以求的结果。但不可否认的是，我国保险法仍存在诸多纰漏和不完善的地方。具体到保险合同解除制度问题上，现有研究成果虽有实质性的进步，但整体来看较为零散、简陋，缺乏体系化的研究。以保险合同解除制度为关键词，在中国知网的学位论文库里进行检索，发现目前尚无一篇博士论文对该问题展开系统、全面的研究，硕士论文也仅有10篇。但碍于篇幅限制，这些硕士论文的研究深度，多浅尝辄止，限于普及性介绍，缺少学理层面的探讨。但从相关主题来看，文献资料则相对丰富。例如，对保险人法定解除权展开研究的博士论文就有两篇：武汉大学李寒劲博士撰写的《保险人法定解除权制度研究》（2009年），以及西南财经大学姜南博士撰写的《保险合同法定解除制度研究》（2008年），分别从不同的角度对保险人法定解除制度进行研究，但对于保险人行使法定解除权的期间、法律效果等方面仍未触及实质性问题，有进一步研究的空间和必要。此外，从各个方面对保险合同解除权问题进行研究的论文文献还是相当丰富的，多达1050余篇。例如，岳卫先生2015年在《当代法学》上发表的《人寿保险合同现金价

---

[1] 邹海林："我国保险法的发展论——以保险合同法的发展为中心"，载宋志华主编：《保险法评论》（第5卷），法律出版社2013年版，第3页。

值返还请求权的强制执行》对于人寿保险合同中投保人的债权人能否就保单的现金价值申请强制执行乃目前司法实践及保险实务界所关心的重要问题进行探讨。孙宏涛先生于2016年在《政治与法律》上发表的《我国〈保险法〉中危险增加通知义务完善之研究——以〈保险法〉第16条第3款为中心》则对于我国危险增加通知义务，分别从适用范围、界定标准以及违反义务的法律后果等相关问题作了进一步的补充和完善。马宁先生在《保险法如实告知义务的制度重构》一文中，对于违反如实告知义务法律责任的设定进行重构和完善。另外，在国内发行的各种论文集中，也有不少从各个方面对保险合同解除问题展开研究的论文，其中，不乏真知灼见，对相关问题进行了深入的思考。但总体来看，保险合同解除制度作为一个有机整体，除对零碎问题进行个体研究外，还需要对保险合同解除制度作体系化的研究。具体而言，这种体系化的研究是指在比较法借鉴的基础上，对"移植"过来的其他国家和地区的法进行"本土化"栽培，内化成为具有中国特色的法律制度。

（二）国外文献综述

一般来说，保险业发达的国家和地区，其保险立法也相应地比较完善和先进，例如，美国、英国、瑞典、德国等。但由于我国保险法主要承继大陆法系保险立法体系，故本书多数择大陆法系之主要立法例进行比较法研究。如作为保险统一立法的先驱和集大成者，对我国保险立法产生深远影响的《德国保险合同法》（孙宏涛：《德国保险合同法》，中国法制出版社2012年版）。以及较之德国已经发展百余年的保险合同法，与我国保险法发展状况更具相似性的《韩国保险法》（崔吉子、黄平：《韩国保险法》，北京大学出版社2013年版）。还有2008年的《日本保险法》（沙银华：《日本保险经典判例评释》（修订版），法律出版社 2011 年版)。《法国保险合同法》等保险法立法例方面的参考文献（孙宏涛译，"法国保险合同法"，载宋志华主编：《保险法评论》（第 5 卷），法律出版社 2013 年版）。英美法系方面的主要参考文献，主要有英国《2015 年保险法》（郑睿译："英国《2015 年保险法》及立法背景资料"，载王宝敏主编：《保险法评论》（第 6 卷），法律出版社 2016 年版）以及《人寿保险》（第 12 版）（[美] 肯尼思·布莱克、哈罗德·斯基珀，洪志忠等译，北京大学出版社 1999 年版)、《美国保险法》(第 4 版）（[美] 约翰·F. 道宾，梁鹏译，法律出版社 2008 年版)、《美国保险法精解》（第 4 版）（[美] 小罗伯特·H. 杰瑞、道格拉斯·R. 里士满，李之彦译，北京大学出版社 2009 年版)、《保险合同法》（[英] Malcolm A. Clarke，何美欢等译，北京大学出版社 2002 年版）等译著。英文参考文献主要有：《Insurance Law》（John F. Dobbyn，法律出版社 2001 年版）等。

三、研究方法

为了系统阐述保险合同解除权这一论题，本书主要采用以下方法进行研究和写作：

(1) 比较分析方法。

通过对保险业发达国家的相关制度横向比较研究，归纳出保险合同解除制度发展的最新趋势和一般规律，在此基础上比照我国现行保险立法对相关问题的规定，有助于发现我国保险合同解除立法存在的漏洞与缺陷，为下一步的制度改进和完善打下基础。

(2) 历史分析方法。

从保险人合同解除权产生的原因、过程、内容及意义诸方面进行考察，探究其历史背景和社会发展状况，以便于对保险人合同解除权发展的未来趋势进行有理有据的判断和预测。

(3) 逻辑推理方法。

通过严密的逻辑推理,论证我国未来保险合同解除制度的架构选择,以及保险合同解除制度具体规则的改进和完善。

(4) 利益平衡分析方法。

保险合同中常常涉及多方利益主体,在协调主体之间的利益关系冲突的过程中,必须兼顾平衡各方利益以实现法律的实质公平。

四、创新与不足

本书在参考现有研究成果基础上,将论述重点放在理论争议大且具有研究价值的问题上,并从他人研究较少或是尚未研究的视角进行考察,力求提出新见解、新观点。本书的重点创新之处总结如下:

第一,限制投保人任意解除权,主要从三方面着手:一是设置一个解除权行使期限;二是设置一个解除权生效期间;三是排除两种解除权例外情形。

第二,区分保护被保险人与受益人之介入权。基于保险合同法律地位之差异性,本书提出应区分保护两者权利,不能等同视之、一概而论,而这种区分主要体现在权利受侵害之责任承担。

第三,保险人法定解除权条件的改进与细化。本书在比较法研究的同时,从制度体系化的角度,注重《保险法》本身内部各条文之间的协调和统一,尤其是在解除法律效果之轻重平衡问题上付出许多努力,进行相对深入的研究。

第四,保险人法定解除权期间限制的完善。对于三种保险人合同解除权期限尚付之阙如的现状,本书基于保险人法定解除权情形之差异性，具体情况具体分析，逐项补充和完善未规定期限的条款。

第五，不可抗辩条款配套制度的完善。对于不可抗辩条款配套制度的完善，本书主要着眼于以下两个方面：一是在人身保险合同中增设不可抗辩条款行使的前提条件。二是明确不可抗辩条款适用的例外情形。

第六，保险人解除权行使法律效果的全面整合。除义务人故意违反合同义务外，本书主张对义务人之主观过错进行全面的细化和区分，并且最终要将区分的结果贯彻到法律效果上。与此同时，立法须将重大过失行为纳入保险承保范围之内，采取"比例给付原则"以替代"全有全无原则"。在立法方式上，对于保险人法定解除之法律效果具有共性的部分，采取提取公因式的方式统一放到《保险法》第二章第一节的一般规定部分中去。

本书亦具有以下不足之处：

（1）联系实践不够紧密。

作者缺乏保险从业实践经验，对保险合同解除在实践中的相关运作情况缺乏深入了解，目前只能通过向从业人员请教、赴保险公司实地考察、搜集查阅文献资料等方式获得间接资料，这无疑将削弱文章与实践的紧密联系程度。

（2）理论掌控能力受限。

保险合同解除权问题是保险合同最核心的问题之一，涉及许多法学深层次的理论，作者的理论掌控能力有限，尚未达到意到笔随轻灵自如的水平，难免有所疏漏，恳请各位学者批评指正。

第一章
保险合同解除权基础理论概述

第一节 问题的提出

一、典型案例引入

(一) 争议一：投保人解除合同是否应经被保险人同意

案情简介：1995 年 10 月 30 日，中国人民保险公司永顺县支公司为本单位 6 名女职工（包括原告王某之妻陈某）投保妇科癌病普查保险，投保人和保险人均为永顺县保险公司，被保险人和受益人是这 6 名女职工，保期 3 年，保险金额 1 万元，保费每人 40 元。该保费已由永顺县保险公司工会经费中出资，一次交清。1997 年 7 月，陈某从被调往中国平安保险公司吉首分公司工作。同年 8 月 5 日，永顺县支公司作出业务批单，以陈某不具有可保利益为由解除了保险合同，没有书面通知陈某。1998 年 1 月，陈某被诊断出患癌症，后又确诊为子宫膜腺癌。陈某患癌后，曾于 1998 年 1 月和 5 月两次向永顺县支公司递交了给付保险金的申请。永顺县支公司以陈某调离后已不具有可保利益，保险合同失效为由，于同年 7 月 21 日给陈某下发了保险金拒付通知书。陈某为此于1999年2月8日提起诉讼,同年7月8日因癌症恶化死亡。陈某丈夫王某提起诉讼,请求判令被告按照保险合同的约定给付保险金,并赔偿其妻生前因被告拒绝理赔而遭受的精神损失。[1]该案的主要争议焦点之一,投保人解除合同是否应经被保险人同意?对此,一审法院认为,原告王某之妻陈某从被告处调离后,被告借该人身保险合同为同一人签署的便利,在没有征求陈某意见的情况下,就以业务批单的形式解除合同。此举违背了保险法第15条的规定,不能发生解除的效力。[2]虽然一审法院判决原告方胜诉实属难得,但依据第15条得出保险合同解除不发生效力的论证结论,其法律依据并不充分,甚至存在法律适用错误的问题,究其根源在于我国相关立法规定的缺失。

(二) 争议二:投保人的继承人能否解除保险合同

案情简介:原告唐甲系唐乙儿子唐丙收养的女儿,唐丙去世后由唐丁继续抚养。2004年8月16日,投保人唐乙给原告在被告公司投保了红双喜两全保险(A款分红型),原告唐甲为被保险人。唐乙于2012年去世后,其儿子唐丙于2013年8月28日以投保人继承人的名义在原告不知情的情况下擅自办理了退保手续,解除了保险合同并领取了保险现金价值。原告唐甲提起诉讼:"请求确认被告解除保险合同的行为无效,并主张保险人继续履行保险合同至合同期满。"[3]该案主要争议焦点之一,投保人的继承人能否解除保险合同?对此,一审法院认为,"我

---

[1] 北大法宝,http://www.pkulaw.cn/case/pfnl_1970324837041584.html,访问日期:2017年2月17日。

[2] 北大法宝,http://www.pkulaw.cn/case/pfnl_1970324837041584.html,访问日期:2017年3月19日。

[3] 聚法案例,http://www.jufaanli.com/detail/6d3fd0158dff9a2892a36ab381f275bb/,访问日期:2017年2月17日。

国《保险法》虽规定投保人有权解除保险合同，但本案中，投保人唐乙在生前有权随时解除保险合同，而直至其本人死亡均未行使该权利，应视为其有意愿继续按约定履行合同，其死后继承人并不享有法定解除权，无权解除唐乙与被告新华保险公司之间订立的保险合同，故解除保险合同的行为无效。[1]由于我国保险法立法对于投保人继承人是否有权解除保险合同的问题，缺少相应明确规定。因而，法院运用学理解释作出判决。

（三）争议三：司法机关能否强制解除保险合同

案情简介：申请执行人滨州市财昌融资担保有限责任公司与被执行人邹平县三宝畜牧科技有限公司等7家法人单位，赵某某、丁某、孙某某等19名自然人追偿权纠纷一案，滨州中院立案执行后，于2014年12月22日作出（2014）滨中执字第209-4号执行裁定书及协助执行通知书，要求太平洋人寿保险公司协助提取被执行人赵某某、丁某、孙某某在其处投保的人寿保险合同的保单现金价值。太平洋人寿保险公司不服，提出异议称："①被执行人投保的人寿保险合同具有人身属性，不宜作为强制执行的标的。②非投保人书面同意解除保险合同，保险人不能单方解除保险合同，且人民法院在执行裁定中适用提取收入的条款不当。综上，请求撤销（2014）滨中执字第209-4号执行裁定书及协助执行通知书。"[2]本案的主要争议焦点之一，司法机关能否强制解除保险合同？对此，山东省高级人民法院复议审查认为，"人民法院的强制执行行为在性质上就是替代被执行人对其所享有的财产权益进行强制处置，从而偿还被

---

[1] 聚法案例，http://www.jufaanli.com/detail/6d3fd0158dff9a2892a36ab381f275bb/，访问日期：2017年3月19日。

[2] 北大法宝，http://www.pkulaw.cn/case/pfnl_1970324845323300.html，访问日期：2017年2月17日。

执行人所欠的债务。根据保险法第15条、第47条的规定，在保险期内，投保人通过单方自行解除保险合同而提取保险单的现金价值。由此可见，保险单的现金价值作为投保人所享有的财产权益，不仅在数额上具有确定性，而且投保人可随时无条件予以提取。基于此，在作为投保人的被执行人不能偿还债务，又不自行解除保险合同提取保险单的现金价值以偿还债务的情况下，人民法院在执行程序中有权强制代替被执行人对该保险单的现金价值予以提取。"[1]该案中，山东省高院肯定了法院强制解除保险合同的权力，但这种强制解除权的适当性以及限制性问题，学界存在很大争议，有进一步研究的空间。

二、提出问题

上述案例争议焦点，无论是保险合同解除权的主体问题，还是保险合同解除权的行使问题，究其实质均围绕一个主题，即保险合同解除权。事实上，在保险实务中，因保险合同解除权所引发的纠纷远不止于前面所列举之情形，保险合同解除权作为保险合同最核心的权利内容，关系到各方利益主体。尤其在利他保险合同中，权利义务关系更加复杂，涉及多方主体，由此引发合同解除权的权利配置问题。具体而言，合同解除权的主体除合同当事人之外，是否还包括合同关系人以及合同外部的第三方？如被保险人、投保人的继承人、债权人以及司法机关等。若这些主体有权行使合同解除权，那么合同解除权又是在何种期限内，以何种方式行使以及可实现何种法律效果呢？以保险合同解除权为切入点，进而对保险合同解除制度进行体系化研究便是本书的研究主旨。

---

[1] 北大法宝，http://www.pkulaw.cn/case/pfnl_1970324845323300.html，访问日期：2017年3月19日。

第二节 保险合同解除权基础理论论述

法律不仅是一套规则体系,也是一套概念体系,对于法律概念的重要性,美国著名法学家博登海默曾精辟地论述道:"概念乃是解决法律问题所必需的和必不可少的工具。没有限定严格的专门概念,我们便不能清楚地和理性地去思考法律问题。"[1]因此,要解构保险合同解除制度,必先明确掌握其关联概念。

一、合同法中解除权的性质分析

基于契约自由之反面推导所产生的"契约神圣",英国学者盖斯特(A. G. Guest)指出:"与合同自由观念密切相关的还有另一个原则,那就是合同的神圣性。尤其使实业家关心的是保证当事人双方遵守契约并保证尽量少使用逃避合同义务的手段"。[2]根据合同的神圣性原则,如果合同是双方当事人基于自由的合意而订立,那么,合同当事人就必须严格遵守并履行基于合意所产生的权利义务。[3]契约一旦有效成立以后,即对双方当事人发生约束力,任何一方均应忠实履行合同义务而不得擅自变更或解除。然而,对履行过程中所发生的瑕疵,在某些特定因素出现时,法律例外地允许当事人解除契约以免除其对自己的约束。[4]

---

[1] [美] E. 博登海默:《法理学:法律哲学与法律方法》,邓正来译,中国政法大学出版社2004年版,第504页。

[2] [英] A. G. 盖斯特:《英国合同法与案例》,张文镇等译,中国大百科全书出版社1998年版,第6页。

[3] 李永军:《合同法》(第3版),法律出版社2010年版,第35页。

[4] 参见李永军:《合同法》(第3版),法律出版社2010年版,第541页。

同解除权属于典型的形成权,既然解除权赋予权利人单方面对相对人的法律地位进行干预的权力,那么,其相对人就不应再受到附条件或期间造成的悬而未决状态的不利影响。[1]但条件或期间的非法性并非毫无例外,如果条件对表示相对人来说并不产生合理期待的不确定性,那么条件就是合法的。如果被解约人可通过解约期间,使自己适应新的法律状态,因此解约期间是有利于维护被解约人的利益的,那么期间也是合法的。[2]③由于合同解除权的行使并不导致另一方当事人产生义务,另一方当事人只能静静等待。[3]一旦合同解除权人向相对方作出了解除合同的意思表示,则由于解除权的行使使得之前的合同之债转变为现在的义务清算关系,而此处既不需要法院进行审查确认,也无需由司法机关采取强制措施。[4]当然在合同解除之后,双方当事人互负返还其已受领的给付的义务。[5]

二、保险合同解除权的性质分析

(一)保险合同解除权的概念评述

对于保险合同解除之溯及效力问题,我国台湾地区保险立法以具有溯及力为原则。台湾地区"保险法"将解除与终止作

---

[1] 参见[德]迪特尔·梅迪库斯:《德国民法总论》,邵建东译,法律出版社2013年版,第639—640条。

[2] 参见[德]迪特尔·梅迪库斯:《德国民法总论》,邵建东译,法律出版社2013年版,第639—640条。

[3] 解除权不需要通过强制力予以实现,它本身就包含权利实现的意思。参见[德]迪特尔·施瓦布:《民法导论》,郑冲译,法律出版社2006年版,第143页。

[4] 参见[德]迪特尔·施瓦布:《民法导论》,郑冲译,法律出版社2006年版,第143页。

[5] 参见《德国民法典》第346条第1款。郑冲、贾红梅译:《德国民法典》(修订本),法律出版社2001年版,第69页。

为并列的概念而使用。其中，保险契约之终止者，系指保险契约在其存续期间内，因一定事由之发生，而使契约之效力自终止时起归于消灭。[1]保险契约之解除，系指当事人之一方，于契约成立后，因一定事由之发生，行使法律规定或当事人契约所赋予之解除权，而使契约效力溯及既往而失其效力之谓。[2]我国大陆地区，保险合同解除之溯及效力问题在现行法中未予明确，学界对此多有争议。鉴于解除之溯及效力较为复杂，故在对"保险合同解除"加以定义时可仅言明合同解除之法律效果是使合同关系消灭，对于其消灭是溯及既往，还是仅向将来发生则采取回避的方式。即，保险合同解除是指保险合同有效成立之后，因出现保险合同法定或约定的解除事由时，当事人一方向相对方发出解除保险合同的意思表示，使得保险合同的效力发生自始或仅向将来消灭的单方法律行为。[3]顾名思义，保险合同解除权，即为保险合同当事人一方享有解除保险合同的权利。保险合同之解除权，或源于法律之特别规定，或产生于当事人双方协商同意。前者为法定解除权，后者为约定解除权。

（二）保险合同解除与相关概念之区别

1. 保险合同解除与保险合同无效之区别

保险合同解除与保险合同无效两项制度，其区别在于：①保险合同无效，是指保险合同虽具备成立要件，但因欠缺生效要件，使得合同自始未发生效力，对于双方当事人不产生拘束力；保险合同解除则是以已经依法成立且有效的保险合同为对象，解

---

[1] 梁宇贤：《保险法新论》（修订新版），中国人民大学出版社2004年版，第145页。

[2] 梁宇贤：《保险法新论》（修订新版），中国人民大学出版社2004年版，第147页。

[3] 温世扬主编：《保险法》，法律出版社2003年版，第163页。

除之目的在于提前终结保险合同的效力。[1]②保险合同无效通常是自始无效，换言之，无效是具有溯及力的。[2]而保险合同解除之后其解除效力仅向将来消灭，只在例外情况下才具有溯及力。③保险合同无效与否的确认权属于人民法院或仲裁机关，当事人无权确认。与此不同，保险合同解除条件成就之时，当事人可以自行解除合同，即解除权利在当事人。

2. 保险合同解除与保险合同终止之比较

保险合同解除与保险合同终止两项制度，其区别在于：依前所述，在我国《合同法》上，合同终止与合同解除两者并非并列关系，而是将合同终止作为合同解除的上位概念加以规定。根据《合同法》第91条之规定，除保险合同解除情形外，保险合同权利义务终止的事由还包括完全履行、有效期限届满和保险标的的灭失等。[3]

三、保险合同解除权的理论基础评述

保险合同解除权作为一种典型的形成权，它给予权利人某种权利，即只根据自己的意愿单方地形成合同解除的法律后果。[4]但由于行使解除权所形成的法律后果会涉及法律关系中的其他人，因此，保险法对于合同解除权进行了严格的限制，而这种限制亦是由保险机制所蕴含的理念及内在的运作原理所控制的。

---

[1] 温世扬主编：《保险法》，法律出版社2003年版，第165页。
[2] 韩世远：《合同法总论》，法律出版社2004年版，第165页。
[3] 温世扬主编：《保险法》，法律出版社2003年版，第164-165页。
[4] 参见［德］卡尔·拉伦茨：《德国民法通论》（下册），王晓晔等译，法律出版社2003年版，第289-290页。

(一) 最大诚信原则

1. 保险法最大诚信原则之缘起

保险者之责任负担,殆全系于保险契约者之一言一行,[1]故于保险法上要求合同当事人的诚信程度远严格于一般民商事领域,保险法中的诚实信用原则也因此被称为"最大诚信原则"(utmost good faith)。诚信原本仅为一种抽象概念,并无法律拘束力。但鉴于诚信对于保险正常交易秩序之重要性,近代保险立法均积极将诚信体现在本国法律规范之中,在有利于拘束合同当事人之法律行为的同时,亦对判断当事人之行为是否符合此项原则提供明确可行的识别依据,以避免当事人因个体认知之差别而产生不必要的争议。[2]

诚信(good faith/bona fides)的概念源于罗马法,其意为诚实、善良、正当、守信等,主要指善意第三人、善意(或正当)取得和占有及守信履约而言。[3]在现代社会,最早于保险领域提及诚信的应为英国的曼斯菲尔德勋爵(Lord Mansfield),其于1766年审理 Carter v. Boehm 一案中的附带意见曾指出,保险合同作为一种技术性合同,保险人依据保险标的(物)信息来计算保险事故发生的概率,而有关于保险标的(物)信息的来源,绝大多数依赖于被保险人的如实陈述,而保险人也正是信赖被保险人进行了如实陈述,计算出应当收取的保险费用。因此,诚实

---

[1] [日]松波仁一郎:《日本商法论》,秦瑞玠、郑钊译述,中国政法大学出版社 2005 年版,第 354 页。

[2] 施文森:"诚信原则与格式条款外之求偿",载《月旦法学杂志》2010年。然诚信对于保险行为之相当重要性,近世保险立法无不将诚信原则落实于法律条文,不仅用于拘束契约当事人之行为,并亦对当事人之行为是否符合此项原则提供明确可行之判断,以免当事人因认知之偏差而引发不必要之纷争。

[3] 参见[德]莱因哈德·齐默曼、[英]西蒙·惠特克:《欧洲合同法中的诚信原则》,丁广宇等译,法律出版社 2005 年版,第 10 页;傅静坤:《二十世纪契约法》,法律出版社 1997 年版,第 38 页。

然而对价在保险法上的解释，系指投保人所交付保险费应客观上等于保险人承担之风险。[1]虽然对于个体来讲，保险具有射幸性，也即危险的发生是不确定的，但危险之于整个危险共同体，则是必然会发生的。保险业是根据大数法则测算出危险事故的概然率，从而确定应收取保险费总额及应支付保险金总额，并使二者达到平衡进行运营的。[2]因而，为求保险制度之合理运作，保险费的支付与收取必须合理，且保险人承担之风险（risk）与投保人交付的保险费（premium）之间，有维持两者平衡的必要性，此原则称为对价平衡原则，或给付与对待给付均等原则。[3]

对价平衡原则为德国经济学者 Wilhelm Lexis 提出，[4]用数学公式表示此原则为：$P = WZ$；在本式中，P 为净保费，Z 为保险金，W 为给付保险金的或然率（亦即危险概率）。[5]据此公式，各保险加入者所缴纳保险费之多少，与保险人对该保险加入者之危险所负的责任来计算，危险发生概率越高者，所应负担的保险费越高，由此可见，对价平衡原则建立于保险精算学之上，是保险技术规则在具体保险关系中的反映和要求。[6]

---

[1] 编辑部："江朝国教授《对价平衡原则介入契约自由原则的界线——善意复保险危险发生后不得请求保费返还》重点提示"，载《月旦释读文摘》2011年第5期。

[2] 傅安平等主编：《中华人民共和国保险实务全书》，企业管理出版社1995年版，第27页。

[3] Lexis 在其所编著《保险词典》（1909年初版）一书中指出，保险人所为保险金给付并不具有救济性质，投保人所缴纳的保险费亦非慈善捐款，众投保人之间必须存在着一种给付与对待给付相等原则。欧千慈："保险法上对价平衡原则之研究"，中正大学2006年硕士学位论文。

[4] 欧千慈："保险法上对价平衡原则之研究"，中正大学2006年硕士学位论文，第7页。

[5] 欧千慈："保险法上对价平衡原则之研究"，中正大学2006年硕士学位论文，第7页。

[6] 刘学生："保险法上对价平衡原则初探"，载尹田主编：《保险法前沿》（第3辑），知识产权出版社2015年版，第34-35页；欧千慈："保险法上对价平衡原则之研究"，中正大学2006年硕士学位论文。

2. 保险法对价平衡原则之体现

保险法中许多规则都贯彻了对价平衡之原理,故本书举其要者,列述以下规则可谓是对价平衡原则的具体体现和落实。[1]

(1) 保险合同解除时的保险费扣除。

保险合同作为一种继续性合同,其解除一般不具有溯及力,即保险人可扣除经过期间之保费而免于返还。其根本原因在于,保险合同属于继续性合同,因合同解除前之经过期间,保险人已承担危险责任之保护,在投保人所交付之保费与保险人之危险承担之间已实际形成对待给付关系,故而保险人基于这种对价关系,有扣除保险费的权利。如我国《保险法》第54条[2]、第52条[3]、第58条[4]。

(2) 危险程度明显变动时的保险费调整。

对价平衡原则的实质在于维持一种平衡,即投保人交付的保险费与保险人承担的危险责任之间具有精算学上的平衡和对价,因而当保险标的之危险程度发生明显变动时,为保持这种对价平衡关系,保险费也应当随之而动,进行相应的调整,增加或减少,[5]如《保险法》第52条、第53条[6]。

---

[1] 本部分参见刘学生:"保险法上对价平衡原则初探",载尹田主编:《保险法前沿》(第3辑),知识产权出版社2015年版,第34-37页。

[2] 《保险法》第54条,保险责任开始前,投保人要求解除合同的,保险人应当将已收取的保险费,按照合同约定扣除自保险责任开始之日起至合同解除之日止应收的部分后,退还投保人。

[3] 《保险法》第52条,在合同有效期内,保险标的的危险程度显著增加的,保险人解除合同的,应当将已收取的保险费,按照合同约定扣除自保险责任开始之日起至合同解除之日止应收的部分后,退还投保人。

[4] 《保险法》第58条,保险标的发生部分损失后,保险合同解除的,保险人应当将保险标的未受损部分的保险费,按照合同约定扣除自保险责任开始之日起至合同解除之日止应收的部分后,退还投保人。

[5] 参见刘学生:"保险法上对价平衡原则初探",载尹田主编:《保险法前沿》(第3辑),知识产权出版社2015年版,第34-37页。

[6] 《保险法》第53条,据以确定保险费率的有关情况发生变化,保险标的

（3）超额保险与重复保险时的保险费返还。

超额保险，是指保险人赔付的保险金数额超过保险标的物的实际价值的保险。保险之本质既在于填补被保险人之损害，损害之范围又以被保险人对保险标的所拥有之价值为限，故超额保险为法所不许。[1]依我国《保险法》第 55 条第 3 款[2]规定，对于超额之保险费返还，即因遵循对价平衡原则之所致。具体是指，因保险人实际上并不承担超过保险价值之危险，故而对于超过保险价值之保险费缺乏保有之对价，依对价平衡原则，理应返还于投保人。而对于重复保险[3]，依照《保险法》第 56 条规定[4]，各保险人须按比例返还保险费，其原理与上述超额保险费之返还相同，皆因违反保险之损害填补原则而无效，又因破坏对价平衡关系，缺乏受有保险费之对价原因，而需将多取之部分返还于投保人。

第三节 利他保险合同解除权基础理论论述

从比较法的角度观察，英美法系采"二分法"，而大陆法系则采"三分法"。在"二分法"的体制下，被保险人既为合同

（接上页）的危险程度明显减少的，或保险标的的保险价值明显减少的，除合同另有约定外，保险人应当降低保险费，并按日计算退还相应的保险费。

〔1〕 江朝国：《保险法基础理论》，中国政法大学出版社 2002 年版，第 328 页。

〔2〕 《保险法》第 55 条第 3 款规定，保险金额不得超过保险价值。超过保险价值的，超过部分无效，保险人应当退还相应的保险费。

〔3〕 所谓重复保险，是指在财产保险中，投保人在同一保险期间内，对同一保险标的、同一保险利益、同一保险事故分别与两个以上保险人订立保险合同，且约定的保险金赔付金额总额超过保险标的的价值的保险。参见《保险法》第 56 条。

〔4〕 《保险法》第 56 条规定，重复保险的各保险人赔偿保险金的总和不得超过保险价值。重复保险的投保人可以就保险金额总和超过保险价值的部分，请求各保险人按比例返还保险费。

当事人，负担缴纳保险费义务，同时也是保险合同提供保障的受益对象，享有保险金请求权。因此，从合同法原理角度来看，英美法系保险法所采之"二分法"体制，实质上是以利己保险合同来构建合同的主体及其权利义务结构的。[1]而在大陆法系保险法的"三分法"体制下，保险合同的缴费主体与保障对象是分离的，具体而言，投保人作为保险合同的当事人，负担缴纳保险费义务。被保险人在保险合同中的法律地位仅为关系人，一方面须对保险标的（物）具有保险利益，另一方面为保险合同所保障的对象，保险事故发生时享有保险金请求权。因此，从合同法原理来看，大陆法系保险法所采之"三分法"体制，实质上是以利他保险合同来构建合同的主体及其权利义务结构的。[2]我国保险立法仿大陆法系之传统，对保险合同的主体采"三分法"的模式，故而本书单辟一节对利他保险合同进行讨论分析。此外，还由于利他保险合同涉及多方主体，尤其是这些主体之间存在的错综复杂之人身或财产关系，以及这些关系产生的不同利益冲突，比利己保险合同更容易引发争议。并且，之后对于保险合同解除权讨论的问题，主要是针对利他保险合同进行的。所以，有必要先行对利他保险合同解除权作基础理论的铺垫。

一、利他合同与利他保险合同之比较研究

（一）利他合同基础理论论述

1. 利他合同的性质分析

（1）利他合同在大陆法系的发展历史。

在罗马法早期，利他契约理论尚未形成。当时，契约相对性原则作为一项基本原则，在罗马法中根深蒂固，将契约的效

---

[1] 樊启荣：《保险法诸问题与新展望》，北京大学出版社2015年版，第9-10页。
[2] 樊启荣：《保险法诸问题与新展望》，北京大学出版社2015年版，第10页。

力严格限制在双方当事人甲乙之间,对于第三人丙不发生直接的权利义务关系。同时,契约当事人之外的任何第三人不得享有契约上的权利义务。[1]因此,在罗马法前期,利他合同一直不被法律承认和保护。[2]直到罗马法后期,随着社会经济的繁荣以及交易关系复杂化,利他合同才缓慢地破土而出,产生了利他合同无效原则之例外情形,即为第三人利益契约。[3]而即便法律例外地承认为第三人利益缔约的效力,也并不能当然地认为第三人享有主张诉权的权利。彼时,罗马法律仅仅是在极其例外的情形下[4]承认第三人享有救济性诉权。而真正利他合同在立法上得以确认,则应始于1804年的《法国民法典》。[5][6]但该法典仍将第三人利益合同严格限定在一定的条件范围之内才能有效成立。[7]直至《法国民法典》制定后差不多50年,为了

---

〔1〕 其理由是,契约是根据双方当事人之间的合意而订立的,第三人未曾参与,自然合同之力不能对其产生任何影响。周枏:《罗马法原论》,商务印书馆1994年版,第662页。

〔2〕 参见陈朝璧:《罗马法原理》(上册),商务印书馆1937年版,第197页。

〔3〕 王利明:"论第三人利益合同",载《法制现代化研究》2002年第0期。

〔4〕 [意]彼德罗·彭梵得:《罗马法教科书》,黄风译,中国政法大学出版社1992年版,第313页。具体是指,当缔约人与第三人之间有利害关系时,准确地说当向第三人的给付原本就应为缔约人负担的给付义务时,当事人为合同外第三人利益缔约是被法律承认的,同时第三人也享有相应的救济性诉权。王利明:《合同法研究》(修订版,第1卷),中国人民大学出版社2011年版,第113页。

〔5〕 丁亮华:"第三人利益合同及其请求权基础——对《合同法》第64条之'漏洞'的创设性补充",载于梁慧星主编:《民商法论丛》(第36卷),法律出版社2006年版,第183页。

〔6〕 《法国民法典》第1121条规定,一人在为自己与他人订立契约时,或对他人赠与财产时,亦得订立为第三人利益的约款,作为该契约或赠与的条件,如第三人声明有意享受此约款的利益时,为第三人订立契约之人即不得予以取消。[法]拿破仑:《拿破仑法典(法国民法典)》,李浩培等译,商务印书馆1979年版,第172-173页。

〔7〕 根据法国民法典第1121条之规定,订立为第三人利益的约款,仅在当事人为自己订立契约或对他人赠与时才被承认。

应对人身保险业务的实际发展需要,[1]法院对利他合同的适用范围作出了扩大解释。[2]该制度发展的最终结果是,所有为合同外第三人利益订立的合同,无论是否存在对价,均是有效并被法律所承认和保护的。[3]

(2) 利他合同的概念界定。

根据合同之分类,以是否贯彻合同相对性为标准,合同可分为束己合同和涉他合同。[4]其中,涉他合同,是指合同双方当事人间所订立的合同,其内容实质性地涉及第三人丙之权利或义务的合同。[5]根据第三人丙承担义务或享受权利之区别,涉他合同又可分为由第三人履行合同和向第三人履行合同(又可称之为利他合同、为第三人利益合同等)两种基本类型。[6]从大陆法系民法理论看,根据第三人是否享有以给付为内容的独立诉权,利他合同又可细分为非真正的利他合同和真正的利他合同两种。其中,如果甲乙当事人仅是约定由乙向第三人丙给付,而丙对于乙并未取得直接的给付诉权,此为非真正的利他合同。但如果甲乙当事人除约定由乙向第三人丙履行给付利益外,第三人丙对于债务人乙还取得独立的给付诉权,则称之为真正的利他合同。从其他国家或地区的立法看,多数立法所

---

[1] 出于为人身保险合同构建法律框架的现实需要。参见吴文嫔:《第三人利益合同原理与制度论》,法律出版社2009年版,第52-53页。

[2] 法院采取扩大解释认为,缺乏对价的赠与可以支付保费,或由受允诺人向允诺人给予其他经济利益进行替代和补偿。参见吴文嫔:《第三人利益合同原理与制度论》,法律出版社2009年版,第52-53页。

[3] See Barry Nicholas, The French Law of Contract, 2nd edition, London, Butterworths, 1982, p. 186. 即便利他合同不存在对价,订约人为第三人规定权益至少在道义上受有利益。See Barry Nicholas, The French Law of Contract, 2nd edition, London, Butterworths, 1982, p. 186.

[4] 崔建远主编:《合同法》(第5版),法律出版社2010年版,第36页。

[5] 韩世远:《合同法总论》(第3版),法律出版社2011年版,第69页。

[6] 韩世远:《合同法总论》(第3版),法律出版社2011年版,第69页。

规定之利他合同均指真正的利他合同。例如，我国台湾地区"民法"第 269 条[1]、《日本民法典》第 537 条第 1 款[2]、《瑞士债法》第 112 条[3]、《德国民法典》第 328 条[4]。

综上可知，利他合同有广义和狭义之分。其中，广义的利他合同（又称为"不真正第三人利益合同"或"非纯正第三人利益契约"，也有称为"经由指令而为交付"），[5]是指双方当事人达成合意，约定由一方向第三人履行合同利益，至于第三人是否对履行人享有给付请求权则在所不问。而狭义的利他合同，则仅指真正的利他合同，即双方当事人达成合意，约定由一方向第三人履行合同利益，并且第三人对履行人享有给付请求权。纵观大陆法系国家之立法意旨，利他合同的概念皆以后者为准。

2. 我国《合同法》第 64 条与利他合同之关系解读

如何理解我国《合同法》第 64 条[6]的规范对象，是否属

---

〔1〕 我国台湾地区"民法"第 269 条规定，以契约订定向第三人为给付者，要约人得请求债务人向第三人为给付，其第三人对于债务人亦有直接请求给付之权。

〔2〕 《日本民法典》第 537 条第 1 款规定，①以契约约定当事人的一方向第三人做某种给付时，该第三人享有对债务人直接请求给付的权利。渠涛编译：《最新日本民法》，法律出版社 2006 年版，第 118 页。

〔3〕 《瑞士债法》第 112 条规定，以自己之名为第三人之利益约定给付者，得请求向第三人为给付。第三人及其继承人适于他当事人之意思或适于习惯时，得独立的请求其履行。郑玉波：《保险法论》，三民书局股份有限公司 1970 年版，第 470 页。

〔4〕 《德国民法典》第 328 条规定，当事人可以通过合同约定向第三人给付，此种约定具有使该第三人直接取得请求给付之权利的效力；如无特别规定，应当根据情况，特别是应当根据合同目的推知。杜景林、卢谌译：《德国民法典》，中国政法大学出版社 2014 年版，第 85 页。

〔5〕 吴文嫔：《第三人利益合同原理与制度论》，法律出版社 2009 年版，第 97 页。

〔6〕 参见《合同法》第 64 条规定，当事人约定由债务人向第三人履行债务的，债务人未向第三人履行债务或者履行债务不符合约定，应当向债权人承担违约责任。

于利他合同？论者见仁见智，并不统一。目前存在的观点大致有如下三种：一种观点认为，该条既不是对为第三人利益订立的合同所作的规定，也不是对涉他契约的规定，而是对合同履行中"经由被指令人而为交付"的规定。[1]第二种观点认为，该条规定了向第三人履行的合同，这种合同是双方当事人约定，由债务人向第三人履行债务，第三人直接取得请求权。[2]第三种观点认为，《合同法》第64条的规定，既包括真正的利他合同，也包括非真正利他合同。因此，关于第三人是否享有直接请求权，需要根据合同的约定具体判断。[3]

对照以上三种解读观点，第一种观点与第二种观点的实质性分歧，在于"经由被指令人而为交付"与真正的利他合同之别。第三种观点为目前主流观点，认为该条规定涵盖多种情形，利他合同也属于其涉及的类型之一。[4]从《合同法》第64条的法律效果来看，如果债务人未向第三人履行债务或者履行债务不符合约定，应当向债权人承担违约责任。[5]与该条法律效果相较，在"经由被指令人而为交付"的合同中，如果债务人违反债权人指示未依照约定向第三人履行相应的给付义务，债权人有权向债务人主张违约责任，但由于第三人对债务人不享有直接的给付请求权，故而债务人无须向第三人承担违约责任。[6]而在利他合同中，如果债务人未依约向第三人履行相应

---

[1] 尹田："论涉他契约——兼评合同法第64条、65条之规定"，载《法学研究》2001年第1期。
[2] 梁慧星主编：《民商法论丛》（第36卷），法律出版社2006年版，第191页；胡康生主编：《中华人民共和国合同法释义》，法律出版社1999年版，第112-113页。
[3] 王利明：《合同法研究》（修订版，第1卷），中国人民大学出版社2011年版，第140页。
[4] 薛军："利他合同的基本理论问题"，载《法学研究》2006年第4期。
[5] 参见《合同法》第64条。
[6] 参见薛军："利他合同的基本理论问题"，载《法学研究》2006年第4期。

的给付义务，债务人不仅要向债权人承担违约责任，同时也须要向第三人承担违约责任，只是二者基于各自不同的债权主张而已。经对照分析，可以发现，无论是在经由被指令人而为交付的合同，还是利他合同中，合同债务人违约的后果均包括向债权人承担违约责任，即发生第 64 条的法律效果。只是利他合同中，除债权人之外，第三人亦可要求债务人承担违约责任。所以，经由被指令人而为交付的合同的法律效果，与第 64 条完全吻合。也正基于此，学者提出第一种主张。但将第 64 条解释为利他合同，至少从反面推导法律效果的角度来看，显然不妥。然而就此得出第 64 条与利他合同毫无干系的结论，依旧缺乏说服力，毕竟第 64 条涉及利他合同两种法律效果之一种。因而，相对于前两种观点，最后一种观点在结论上显得更加全面和稳妥。不过即便从第 64 条中解读出我国立法对于利他合同的承认，但由于利他合同一般规则的缺失，从规则体系的角度来说，仍然存在着缺陷。[1]

(二) 利他保险合同基础理论论述

1. 利他保险合同的性质分析

目前，我国保险立法对于利他保险合同的概念暂未作统一界定。因我国在保险立法上，经常参考和继受与成文法系较类似的德国、日本以及我国台湾地区立法，故而，本书此处选择性的主要对日本和我国台湾地区的相关学说争议进行梳理。

(1) 学说争议评述。

一是日本。有别于我国按保险标的的不同将保险划分为财

---

[1] 正如有学者所言，由于在事实上缺乏调整这一制度的明确具体规范，中国法上的利他合同调整仍然只能依靠于理论界的构造，就此而言，无论是肯定论还是否定论，都不能否认中国合同法在利他合同的问题上存在着事实上的缺漏。薛军："利他合同的基本理论问题"，载《法学研究》2006 年第 4 期。

产保险和人身保险,日本保险划分为生命保险和损害保险两类。生命保险属于人保险是以人的生死为对象。与之相对应的是物保险,而作为物保险中一种的损害保险是以人的生死以外的损害为保险对象,遵循损失补偿原则进行理赔。[1]《日本保险法》对于第三人利益保险合同,分别规定在生命保险[2]和损害保险[3]中。当被保险人与受益人非为一人时,生命保险合同总共分为五种类型:第一类,投保人、被保险人以及受益人同为一人;第二类,投保人以他人为被保险人进行投保,指定自己为保险金受益人;第三类,投保人以自己为被保险人进行投保,指定他人为保险金受益人;第四类,投保人以他人为被保险人,指定他人为保险金受益人;第五类,投保人以第三人为被保险人,指定他人为保险金受益人。第一、二类保险在日本被称为"为自己的保险",而第三、四、五类被称为"为他人的保险"。[4]

日本保险法划分为自己保险和为他人保险的关键点在于谁为保险金受益人。即以保险金受益人为标准,无论投保人是否以自己为被保险人,但只要保险金受益人为投保人本人,即可归类于为自己保险。反之,只要保险金受益人为他人,无论被保险人为谁,这份生命保险都划归为为他人保险。

二是我国台湾地区。台湾地区关于利他保险合同的主流观点,以投保人是否自己享有保险金请求权为区分标准,保险合

---

[1] 沙银华:《日本保险经典判例评释》(修订版),法律出版社2011年版,第3页。

[2] 《日本保险法》(2010年)第42条,保险金受益人是生命保险合同当事人以外的人的时候,该保险金受益人当然享有该生命保险合同的利益。

[3] 《日本保险法》(2010年)第8条,被保险人是损害保险合同当事人以外的人时,该被保险人当然享有该损害保险合同的利益。

[4] 沙银华:《日本保险经典判例评释》(修订版),法律出版社2011年版,第16页。

(2) 本书观点陈述。

通过分析，可以发现前述观点的差别仅在于表述不同，实质意义则是异曲同工。举梁宇贤先生观点为例，对于为自己利益保险合同与为他人利益保险合同的区别，其根据保险合同的利益归属为标准进行分类，而刘宗荣先生则是以要保人是否为保险契约的被保险人或受益人的标准进行分类。前者的划分依据是利益本身，后者的划分依据则是利益主体。然而，实际上，保险合同上所承载之利益，即为保险金给付请求权，而在保险合同中享有保险金给付请求权的主体，则为被保险人（无受益人或未指定受益人的情形下）或受益人（指定受益人的情形下）。换言之，保险合同上的利益最终归属于被保险人或受益人，只是当投保人与被保险人或受益人为同一人时，是为自己利益保险合同，反之，则是为他人利益保险合同。因此，表面梁宇贤先生与刘宗荣先生所代表的两种观点，在实质意义上是相通的。

仅从字面意思上来看，为自己利益与为他人利益，即是一种利益归属的差别，最终的关键点在于利益归属于谁的问题。这两个概念放到保险法中去理解，则是受益人为自己，或为他人的问题。因而，根据利益归属为标准进行保险合同分类的观点，更容易被理解和接受。具体而言，受财产保险合同与人身保险合同之差别影响，为他人利益保险合同的结构关系亦有所不同。财产保险合同的结构为投保人与被保险人非为一人。此时被保险人的法律地位虽仅为合同的第三人，但保险标的（物）为该第三人之保险利益，同时也是因保险事故发生而受有损失之人，根据损益规则[1]，被保险人在保险事故发生时享有保险

---

[1] 所谓损益规则，即利之所在，害亦相随；损之所在，利之所属。简言之，谁受损，谁受益。樊启荣：《保险法诸问题与新展望》，北京大学出版社2015年版，第11页。

金请求权。此形态最常见于国际贸易中，如以 CIF 为条件的货物买卖交易。但在人身保险方面，其形态主要有两种。[1]为自己利益保险合同，是指投保人以自己为受益人订立的保险合同。为自己利益保险合同的形态因财产保险与人身保险之不同而存有差异。由于受益人的概念并不适用于财产保险[2]，因此在财产保险中，只有一种情形，即投保人为自己之利益投保。但在人身保险方面，为自己利益保险合同有三种形态：①投保人、被保险人与受益人同为一人；②投保人以他人为被保险人，但经被保险人同意指定自己为受益人；③投保人以自己为被保险人，而未另行指定受益人时，依我国保险法之规定，推定自己为受益人。[3]

2. 利他保险合同之第三人论证

（1）利他保险合同之第三人。

在利他保险合同中，投保方内部有时可能存在投保人、被保险人和受益人三方主体。那么，谁是利他保险合同中的第三人？对此，有学者主张第三人应为被保险人，但也有学者主张应为受益人，如王利明先生认为，利他保险合同主要是指在以

---

[1] 一是投保人与被保险人同为一人，同时指定他人为受益人；二是投保人与被保险人非为一人，同时又另行指定第三人为受益人。林群弼：《保险法论》（修订 3 版），三民书局股份有限公司 2002 年版，第 122-125 页；覃有土、樊启荣：《保险法学》，高等教育出版社 2003 年版，第 64-65 页；梁宇贤：《保险法新论》（修订新版），中国人民大学出版社 2003 年版，第 36 页。

[2] 在人身保险中，若被保险人死亡，则保险金赔偿请求权必由第三人为之。但在财产保险中，受益人即为被保险人，故无受益人存在之必要。若被保险人和保险人约定于保险事故发生时，由第三人受领保险赔偿者，此第三人虽依一般用语亦可称为受益人，但和保险法上所称之受益人性质不同。故而，在为自己利益保险的财险合同中，只有投保人、被保险人与受益人为同一人这一种形态。江朝国：《保险法基础理论》，中国政法大学出版社 2002 年版，第 115 页。

[3] 覃有土、樊启荣：《保险法学》，高等教育出版社 2003 年版，第 64-65 页。

死亡为给付保险金条件的死亡保险合同。因此,利他保险合同中的第三人应为受益人。[1][2]

  王利明先生在利他合同是一种独立的合同类型的基础论断之上,对于保险合同和利他合同进行比较,进而得出利益第三人合同一般体现在人寿保险中的死亡保险合同的结论。而与王利明先生观点不同,王泽鉴先生则否认利他合同作为一种特殊合同类型,而是在一般合同基础上,双方合同当事人约定的结果。[3]并且,第三人利益契约通常多用于保险契约,尤其是人

---

[1]　保险合同类型众多,未必都能涉及第三人。如通常的财产保险及人身保险中的健康保险、伤害保险,人寿保险中的生存保险中,利益第三人合同一般体现在人寿保险中的死亡保险合同上,因为死亡保险依其性质必须有受益的第三人。王利明:《民商法研究》(第6辑),法律出版社2014年版,第337页。

[2]　王利明先生所提观点,主要基于以下理由,一是利他合同是一种独立的合同类型,具有自身的特殊性,其可以广泛适用于买卖、赠与、租赁等各种固有的合同类型。二是依利他合同的一般理论,第三人具有以下特征:①在利他合同中,第三人不是订约人,却能够依据合同享有接受债务人的履行和请求其履行的权利;②利他合同中的第三人享有独立的请求权,即第三人尽管只享有权利不享有义务,但一旦由当事人指定成为利益第三人合同中的第三人,他就享有独立的请求权;③第三人只享受权利,不承担合同义务。根据民法的一般规则,任何人未经他人同意,不应为他人设定义务,擅自为第三人设定义务的合同是无效的,也正是因为利益第三人合同只是使第三人享有权利并获得利益,此种合同才受到法律的确认,其成立亦无须事先通知或征得第三人同意。三是在英美法上,人寿保险属于第三人为受赠受益人类型的涉他合同。著名合同法学者科宾先生认为,人寿保险单的受益人,当他不是作为被保险人出现在背书保险单上时,他通常是一个受赠受益人,既不受合同相对性的拘束,也没有给予对价的要求,受益人的权利在一般的合同诉讼中就可以得到强制执行。王利明:《民商法研究》(第6辑),法律出版社2014年版,第328-337页;苏号朋主编:《美国商法——制度、判例与问题》,中国法制出版社2000年版,第126、127页;[美]A. L. 科宾:《科宾论合同》(下册),王卫国等译,中国大百科全书出版社1998年版,第203页;MünchKomm: Gottwald, P328, Rn. 3.

[3]　第三人利益契约本身并不是一个固有的契约类型,而是某特定契约(基本契约,例如买卖、租赁、承揽)之当事人约定,使第三人得向债务人直接请求给付,取得债权人之地位。原则上于任何债权契约皆得为第三人利益之约定。王泽鉴:《民法学说与判例研究》(第6册),北京大学出版社2009年版,第180页。

寿保险。[1]

　　本书认为，从大陆法系利他合同制度的历史发展过程来看，促使利他合同制度建立的真正动力来自于人身保险的普及推广，利他合同制度与保险发展之相依相伴，正是由于保险合同所具有之利他性质。当然在保险合同中，并非所有的保险合同均具有利他合同的性质，可称之为利他保险合同的，一般是指投保人与受益人不为同一人的情形。此处所指受益人，是指享有保险金请求权之主体。而通常享有保险金请求权之主体，既可为被保险人本人，也可为被保险人所指定之第三人（受益人）。在此情形下，利他保险合同的第三人应为受益人。但在被保险人未指定受益人或无法定情形发生的，第三人应为被保险人。尽管，从利他合同之一般理论看来，合同之第三人须具备只享受权利，不承担合同义务的特征，而被保险人之于保险合同，虽不负缴纳保费之义务，但仍需承担危险增加之通知、保险标的安全维护等义务，故不能谓之为第三人。

　　然而本书以为，保险合同作为一种特殊的民商事合同，自然有与其他特定合同类型之与众不同处。[2]而被保险人所承担之责任，就来源于保险合同所具有之特殊性，即保险合同的高度信息不对称性。由于保险标的一直处于被保险人控制范围之内，被保险人拥有熟悉保险标的的信息优势，基于此，被保险人被苛以相应义务。诚如江朝国先生所言，当要保人与被保险人不为同一人时，被保险人非保险契约之当事人，理应不受保险契约效力之拘束，唯保险契约有其特殊性，被保险人为保险

---

〔1〕 王泽鉴：《债法原理2》（不当得利），中国政法大学出版社2002年版，第86页。

〔2〕 虽然本书并不完全赞同，王泽鉴先生否认利他合同作为一种特殊合同类型而存在的观点，但利他合同的确是双方合同当事人约定的结果。王泽鉴：《债法原理2》（不当得利），中国政法大学出版社2002年版，第86页。

人所承担风险之连接对象，故其于保险契约上相关权利义务与其他契约外第三人有完全不同之地位。[1]综上，对于被保险人未指定受益人的保险合同，如财产保险以及非以死亡为给付条件的人身保险，保险合同之第三人应为被保险人。如被保险人已指定受益人，如人寿保险中的死亡保险合同，保险合同之第三人则应为受益人。

（2）利他保险合同第三人之关系简介。

一是以死亡为给付保险金条件的人身保险。在以死亡为给付保险金条件的人身保险中，当保险事故发生时，被保险人已经死亡无法主张保险金请求权，而有保险金请求权的人是被保险人以外的第三人，因此必须创设受益人的概念。[2]所以，在以死亡为给付保险金条件的人身保险中，受益人是由法律规定或被保险人（投保人）指定的享有保险金请求权的人。[3]

二是非以死亡为给付保险金条件的人身保险。在非以死亡为给付保险金条件的人身保险中，享有保险金请求权的人可以是被保险人，也可以是被保险人以外的第三人，受益人并不是合同的必备要素。受益人是由被保险人指定的享有保险金请求权的人，是被保险人对于保险金请求权的自由处分的结果。此时，受益人作为一种"受赠者"的身份拥有保险金请求权，也就是英美法系上所称"馈赠受益人"。[4]

---

[1] 江朝国：“论我国保险法中被保险人之地位——建立以被保险人为中心之保险契约法制”，载《月旦法学教室》2011年。

[2] 刘宗荣：《新保险法：保险契约法的理论与实务》，中国人民大学出版社2009年版，第65页。

[3] 参见《保险法》第40条第1款、第42条第1款。

[4] 孙晓利：“保险受益人法律制度完善研究”，中国海洋大学2013年硕士学位论文。

(三) 利他保险合同与利他合同之比较

利他保险合同与民法上的利他合同，可视为特别法与一般法的关系。下文主要对二者之合同内部权利义务关系进行比较，并后附图文示之。

1. 二者相同之处

利他保险合同与利他合同性质上并无差异。[1]例如，二者合同成立，均无需事先通知或征得（受益人）第三人的同意。受益人之受益权取得性质与第三人权利取得性质相同，均为原始取得。此外，在利他保险合同中，保险人对于要保人所得为之抗辩，亦得以之对抗受益人。与民法之规定，债务人可以向债权人主张因契约所产生的一切抗辩权利，对抗受益第三人。[2]二者立法旨趣，大致相同。

2. 二者不同之处

由于缴纳保费和获得保险金的主体分离，通常情况下人身保险比财产保险要多一个主体，那就是受益人。而在人身保险中被保险人和受益人非同一人的情形也属常态，以被保险死亡为给付保险金条件的寿险合同更是如此。故而，此处将同属利他保险合同第三人的被保险人和受益人分别与利他合同第三人作以比较。

---

[1] 对于受益人享有受益权本身之性质，学者江朝国先生认为保险契约本质上并非民法上之利益第三人，主要原因之一系因为受益权存续上不若民法利益第三人之受益权形同一般权利，而仅属一事实上期待，随时有被处分的可能，称不上已取得权利。嗣后被保险人死亡时，其无法再为受益人之处分、变更，受益人方实质取得受益权，获得保险契约之利益。参见江朝国：《保险法逐条释义》（第 4 卷 人身保险），元照出版有限公司 2015 年版，第 349 页。

[2] 郑玉波：《保险法论》，三民书局股份有限公司 1970 年版，第 53-54 页。台湾地区"民法"第 270 条规定，前条债务人，得以由契约所生之一切抗辩，对抗受益之第三人。保险法第 22 条第二款规定，要保人为他人利益订立之保险契约，保险人对于要保人所得为之抗辩，亦得以对抗受益人。参见林群弼：《保险法论》（修订 3 版），三民书局股份有限公司 2002 年版，第 123 页。

（1）被保险人与第三人之不同。

首先，通常利他保险合同订立之时，被保险人都有参与的权利，尤其是订立以被保险人死亡为给付保险金条件的人身保险合同，必须事先征得被保险人的同意始为有效。[1]但在利他合同的订立过程中，第三人为非必要参与人，即不以通知或征得第三人同意为合同的生效要件。其次，正如前述王利明先生提到的，第三人利益合同中的第三人只享有权利，不承担合同义务。[2]但在利他保险合同中，被保险人除了享有保险金请求权之外，虽不负缴纳保费之义务，但必须承担许多附随合同义务，其中既包括先合同义务（如实告知义务），也包括合同义务（保险标的危险增加通知、安全维护义务等）。[3]再次，利他合同中向第三人履行的关系是双方当事人进行自由约定的结果，即约定权利。但利他保险合同中被保险人享有的保险金请求权，并非源于投保人与保险人的约定，而是直接由《保险法》规定，即法定权利。最后，依照我国《保险法》第42条之规定，在没有适格受益人的情况下，保险金作为被保险人的遗产由其继承人继承。[4]同时根据第34条之规定，在经被保险人书面同意后，以死亡为给付保险金条件的合同，可以转让或者质押。[5]但利他合同中的第三人享有的受益权是源于合同当事人指定的，该权利仅限于第三人本人享有，未经当事人同意，第三人不得随意继承和转让。[6]

---

[1] 参见《保险法》第34条第1款。
[2] 王利明：《民商法研究》（第6辑），法律出版社2014年版，第328-329页。
[3] 参见潘红艳："被保险人法律地位研究"，载《当代法学》2011年第1期。
[4] 参见《保险法》第42条。
[5] 参见《保险法》第34条。
[6] 参见潘红艳："被保险人法律地位研究"，载《当代法学》2011年第1期。

（2）受益人与第三人之不同。

其一，在一般利他合同中，须经第三人为意思表示同意接受为其设定的权利之后，此合同才对第三人产生效力。而在利他保险合同中，其受益人无须为任何意思表示，合同即对其自始确定产生效力。其二，保险合同指定受益人虽然原则上无条件限制，但有时出于对道德风险的防范，法律明确规定投保人指定、变更受益人时须经被保险人同意。换言之，第三人成为受益人的前提条件是必须对被保险人有保险利益。而一般利他合同的法律关系较之简单，且合同受益人没有这种保险利益方面的限制。其三，利他合同中，第三人为意思表示同意受益之后，第三人确定享有独立的请求权，除第三人同意，合同当事人一方或双方不得随意变更或撤销。而在利他保险合同中，除投保人声明放弃处分权外，不论受益人是否作出同意的意思表示，投保人或被保险人均有权变更受益人，受益人享有的受益权属于一种事实上的期待。[1] 其四，从下图比较可以看出，利他保险合同作为利他合同之一种，其订立目的在于填补第三人利益损失。[2]

---

[1] 王利明：《合同法研究》（第1卷）中国人民大学出版社2002年版，第120页。

[2] 依据订立合同之目的不同，利他合同可分为两个基本类型：第一个基本类型系以缩短给付为目的，旨在简化给付关系；第二个类型以填补损失为目的，系具生计扶养照顾性质之第三人利益合同，以利他保险合同为典型，其特殊之处系合同上之给付自始以归于第三人为目的。王泽鉴：《民法学说与判例研究》（第7册），北京大学出版社2009年版，第108页。

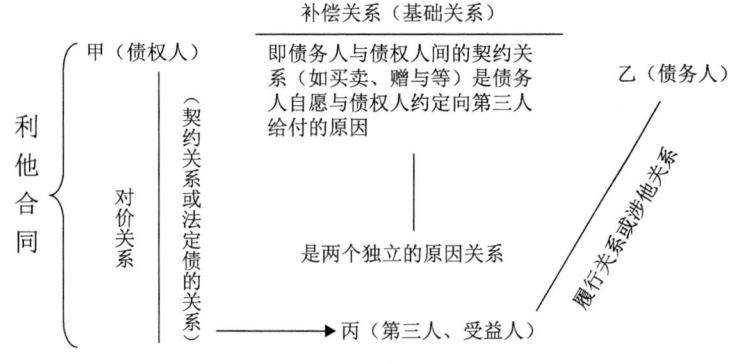

图一[1]：利他合同内部结构

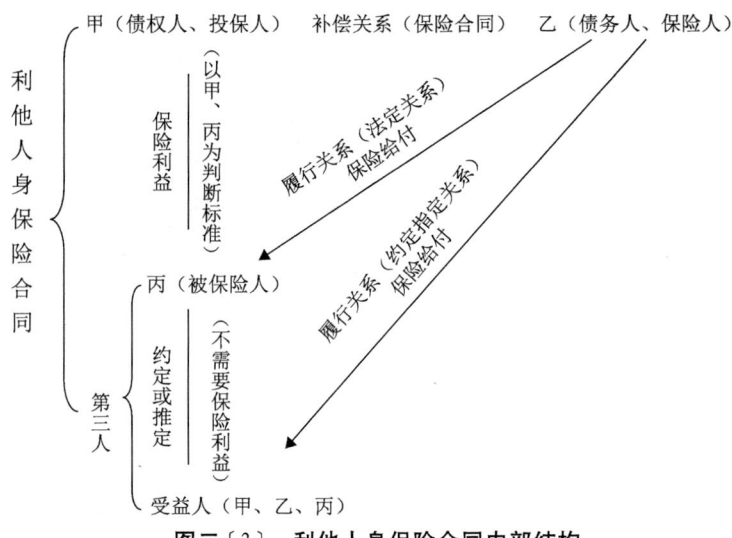

图二[2]：利他人身保险合同内部结构

---

〔1〕 参见葛文："人寿保险合同中被保险人信赖利益的构建——以保险法第56条第1款为中心"，载梁慧星主编：《民商法论丛》（第33卷），法律出版社2005年版，第412页。

〔2〕 参见葛文："人寿保险合同中被保险人信赖利益的构建——以保险法第56条第1款为中心"，载梁慧星主编：《民商法论丛》（第33卷），法律出版社2005年版，第412页。

二、利他保险合同解除权论述

(一) 利他保险合同解除权概念

利他保险合同解除是指在利他保险合同成立后,因出现法定或约定解除合同的事由时,由一方当事人行使解除权,使得保险合同效力归于消灭的法律行为。保险合同解除权的行使,只需向对方作出解除合同之意思表示或通知,则直接发生合同解除之效力,无需对方做出任何相应的意思表示。[1]保险合同解除的法律效果与合同解除的法律效果并不完全一致。依照《合同法》第97条,合同解除后,尚未履行的,终止履行。已经履行的,根据履行情况和合同性质,当事人可以要求恢复原状、采取其他补救措施,并有权要求赔偿损失。但是,保险合同解除之后,投保人不必再交付保险费,保险人也不需要给付保险金,这里可以理解为合同解除后尚未履行的,终止履行。但对于已经交付的保险费、已经给付的保险金,则并不必然需一概恢复原状、采取其他补救措施,并有权要求赔偿损失。[2]

(二) 利他保险合同解除与一般合同解除之比较

保险合同作为合同的一种,属于特别的民商事法律合同,其本质上仍属于私法调整范畴。因此,除《保险法》有特殊规定之外,《合同法》关于合同解除的一般规定同样适用于保险合同。所以,保险合同的解除方式亦包括约定解除和法定解除两种。但约定解除是当事人自由意思表示的结果,只要不违反法律

---

[1] 韩长印、韩永强编著:《保险法新论》,中国政法大学出版社2010年版,第116页。

[2] 韩长印、韩永强编著:《保险法新论》,中国政法大学出版社2010年版,第116页。

法规的强制性规定,法律不宜对其进行过多的干涉和规制。[1]因此,保险合同与一般合同的解除权区别集中在法定解除方面。而从《保险法》第 15 条来看,保险合同在《合同法》法定解除权适用条件的基础上,进行了特别法规定,也即排除了《合同法》中一般法定解除权条件的适用。立法作出这一特别规定,主要基于保险合同出于对公共政策之考量,其内容相比一般合同有不少保险法上特有的强制性或禁止性规定。从整体上来讲,保险合同解除有别于一般合同解除,其差异除涉及多方利益主体之外,[2]主要有以下方面:第一,基于合同严守原则,合同一旦有效成立,便对当事人之间产生法律拘束力,任何一方不能任意解除合同,否则即为违约。而保险合同则不同,保险人享有的是法定权限范围内的解除权,投保人则对保险合同享有任意解除权。保险法在解除权问题上,对投保人作出倾斜性保护规定,主要出于保险人处于合同优势地位的考虑。第二,依照《合同法》第 117 条,当不可抗力致使合同目的不能实现时,当事人可部分或者全部解除合同。但导致一般合同解除的不可抗力,可能恰好就是保险合同约定的承保风险,不可抗力事由的发生,在保险合同中是保险人承担赔偿或者给付保险金责任的事由,而非保险合同解除的事由。[3]第三,依通常情形,合同解除的法定事由是当事人违反主合同义务,法律对于这种妨害合同

---

〔1〕 参见王林清:《保险法理论与司法适用:新保险法实施以来热点问题研究》,法律出版社 2013 年版,第 367 页。

〔2〕 一般合同解除只涉及双方当事人;但保险合同解除,尤其是利他保险合同解除涉及多方主体利益,除合同当事人之外,还包括合同关系人。因此,相较于一般合同解除,保险合同解除更具复杂性。杨德齐:"论保险合同解除权制度的体系建构:兼评《保险法》司法解释三(征求意见稿)的解除权条款",载《保险研究》2015 年第 2 期。

〔3〕 参见杨德齐:"论保险合同解除权制度的体系建构:兼评《保险法》司法解释三(征求意见稿)的解除权条款",载《保险研究》2015 年第 2 期。

关系行为的反应。而保险合同中的法定解除事由,多数是由于投保方对合同先合同义务或附随义务的违反而产生的,例如,投保人的如实告知义务、被保险人的安全维护义务等。[1]

本章小结

　　保险合同解除权作为保险合同上之核心权利,由谁行使?如何行使?法律效果如何?关系各方主体之利益巨甚。本章第一节就司法实践中关于解除权所引发之突出问题,取典型案例作以说明,以实际问题为导向,以点带面,进一步阐述本书研究主旨。第二节保险合同解除权基础理论部分,重点对保险合同解除权的概念、发展历史等理论基础进行论述,为后文的具体问题研究作必要的理论铺垫。因我国保险法之立法体制采取保险合同上之三分法,在"三分法"体制下的基本概念有利他保险合同的性质,故而本书于第三节中对利他保险合同作以专节的分析论述。在分析日本和我国大陆及台湾地区关于利他保险合同的概念分歧的基础上,倾向性地将利他保险合同定义为:投保人以他人为受益人订立的保险合同。同时,据以险种之内在差别,本章对利他保险合同之具体形态进行类型化区分。对于利他保险合同中孰为第三人的问题,与王利明先生所持观点不同,本书认为基于利他保险合同之特殊性,利他保险合同的第三人应为受益人,被保险人未指定受益人或无法定情形发生的,第三人应为被保险人。最后,本章通过比较利他保险合同解除与一般合同解除之区别,旨在说明保险合同解除制度具有专门加以规范之必要性。

---

　　[1] 参见杨德齐:"论保险合同解除权制度的体系建构:兼评《保险法》司法解释三(征求意见稿)的解除权条款",载《保险研究》2015年第2期。

第二章
保险合同解除权的主体研究

保险既然是一种法律关系，法律关系则以权利义务之关系为内容，故必有主体以享权利义务。[1]我国保险法继受大陆法系之"三分法"体制，将保险合同主体分为保险人、投保人及被保险人。除此三方主体之外，亦有各方主体之关系人。合同解除权作为保险合同上最核心之权利，应当由谁来行使？对各方主体及关系人之利益影响巨甚。我国《保险法》第15条虽对此作出了具体规定，但并没有明确合同解除权归属于哪些主体，除合同当事人之外，如保险合同关系人、利害关系人等，在特定情形下这些主体能否享有合同解除权？此为本章讨论的主题。

第一节 保险合同当事人解除权分析

通过比较法研究，可以发现英美法系与大陆法系在保险合同主体的体例结构模式上是存在差异的。详言之，英美法系国家保险立法对保险合同的主体采"二分法"模式，即保险人与

---

[1] 江朝国：《保险法基础理论》，中国政法大学出版社2002年版，第121页。

被保险人。而大陆法系国家保险法对保险合同的主体则采"三分法"模式,即保险人、投保人及被保险人。[1]我国保险立法参考大陆法系国家之"三分法"立法模式,即投保人和保险人保险合同当事人,被保险人为合同关系人。国内学术界对于投保人、保险人之于保险合同之当事人地位以及享有合同解除权并无争议,故此处不再赘述。本节论述的主题为,投保人及保险人解除权的发生及发展历史。

一、投保人解除权相关问题分析

（一）解除权发生之争议观点

对于投保人任意解除权的发生原因,有两种观点分歧。一种观点认为,投保人解除权特殊性是源自保险合同本身特殊性,其解除权的发生原因相当程度上依赖于保险法的规定或者保险合同的约定,而非当事人地位当然取得。[2]另一种观点认为,合同解除权既系合同当事人之权利,那么,投保人因其当事人地位当然取得解除权。[3]

那么,投保人任意解除权的发生原因,到底是因其当事人地位而当然取得,还是源自保险法的特别规定或当事人双方约

---

[1] 参见樊启荣:"中国保险立法之反思与前瞻:为纪念中国保险法制百年而作",载《法商研究》2011年第6期;转引自[日]仓沢康一郎:《保险契约法的现代课题》,成文堂1995年版,第206页。

[2] 投保人解除保险合同的权利,并不来自于其合同当事人地位,也不是作为合同当事人所固有的救济性权利。投保人解除保险合同的权利,源自保险合同的机会性特征;保险合同的机会型特征,使得合同对投保人的约束力"相当微弱",以致投保人可以任意解除保险合同。邹海林:"投保人法律地位的若干问题探讨",载《法律适用》2016年第9期。

[3] 投保人系利他保险合同当事人,而第三人仅系保险合同关系人,所以解除权作为合同当事人独享的权利自然应当归属于投保人所有。董庶、王静:"试论利他保险合同的投保人任意解除权",载《法律适用》2013年第2期。

定呢？既然投保人任意解除权作为解除权和任意解除权的下阶位概念，此处即先从解除权之历史演进着手，着重分析任意解除权发生原因，并结合保险合同之特殊性，再对投保人任意解除权的发生原因进行分析论述。

（二）解除权历史演进过程之简述

在古罗马对契约赋予严格拘束力的法制上，并不承认契约解除制度。古罗马法中，债被视为"法锁"或"法律上的锁链"，把债的关系视为人身关系，当债务人未依约履行契约债务时，债权人就有权拘押债务人人身，[1]故契约缔结后当事人不得任意解除。[2]后来随着这种刻板的法律观念及其赖以产生的社会经济基础的变化，债权发展经历了从身份到契约的变迁，当事人的意志逐渐地得以尊重和表达，并发展出了诺成契约。任何当事人达成一致的意思表示，一律发生契约上的约束力，换一句话说，即是合意主义（Konsensualismus）。[3]正是这种合意主义观念的产生，才使得合同解除权获得了生长的土壤。[4]在合意主义之下，当事人可以按照本人的意志创设相应的权利义务。因此，当事人的意志不仅是产生权利义务的渊源，同时也是其权利义务发生的根据。[5]这种对当事人意志的尊重和认可包括在契约履行不利益或履行不能时让合同提前消灭的合同解除权。因此，在合意主义观念的影响下，合意主义建立在主体地位平等的基本判断成了合同解除权制度的基本价值取向，自此合同解除权便成为当事人在契约之上一项十分重要的权利。

---

[1] 周枏：《罗马法原论》（下册），商务印书馆1994年版，第628页。

[2] 姚新华："契约自由论"，载《比较法研究》，1997年第1期。

[3] [德] K. 茨威格特、H. 克茨：《比较法总论》，潘汉典、米健、高鸿钧、贺卫方译，法律出版社2003年版，第110页。

[4] 郝磊："合同解除权制度研究"，中国政法大学2005年博士学位论文。

[5] 尹田编著：《法国现代合同法》，法律出版社1995年版，第13页。

从 19 世纪末开始，人们的现实生活发生了深刻的变化。大量定式合同的广泛使用，开始取代当事人自由协商的合意契约，造成缔约环境的不公正。要约人在经济和法律上的优势地位使得契约主体之间所谓的平等性丧失，并出现了严重的两极分化和对立。企业主与劳动者、生产者和消费者之间的对立，使得社会矛盾开始激化。合意主义原则对正义的背弃，导致契约自由成为弱肉强食的工具。这种重大的社会变更，迫使 20 世纪的法律职业者们重新审视合意主义原则，并充分考虑社会公共利益，积极推行符合社会整体利益的各种政策、措施，以维护社会的正常运转。[1][2]对实质正义的追求，必然要求对传统的合意主义原则从立法和司法上进行必要的干预和限制，契约的社会化倾向日益显著。[3]

社会化在契约解除权中的最显明的反映，即是在合同中居于强势或垄断地位一方当事人合同解除权的限制和制约。[4]这种限制和制约，具体分为两个方面[5]：一方面是对强势主体方的合同解除权进行必要的限制。为了防止强势主体方滥用自己的优势地位，立法通过限制其解除权，以达到对事实上合同当事人之不平等地位加以矫正的效果。另一方面则是对弱势一方赋予较为有利的合同解除权。[6]通过立法给予倾斜性保护，目

---

[1] 郝磊：“合同解除权制度研究”，中国政法大学 2005 年博士学位论文。
[2] 正如哈耶克所言，"个人的自由没有必要扩及由个人组成的团体，而且政府有时甚至有责任保护个人来对付有组织的团体。"[奥]冯·哈耶克：《个人主义与经济秩序》，贾湛、文跃然等译，北京经济学院出版社 1989 年版，第 107 页。
[3] 李永军：《合同法》（第 3 版），法律出版社 2010 年版，第 48 页。
[4] 郝磊："合同解除权制度研究"，中国政法大学 2005 年博士学位论文。
[5] 亦即要强化弱者、弱化强者的契约自由权，以弥补他们在经济和法律上的强弱势差，实现实质正义。参见姚新华："契约自由论"，载《比较法研究》，1997 年第 1 期。
[6] 参见郝磊："合同解除权制度研究"，中国政法大学 2005 年博士学位论文。

的在于保护处于弱势地位一方的利益，以追求双方当事人法律地位的实质平等。

通过追溯解除权的发展历史，我们可以看到，在合意主义时代，当事人合意是解除权发生的根据，而当事人意志的表达则是基于其在合同中当事人的地位而向对方做出的意思表示。用公式来表达合同解除，即当事人合同地位+合意解除。后来，在契约社会化的背景下，立法对于当事人意志进行了必要的干预和限制。除合同当事人约定解除之外，由法律对合同解除的条件直接加以规定，也就是我国现行法律普遍承认的法定解除。用公式来表达合同解除，即当事人合同地位+合意/法定解除。

（三）任意解除权及其类型

任意解除权，是指基于法律的明确规定，某些类型的合同之当事人可以不具任何解除事由，即可单方行使解除权解除合同，使合同归于消灭的权利。[1]《合同法》以合同神圣及合同严守为原则，强调合同的法律约束力，要求当事人依约履行合同债务，不得擅自变更或解除合同。[2]而法律设定任意解除权显然与合同严守原则之间存在价值冲突，从法理上来说，法律设定任意解除权的目的，应当是要追求一种比合同严守更高的价值，即自由和效率价值。[3]

在法定解除中，除有关于一般法定解除的规定之外，还有关于特别法定解除的规定。[4]其中，特别法定解除，是指我国《合同法》第94条第5款规定的法律规定的其他情形，任意解除便是其他解除情形之一种。如此看来，任意解除既可归于法

---

〔1〕 李晓钰：":合同解除制度研究"，西南政法大学2014年博士学位论文。

〔2〕 韩世远：《合同法总论》，法律出版社2004年版，第594-595页。

〔3〕 刘胜利：":合同定作人任意解除权的法理分析"，载《人民论坛》2010年第11期。

〔4〕 崔建远主编：《合同法》（第5版），法律出版社2010年版，第245页。

定解除的范畴,因而也必须由法律明文规定。在我国《合同法》中规定了若干类型的任意解除权情形,如委托合同中,委托人和受托人双方任意解除权。保管合同中,寄存人任意解除权。承揽合同中,定作人任意解除权等。这些解除权虽统一规定为任意解除权,但不同类型合同的任意解除权法理基础却不尽一致。例如,基于效率价值的合同任意解除权有承揽合同定作人的任意解除权、运输合同托运人的任意解除权等。基于缔约自由的合同解除权有不定期租赁当事人的任意解除权、不定期保管合同当事人任意解除权等。基于信赖关系破裂的合同任意解除权主要有委托合同当事人任意解除权等。[1]

(四)保险合同之特殊性

从以上任意解除权类型可以看出,我国《合同法》规定的若干类型任意解除权是基于各类合同的特殊性作出的特别规定。事实上,投保人任意解除权也不例外。保险合同的特殊性表现在以下方面:

第一,保险利润的提前实现。在保险合同中,天然的存在一种不公平,这种不公平在保险合同订立之时便已产生,即使投保人于订立合同后短时间内立即解除保险合同,保险人也会以扣除手续费的借口,连同订立合同的利润一并扣除,这就意味着保险人的利润,不似其他继续性合同的利润产生于整个合同期间,而是在合同订立之初便已实现。保险人的利润是包含在保费之内,借用扣除手续费的"外衣"合法化的。

第二,保险合同的附和性。通常保险合同条款皆由保险人预先拟定,虽然在实务中,一般均由投保人主动向保险人发出缔约要约,但在这种"要么接受,要么走开"(take it or leave

---

[1] 参见李晓钰:"合同解除制度研究",西南政法大学2014年博士学位论文。

it) 的缔约模式下,保险人在法律或经济上的垄断地位,必然导致投保人自愿的虚假性。投保人的自愿接受,毋宁说这是退而求其次的无奈选择。更何况即便投保人想与保险人讨价还价,亦因缺乏经验及所需要具备之法律知识而无法为之,[1]易言之,投保人欠缺与保险人平等缔约的能力。因此,为了限制保险人滥用其优势地位损害投保人利益,保险法在配置解除权权利时,通过倾斜性保护投保人任意解除权,对保险人解除权加以层层限制的方式,矫正当事人缔约地位之不平等性,以追求法律之实质公平公正。

第三,保险合同的射幸性。虽于保险合同成立之初,投保人所需缴纳之保险费数额已然确定,但保险人是否应履行保险金给付义务以及应给付保险金之具体数额(定额给付保险除外),则须等待不确定的保险事故是否发生以及事故发生结果(损失的多少)而定。[2]此即为保险合同具有之射幸性。这也就意味着,在保险合同成立之初,基于保险技术上的大数法则,投保人缴纳之保险费与保险人承担之危险已经形成对价平衡关系,尽管投保人有通过缴纳小额保险费获得巨额保险金赔付的机会,但也有可能因未发生保险事故而丧失这部分缴纳的保险费。从整个保险险种群体来看,其实质上仍具有对价平衡之性质,即便保险事故不发生,但因购买保险投保人免去担忧事故发生遭受财产损失之烦恼,所获内心之安宁,即为保险人于保险期间所为之危险承担的对价。[3]因此,若保险人于拟约时,能立于公平正义之立场,不仅考虑本身亦兼顾投保方之利益,

---

〔1〕 江朝国:《保险法基础理论》,中国政法大学出版社 2002 年版,第 39 页。

〔2〕 刘宗荣:《新保险法:保险契约法的理论与实务》,中国人民大学出版社 2009 年版,第 36 页。

〔3〕 参见江朝国:《保险法论文集》(1),瑞兴图书股份有限公司 1997 年版,第 142 页。

则可维持对价平衡关系,然多数保险人皆未能把持超然之地位,利用其优势地位预先拟定免责条款,剥夺投保人在遭受保险事故损害时所应获得保险金给付权利。[1]诚如,孟德斯鸠所言,"一切有权利的人都容易走向滥用权利。"基于此《保险法》赋予投保人任意解除权,对保险合同当事人之不平等利益加以矫正,以平衡双方利益关系。

(五) 小结

基于上述之分析,可以作如下结论:首先,投保人解除权,追根溯源还在于投保人具有合同当事人之法律地位。其次,投保人享有任意解除权,则是由于保险合同之特殊性。具体而言,鉴于保险人利润的提前实现是以损害投保人利益为代价,以及保险合同所具有的附和性以及射幸性特征,立法出于矫正正义的目的,赋予投保人任意解除权。概括起来,合同当事人地位,是投保人享有解除权的前提条件。保险合同之特殊性是投保人享有任意解除权的基础条件。

二、保险人解除权相关问题分析

(一) 保险人解除权的历史演进

从保险法发展历史的角度观察,保险人解除权的历史演进与投保人告知义务密切相关,二者整体上呈现出此消彼长的关系,伴随着投保人告知义务从无限主义到有限主义的更替,保险人的法定解除权经历了从无到有,从宽松到严格的发展过程。[2]

1. 无限告知主义时期:不存在保险人解除权

如实告知义务最早出现在海事保险合同中,保险合同是在

---

[1] 参见江朝国:《保险法基础理论》,中国政法大学出版社2002年版,第39页。
[2] 姜南、杨霄玉:"保险合同解除语境下被保险人利益之保护",载《河北法学》2014年第12期。

通信工具落后，保险人无法通过询问（向投保人）的方式获得所需要信息的情形下订立的。[1]况且，由于投保人所投保的保险标的通常都是在较远的港口或海面上运行的，遭遇导致保险人对保险标的缺乏必要的了解。于是，出于保障保险人利益的目的，英国的海上运输保险最早便创造了如实告知义务，投保人负有无限的告知义务，使保险人能够最大限度地了解保险标的的情况。[2]在无限告知主义下，投保人负有的告知义务，是一种无限的主动性义务。换言之，投保人需要积极主动地向保险人充分、准确、全面地告知有关于保险标的重要事实，即便保险人对一些问题尚未进行询问，[3]但只要是投保人所知悉的一切事项，均在告知义务范围内。[4]

---

[1] [英]约翰·伯茨：《现代保险法》，陈丽洁译，河南人民出版社1987年版，第67页。

[2] 江必新：《保险纠纷》，法律出版社2014年版，第29页。

[3] [英]约翰·T.斯蒂尔：《保险的原则与实务》，孟兴国译，中国金融出版社1992年版，第42页。

[4] 对于投保人产生告知义务的理论基础，上院议员曼斯菲尔德在卡特诉伯姆（1766年）一案中指出，保险合同是机会性合同。用来估算意外事故可能性的特定事实，一般只依赖于对被保险人的了解。保险人依赖要保人的陈述，根据要保人没有隐瞒任何所知情况这一信念进行活动，以至于相信某种情况不存在，并以这种情况不存在为前提，估测危险。[英]约翰·伯茨：《现代保险法》，陈丽洁译，河南人民出版社1987年版，第66-67页。也正是囿于当时通信条件的落后，保险人对于保险标的实际情况的掌握只能完全依赖于投保人的主动告知，因此法律对投保人违反这一义务课以非常严重的法律后果，即无论投保人主观上是怎样的善良无辜，无论投保人未告知的事实是否实际影响到保险事故的发生，甚至投保人的确对有关事实并未知晓，只要投保人未为告知，在发生保险事故后，保险人都有权以违反如实告知义务为由而主张保险合同自始无效，根本不存在行使解除权的问题。参见李寒劲："保险人法定解除权制度研究"，武汉大学2009年博士学位论文。例如，《英国1906年海上保险法》第18条规定，被保险人在订立合同之前应将其知道或应该知道的一切重要事项告知保险人。如果被保险人未履行该项告知义务，保险人即可宣告合同无效。孙积禄："投保人告知义务研究"，载《政法论坛（中国政法大学学报）》2003年第3期。

2. 询问回答主义时期：保险人的任意解除权

随着保险制度从海上保险发展到陆上保险，投保人的告知义务也从无限告知义务时期进入有限告知义务时期。[1]投保人告知义务的限缩，一方面得益于科学技术的发展和保险业的日渐成熟，使得保险人积累了相对丰富的经验，在增强风险管理水平的同时，也大大提高了核保能力。另一方面是由于海上保险有别于陆上保险之特殊性。[2]与海上保险相比较，陆上保险风险较小，保险人获取信息的能力较之前有大幅的提升，而陆上保险的投保人无论是从经济实力上，还是专业知识掌握以及对风险的把控能力上都在一定程度上弱化。保险人与投保人这种能力上此消彼长的态势，在立法上给予了回应。这种回应具体表现在两个方面：[3]一方面是将投保人如实告知事项的范围，由无限告知限缩到询问告知，减轻了投保人告知义务。另一方面是对于投保人违反如实告知义务的违约行为，法律赋予保险人解除保险合同的权利，以替代之前直接使之无效的法律救济手段。事实上，法律虽然对保险人权利进行了限制，但这一时期保险人的解除权仍较为宽松，具有极大的任意性。

3. 有限告知义务时期：保险人的法定解除权

虽然询问回答主义模式大大缩小了投保人的告知范围，但

---

〔1〕 李寒劲："保险人法定解除权制度研究"，武汉大学2009年博士学位论文。有限告知又称询问回答，在询问回答告知方式中，投保人告知的事项限制在保险人书面询问的事项范围之内，对于保险人未询问的事项无须告知。孙宏涛：《德国保险合同法》，中国法制出版社2012年版，第33页。

〔2〕 海上保险之所以要求投保人履行主动告知义务，原因在于海上保险风险大，保险人很难控制，而投保人皆为从事贸易活动的商人，掌握专业知识，对风险的判断能力较高，履行主动告知义务符合最大善意原则的要求。孙积禄："投保人告知义务研究"，载《政法论坛（中国政法大学学报）》2003年第3期。

〔3〕 即通过强化弱者、弱化强者的方式，以弥补双方在缔约能力上的强弱势差，实现二者利益平衡。李寒劲："保险人法定解除权制度研究"，武汉大学2009年博士学位论文。

是由于告知范围由保险人决定,也即凡是在保单中所列询问事项均推定为重要事项,于是这些重要性推定的事项便构成投保人告知范围。这样导致保险人为了降低承保风险而极尽可能地将各种大小问题星罗棋布地列入保单中以扩大投保人告知范围。而这些告知事项可能是与承保风险无关,也可能投保人并无可归责的主观过错,但并不妨碍成为投保人需要告知的事项,如若投保人一旦未予告知,保险人则可据此进行抗辩,并主张解除保险合同。出于对公平正义价值的追求,各国保险立法与司法实践均尝试着对投保人告知义务范围继续进行限缩,以此来限制保险人法定解除权范围。[1][2]为此,法院引入了"理性人标准"来判断事实是否具有重要性,[3]对于事实重要性的检验标准,直至1975年上诉法院在兰伯特诉联合保险协会一案中做出结论性的判决,如果事实能够影响正常的或精明的保险人决定是否承保或所收保险费数额,或是否在保险合同中加进一些特殊条款(诸如额外或除外条款),那么,对于告知义务来讲,这个事实就是重要的,不实告知问题将适用同样的检验标准。[4]

---

〔1〕 姜南、杨霄玉:"保险合同解除语境下被保险人利益之保护",载《河北法学》2014年第12期。

〔2〕 1908年Joel v. Law Union and Crown Insurance Co. 一案具有重要意义,法院认为,投保人的义务是披露和告知与保险标的危险估计有关的重要事实,但是投保人不能告知他并不知道的事实,对不知道的事实不存在告知义务。投保方依照诚实信用原则将他尽可能了解的事项告知保险人是不够的,他还有将一个理性投保人所认为重要的事实予以告知的义务。Kenneth Carnnar, Essential cases in insurance law, Woodhead-Faulker, 1985, p115; Joel v. L Union and Crown Insuranee Co, 1908 2 2 K. B. 863 (AC),转引自李寒劲:"保险人法定解除权制度研究",武汉大学2009年博士学位论文。

〔3〕 李寒劲:"保险人法定解除权制度研究",武汉大学2009年博士学位论文。即对于某一项事实,如果在客观理性人看来属于重要事实,而投保人未予告知的,就认为投保人主观上有过错,则保险人可解除合同。

〔4〕 [英]约翰・伯茨:《现代保险法》,陈丽洁译,河南人民出版社1987年版,第71页。

通过考察保险人解除权的历史发展过程，可以发现保险人解除权的限缩过程，其内在动因是由于投保人告知义务范围的逐步限缩，两者之间呈现出此消彼长的关系，并且从保险法未来的发展趋势可以预见，保险人解除权目前依旧有继续限缩和改进的余地及必要。

（二）保险人解除权与撤销权竞合问题

1. 保险人解除权与撤销权竞合之争

根据我国《保险法》第16条之规定，投保人在签订保险合同时，故意或者因重大过失未履行如实告知义务，保险公司基于投保人的不真实陈述做出错误承保决定的，保险人有权解除合同。[1]但投保人故意隐瞒事实而违反说明义务的行为同时构成《合同法》第54条第2款规定的欺诈，即一方以欺诈、胁迫的手段或者乘人之危，使对方在违背真实意思的情况下订立合同的情形。[2]此时，投保人违反如实告知义务的法律后果，引起保险法上的解除权与民法上撤销权竞合的问题。

关于《保险法》第16条与《合同法》第54条在适用上的争议，从立法、案例以及学说都存在不同看法。

（1）立法。

由于司法实践中裁判的两极化，为统一法律适用，我国最高人民法院先后两次将解除权与撤销权的适用问题列入重点议定内容。2012年3月22日最高院发布的《关于适用〈中华人民共和国保险法〉若干问题的解释（二）征求意见稿》（以下简称《保险法司法解释（二）征求意见稿》）中规定，投保人订立保险合同时，违反如实告知义务构成欺诈的，保险人有权撤

---

[1] 参见《合同法》第16条第2款。
[2] 参见《合同法》第54条第2款。

销保险合同。[1]但在最高院最终公布的《关于适用〈中华人民共和国保险法〉若干问题的解释（二）》（以下简称《保险法司法解释（二）》）中，该条文未予通过。2014年10月22日，最高院发布的《关于适用〈中华人民共和国保险法〉若干问题的解释（三）征求意见稿》又将该问题收入其中，公布了两种意见。一种意见是保险合同解除权与撤销权可以并存。[2]另一种意见是保险合同解除权排除撤销权适用。[3]遗憾的是，在2015年11月26日最高院最终公布《关于适用〈中华人民共和国保险法〉若干问题的解释（三）》（以下简称《保险法司法解释（三）》）中，该条文依旧未通过。

（2）案例。

案例一，"2010年3月8日，罗某某向中国平安人寿保险股份有限公司宁波分公司（以下简称"平安公司"）单独投保以死亡为标的的智盈人生险种（一般客户投保会附加智盈重疾提前给付），保额38万元，年交保费10 000元。在投保时，平安公司向投保人询问是否有患过癌症，投保人全部做否定回答，合同于2010年3月17日成立并生效。2013年4月17日，罗某某因更阻性黄疸伴腹水3月余、肝内胆管癌3年余而死亡。2013

---

[1] "《保险法司法解释（二）征求意见稿》第9条规定，投保人投保时未履行如实告知义务构成欺诈的，保险人依据《合同法》第54条规定行使撤销权的，人民法院应予支持。"，华律网，http://www.66law.cn/tiaoli/1205.aspx，访问日期：2017年3月13日。

[2] "投保人在订立保险合同时未履行如实告知义务，保险人解除保险合同的权利超过保险法第16条第3款规定的行使期限，保险人以投保人存在欺诈为由要求撤销保险合同，符合合同法第54条规定的，人民法院应予支持。"，华律网，http://www.66law.cn/tiaoli/1205.aspx，访问日期：2017年3月13日。

[3] "投保人在订立保险合同时未履行如实告知义务，保险人根据合同法第54条规定要求撤销保险合同，人民法院不予支持。"，华律网，http://www.66law.cn/tiaoli/1205.aspx，访问日期：2017年3月13日。

年5月21日,受益人即本案被告向平安公司提起理赔申请。平安公司对被保险人死亡事故调查发现,被保险人投保前确诊患癌的情况。此外,罗某某于同年3月24日、5月21日以同样隐瞒的方式分别在太平洋人寿、中宏人寿两家保险公司分别投保身故险90万元、99万元。平安公司在发现投保人有欺诈行为后,一个月之后以投保人在签订保险合同时,存在保险欺诈行为,根据《合同法》第54条规定向法院申请撤销保险合同。"[1]一审法院开庭审理本案并作出判决,驳回平安公司的诉讼请求。[2]该案一审判决以后,经历二审和再审程序,均维持原判决。

案例二,再审申请人称:"第一,原审法院认定李某某在投保前就罹患重大疾病是错误的;第二,原审法院适用法律错误。被申请人行使撤销权无法律依据,[3]再审法院维持原判。[4]

---

〔1〕 "中国平安人寿保险股份有限公司宁波分公司诉杨韵等人寿保险合同纠纷案(2015)甬镇民初字第516号",北大法宝,http://www.pkulaw.cn/case/pfnl_1970324857704280.html。

〔2〕 判决主要理由有两点,一是本案系保险合同引发的纠纷,首先应当适用《保险法》。即便罗丽萍故意未履行如实告知义务的行为符合《合同法》第54条第2款规定的欺诈,那么根据法律适用原则,本案仍应适用《保险法》规定,即法律适用时遵循特别法优于普通法的原则。二是因原告未在保险合同订立后2年内或在其知道解除事由之日起30日内行使解除合同的权利,故合同解除权归于消灭。参见"中国平安人寿保险股份有限公司宁波分公司诉杨韵等人寿保险合同纠纷案(2015)甬镇民初字第516号",北大法宝,http://www.pkulaw.cn/case/pfnl_1970324857704280.html。

〔3〕 参见"李立彬诉中国人寿保险股份有限公司北京市分公司人身保险合同纠纷案(2015)高民(商)申字第00691号",北大法宝,http://www.pkulaw.cn/case/pfnl_1970324843264868.html。

〔4〕 判决主要理由,合同解除权和撤销权是两个独立的请求权,并非一律为法律适用上的排斥关系。保险合同是最大诚信合同,为有效平衡投保人和保险人的利益,在投保人不履行告知义务构成欺诈的情况下,原审法院支持保险人行使撤销权的主张并无不当。参见"李立彬诉中国人寿保险股份有限公司北京市分公司人身保险合同纠纷案(2015)高民(商)申字第00691号",北大法宝,http://www.p-kulaw.cn/case/pfnl_1970324843264868.html。

上述两件再审案件均存在投保人隐瞒事实真相，带病投保的欺诈事实，分歧在于法律规范的适用问题，即投保人违反如实告知义务时，保险人合同解除权与撤销权出现竞合时，保险公司能否根据《合同法》第 54 条第 2 款的规定行使合同撤销权。

(3) 学说。

围绕保险人解除权与撤销权的适用问题，学界主要有排除说与选择说两种不同观点。

第一，排除说。排除说亦称优先说，该观点主张，在适用关系上，保险解除权排斥或优先合同撤销权。支持排除说的主要学说观点：①《保险法》第 16 条与《合同法》第 54 条是特别法与一般法的关系，因此解除权应优先撤销权适用。②撤销权与解除权设置目的的差异性。[1]③如果允许保险人进行选择性救济，将会导致保险合同的法律关系长期处于不确定状态，损害投保人以及被保险人利益，这是排除说存在的最大问题。[2]

第二，选择说。选择说也称并存说，该观点主张。在适用关系上，保险解除权与合同撤销权是两个独立的请求权，法律适用上可并存而非排斥关系，应当允许保险人进行选择。支持选择说的主要学说观点：一是保险法上的解除权与民法上撤销权在立法目的、法律要件及效果均有不同。所以，我国台湾地

---

[1] 撤销权的规定一方面使不确定的法律关系趋于确定，另一方面赋予受欺诈人在一定的时间内补救自己因意思表示不真实而造成的损失。但是，保险法上的解除权尤其是除斥期间的规定重点在于对投保人利益的保护，这从《保险法》规定的除斥期间明显短于《合同法》规定的撤销权的除斥期间就可以看得出来。如果使保险人同时享有撤销权和解除权，与《保险法》规定解除权除斥期间以保护投保人利益的初衷相违背。王林清：《保险法理论与司法适用：新保险法实施以来热点问题研究》，法律出版社 2013 年版，第 134-135 页。

[2] 夏元军："论保险法上解除权与民法上撤销权之竞合"，载《法律科学（西北政法大学学报）》2010 年第 2 期。

区的"保险法"第 64 条不构成"民法"第 92 条的特别规定。[1]二是《保险法》第 16 条与《合同法》第 54 条在规范目的上并不相同,构成要件之间为交叉关系,因此,不符合法条竞合的要件,符合权利竞合之特征。[2][3]

通过从立法、案例以及学说三个方面的梳理,发现关于保险人解除权与撤销权竞合问题的争议点主要在以下方面:一是立法目的方面;二是构成要件方面;三是法律效果方面;四是解除权与撤销权的关系方面。

2. 解除权与撤销权之比较

(1) 立法目的方面。

《合同法》第 54 条关于合同撤销权的规定,旨在于保护合同当事人意思表示真实及自由。当事人之所以可以撤销合同,

---

[1] 参见梁宇贤:《保险法新论》,中国人民大学出版社 2004 年版,第 115 页;刘宗荣:"论违背据实说明义务之解除权与意思表示被诈欺之撤销——'最高法院'八十六年台上字第二一一三号判例之检讨",载《月旦法学杂志》2002 年 2 月。保险解除权与合同撤销权的适用问题在我国台湾地区的立法中同样存在,台湾地区"保险法"第 64 条规定,订立契约时,要保人对保险人之书面询问,应据实说明。要保人故意隐匿,或因过失遗漏,或为不实之说明,足以变更或减少保险人对于危险之估计者,保险人得解除契约;其危险发生后亦同。但要保人证明危险之发生未基于其说明或未说明之事实时,不在此限。前项解除契约权,自保险人知有解除之原因后,经过一个月不行使而消灭;或契约订立后经过二年,即有可以解除之原因,亦不得解除契约。台湾地区"民法"第 92 条规定,因被诈欺或被胁迫而为意思表示者,表意人得撤销其意思表示。第 93 条规定,前条之撤销,应于发现诈欺或胁迫终止后,一年内为之。但自意思表示后,经过十年不得撤销。

[2] 何苏平:"论保险合同解除权与合同撤销权的竞合",载《浙江省 2014 年保险法学学术年会论文集》。

[3] 此外,支持选择说的理由还包括:①从利益权衡的角度观之,首先从恶意不受保障的上位指导原则来看,要保人或被保险人之恶意欺瞒行为,原本就没有必要多受保护。②因为保险制度有其不同于其他有名契约共同团体性之考量,因此,若倾向保护要保人或被保险人之一方,让其恶意得逞,将对危险共同体构成伤害,对于同一危险共同团体之其他被保险人未必是件好事。江朝国:《保险法基础理论》,中国政法大学出版社 2002 年版,第 236 页。

是因为该合同并不能体现当事人的真实意思，是有缺陷的意思表示。[1]而《保险法》第 16 条关于合同解除权的规定，则旨在于保护投保方利益，催促保险人尽快行使权利，以使当事人之间的法律关系确定下来。

(2) 构成要件方面。

根据《保险法》第 16 条之规定，投保人违反告知义务时，保险人享有解除权的构成要件包括：一是投保人主观上为故意或重大过失。二是投保人客观上实施了违反如实告知义务的行为，包括积极行为和消极行为两种情形。[2]其中消极行为是指投保人违反告知义务，故意不作说明（故意隐瞒），致使保险人基于认识错误作出判断，并未意思表示。三是投保人违反告知义务，须达到足以影响保险人决定是否同意承保或者提高保险费率的[3]程度。

根据《合同法》第 54 条及《最高人民法院关于贯彻执行〈中华人民共和国民法通则〉若干问题的意见（试行）》（以下简称《民通意见》）第 68 条之规定，欺诈人行为构成欺诈，相对人享有合同撤销权的构成要件包括：一是欺诈人具有欺诈的主观故意。[4]二是欺诈人客观上实施了欺诈行为。三是欺诈行为须具有违法性。在判断欺诈是否具有违法性时，欺诈行为的程度是一重要考虑因素，需超出法律、道德或者交易习惯所能

---

[1] 郭明瑞、房绍坤：《新合同法原理》，中国人民大学出版社 2000 年版，第 171 页。

[2] 参见《保险法》第 16 条。

[3] 参见《保险法》第 16 条。

[4] 欺诈行为的构成以欺诈人具有欺诈的故意为必要，如果欺诈人对于陈述虚伪事实或者没有告知真实情况只是出于过失或者完全没有过失，尚不构成欺诈，相对人可依重大误解主张撤销合同。参见韩世远：《合同法总论》，法律出版社 2004 年版，第 211-212 页。

容许的限度。[1]四是相对人因欺诈行为而作出错误意思表示，即相对人的错误意思表示与欺诈人欺诈行为具有因果关系。

比较两者客观要件，投保人与欺诈人行为均包括消极行为和积极行为两种情形，且其行为均需要达到一定程度。事实上，《保险法》第16条中投保人因重大过失未履行如实告知义务的，同样隐含着保险人因不知投保人未如实告知所产生的合理信赖要件。换言之，投保人违反告知义务的行为与保险人作出承保的意思表示之间具有一定事实上的因果关系。所以，从整体上看二者在客观要件方面是一致的。比较两者主观要件，在故意方面两者具有一致性，其差异在于重大过失方面，即在《保险法》第16条中，投保人重大过失亦构成解除事由，而在《合同法》第54条中，如果行为人出于重大过失进行虚假陈述，虽仍可主张撤销合同，但非因欺诈而撤销，而是因重大误解撤销。

（3）法律效果方面。

根据《合同法》第58条规定，相对人行使撤销权后的法律效果：一是合同自始归于消灭。二是双方当事人基于合同所为之给付失去取得之依据，应予返还。不能返还或者没有必要返还的，应当折价补偿。三是有过错的一方应当赔偿对方因此所受到的损失。[2]

根据《保险法》第16条规定，保险人解除合同可分为二种情形，相应法律效果也有差异：一是投保人故意不履行如实告知义务的，保险人对于合同解除前发生的保险事故，不承担赔

---

〔1〕 参见韩世远：《合同法总论》，法律出版社2004年版，第213—214页；李永军：《合同法》（第3版），法律出版社2010年版，第303页。

〔2〕 参见《合同法》第58条。

偿或者给付保险金的责任,并不退还保险费。[1]保险合同解除具有溯及力,即溯及既往地消灭,发生合同自始归于消灭的效果。此时保险人享有保险费的基础不再是保险合同,而是基于可归责一方导致合同无效的损害赔偿义务。[2]二是投保人因重大过失未履行如实告知义务,对保险事故的发生有严重影响的,保险人对于合同解除前发生的保险事故,不承担赔偿或者给付保险金的责任,但应当退还保险费。[3]

3. 解除权与撤销权之关系

在法学方法上所谓两法条之间具有普通关系与特别关系时,须当具备三要件:①两法条之位阶相同;②某一法条之构成要件要素,完全包含另一法条之构成要件要素,并独自具备另一法条所无之构成要件要素;③两法条所规定之法律效果已被规范的评价为不能并存。[4]

依据上述三要件检视《保险法》第16条与《合同法》第54条。首先,这两个法条皆为全国人大及其常委会制定的法律,法律位阶相同。其次,关于两者构成要件方面。解除权与撤销权之客观要件方面是一致的,差异在于主观要件方面,即解除权之主观要件不包括重大过失,但可成为撤销权主张之事由。再次,两者之立法目的与法律效果皆为不同不能并存。最后综上所述,两者具有特别法与普通法上的关系。

4. 本书观点陈述

综上分析,解除权与撤销权既为特别法与普通法上的关系,

---

[1] 参见《保险法》第16条第4款。

[2] 刘勇:"论保险人解除权与撤销权的竞合及适用",载《南京大学学报》2013年第4期。

[3] 参见《保险法》第16条第5款。

[4] 江朝国:《保险法逐条释义》(第4卷 人身保险),元照出版有限公司2015年版,第632页。

二者属于法条竞合[1]，则可得出保险解除权应排除或优先于合同撤销权适用的结论。在我国保险法现有法律规定之下，如若采选择说，将保险合同解除权与撤销权并行适用，则必然使得不可抗辩条款形同具文，失去抑制或防范保险人行使合同解除权逆选择的功能。但合同撤销权与不可抗辩条款也并非水火不容，不可并存。[2]对于不可抗辩条款的例外情形，如一些严重违反最大诚信原则的保险欺诈行为，则在合同解除权期间经过后，保险人可主张合同撤销权。因此，对于保险合同解除权与合同撤销权问题，应当从两方面着手解决：一是完善我国不可抗辩条款规则，设立适用条件及例外情形（详见第四章）；二是对于不可抗辩条款规则的例外情况，可采用选择说，赋予保险人撤销权。但是不可抗辩条款规则适用范围内的情形，应采用排除说，以防止保险人撤销权侵蚀不可抗辩条款。

第二节　被保险人相关权利剖析

在我国《保险法》采"三分法"的立法模式下，投保人和保险人的法律地位为保险合同的当事人，而被保险人的法律地位则仅为保险合同之关系人。一般而言，合同解除权行使主体仅限于合同当事人享有。这一限定虽符合合同的相对性原理，但如若原样照搬到民法之特别法——《保险法》中，则可能会

---

[1]　法条竞合亦有学者以规范排斥竞合相称，是指规范某一法律事实的法条之间可以同时适用的情形。导致法条竞合局面出现的典型因素是特别法优于普通法规则。参见江平主编：《民法学》，中国政法大学出版社2007年版，第42页；朱庆育：《民法总论》，北京大学出版社2013年版，第553页。

[2]　例如，《德国保险合同法》第22条规定，保险人以投保人欺诈性不实陈述为由撤销保险合同的权利不受影响。孙宏涛：《德国保险合同法》，中国法制出版社2012年版，第67页。

造成一些负面效应。因为在利他保险合同的法律关系中，往往涉及法律应当予以保护的多个冲突利益。毕竟保险合同内部涉及多方利益主体，从而需要法律对各方主体之间的利益进行权衡。那么，具体到保险合同解除权问题，被保险人和受益人这两方合同关系人能否成为解除权主体，能否享有合同解除权，则为本节及后三节论述的重点。

一、被保险人法律地位分析

（一）学说争议简介

在我国保险法上，被保险人的法律地位为保险合同关系人。学界对此有不同看法。例如，有学者认为[1]因投保人并不享有合同上之全部权利义务，故仅将投保人当作保险合同的当事人是不完整的。投保人和被保险人共同享有保险合同法律关系中的所有权利，所以，投保人、被保险人都是保险合同的当事人。[2]也有学者主张，以法律是否赋予被保险人订立保险合同的同意权为区分标准，当法律赋予被保险人保险合同订立的同意权[3]时，因被保险人参与合同的订立，是保险合同的当事人。而当法律没有赋予被保险人保险合同订立的同意权时，被保险人是合同的关系人。[4]还有一种较为激进的观点认为，在以被保险人为保险合同中心的理念下，应当将被保险人的地位提升至合同当事人。

---

〔1〕 投保人、被保险人都是保险合同的当事人，相对于保险人来说，他们是合同的另一方当事人。李玉泉：《保险法》（第2版），法律出版社2003年版，第119页。

〔2〕 参见邹海林："投保人法律地位的若干问题探讨"，载《法律适用》2016年第9期。

〔3〕 依作者原意，此处的同意权包括：订立以死亡为给付条件的人身险，须征得被保险人同意的情形，以及在非死亡保险中，投保人对被保险人不具备保险利益的情况下，须经被保险人同意的情形。

〔4〕 刘清元："人身险中被保险人、受益人的法律地位及权利保障"，载尹田主编：《保险法前沿》（第3辑），知识产权出版社2015年版，第98-99页。

(二) 本书观点陈述

前两种观点的区别之处在于，第二种观点更为细致地进行了类型化区分。首先，二者之中心思想实有相通之处，即皆因被保险人分享保险合同之权利义务，故而主张应与投保人同为当事人。此种认识，虽表面公允但却经不起推敲。照此逻辑，对于指定受益人的人身保险合同，因受益人享有保险金请求权，那么，合同当事人是否也应当包括受益人呢？毕竟保险金请求权作为保险合同的重要权利，订立保险合同的目的即在于使得受益人受领保险金。但是，鉴于受益人于保险合同之法律地位，在保险事故发生之前，随时可能因投保人撤销或变更其指定而丧失。受益人之地位处于"朝不保夕"的状态，更何谈当事人资格一说呢。其次，投保人负有交付保险费义务，却不享有保险合同上之全部权利。可见，投保人具有向第三人（被保险人或受益人）让渡保险合同利益的主观目的。[1]投保人虽对被保险人让渡一定利益，但让渡的利益并不一定强大到足以影响投保人在保险合同中的当事人地位。所以，被保险人分担投保人之合同权利义务，并不能当然地得出，投保人与被保险人同为当事人的结论。这一点在一般利他合同中也能得以印证。利他合同中的三方主体，合同当事人仅为债权人（立约人）和债务人（受约人）两方，并不包括受益第三人。纵然第三人享有合同履行利益，该利益也不是客观上利益的归属（并非本于合同而取得的利益），而是由债权人和债务人之间的基础合同所设，其有效性和作用也是由基础合同来决定的。[2]

---

[1] 一般是指在以被保险人的财产或人身为保险标的（物）的保险合同中。潘红艳："被保险人法律地位研究"，载《当代法学》2011年第1期。

[2] 参见吴文嫔：《第三人利益合同原理与制度论》，法律出版社2009年版，第165页。

从被保险人于保险合同中所享有之权利义务来看,保险合同中除缴纳保险费的义务外,基本上所有的合同权利义务都会涉及被保险人。[1]因而,有观点主张应采"二分法"体制,将被保险人的地位提升到合同当事人。事实上,无论是"二分法"体制,抑或是"三分法"体制,由于享有保险金赔付请求权的主体均为被保险人(受益人),而保险合同订立的目的也皆在于为被保险人(受益人)提供相应的经济保障。[2]因此在处理投保方内部法律关系时,保险立法予以考量重点即在于对被保险人合法权益的保障。虽然,本书亦赞同,我国应建立以被保险人为中心之保险合同法制,但这并不等于一定要由被保险人取代投保人之当事人地位,主要理由如下:在形式上,利他合同常表现为一个基础合同加上一个第三人约款,其中,债权人与债务人所订立合同为基础合同。[3]相应地,在利他保险合同中,这个基础合同即为投保人与保险人所订立之合同。在这个基础保险合同中,投保人有支付保险费的义务,保险人有承担被保险人特定事故之责,债的关系在特定的双方当事人之间发生。由此可见,无论是利己保险合同,还是利他保险合同,作为债之关系一种,其当事人均为投保人以及保险人。最后综上,本书认为,在坚持"三分法"体制之下,虽应建立以被保险人为中心之保险合同法制,但至于将被保险人的地位提升到合同当事人之程度,我国现行立法将被保险人定位为保险合同关系人并无不妥。学者对于关系人之界定大致是,不是投保人与保险

---

〔1〕 潘红艳:"被保险人法律地位研究",载《当代法学》2011年第1期。

〔2〕 无论是在"二分法"体制之下还是在"三分法"体制之下,保险合同所保障的对象均为被保险人,保险理赔请求权均归属于被保险人。樊启荣:《保险法诸问题与新展望》,北京大学出版社2015年版,第11页。

〔3〕 参见吴文嫔:《第三人利益合同原理与制度论》,法律出版社2009年版,第126—127页。

人等当事人，但与保险契约有间接利益关系的人，[1]或极为密切关系的人，[2]或对于保险合同利益有独立请求权的人，[3]通常指被保险人与受益人。[4]

二、被保险人权利救济分析

在人身保险合同中，当投保人与被保险人不为同一人时，投保人以被保险人的寿命、健康和身体为保险标的进行投保，需要事先征得被保险人同意才能确保保险合同的效力。[5]被保险人同意权主要适用于以被保险人死亡为给付保险金条件的险种，旨在防范道德风险的发生，保护被保险人的生命权、健康权以及身体权。但是，由于以被保险人死亡为给付保险金条件的人身保险一般属于长期保险，有的甚至可以长达数十年，而在数十年的岁月中投保人与被保险人之间，或者被保险人与受益人之间的人身关系或法律关系发生变化的可能性极大，相应地被保险人面临道德危险的系数也在随之变动，被保险人先前所为之同意意思表示亦难谓不变。譬如，在婚姻关系存续期间，夫妻感情原本相敬如宾，妻子同意丈夫为其投保死亡保险，并指定丈夫为受益人。然保险合同生效数年后，夫妻双方关系恶化，直至感情荡然无存，恩断义绝之时，妻子岂不担心夫妻情

---

[1] 梁宇贤：《保险法新论》（修订新版），中国人民大学出版社2004年版，第41页。
[2] 刘宗荣：《新保险法：保险契约法的理论与实务》，中国人民大学出版社2009年版，第63页。
[3] 徐卫东主编：《保险法学》，科学出版社2009年版，第63页。
[4] 刘清元："人身险中被保险人、受益人的法律地位及权利保障"，载尹田主编：《保险法前沿》（第3辑），知识产权出版社2015年版，第97页。
[5] 参见《保险法》第12条、第34条第1款。

分已尽,丈夫有谋财害命之可能性?[1]此时,妻子是否有权解除保险合同或者撤销其先前所为同意之意思表示呢?具体的救济途径又有哪些呢?

(一) 国内外立法例之考察

1. 被保险人的合同解除请求权

2010年日本实施的《保险法》,为强化对被保险人的保护,创设了被保险人合同解除请求权,分别在损害保险的伤害疾病损害保险的特别规定、生命保险、伤害疾病定额保险部分作出规定。[2][3]其中,被保险人可以要求投保人解除人寿保险合同的事由为:①投保人或保险金受益人,为了达到令保险人给付保险金的目的而故意造成被保险人死亡或者欲造成其死亡的;[4]②保险金受益人在基于该生命保险合同请求保险给付时进行欺诈或者欲进行欺诈的;[5]③除前两项事由外,有损害被保险人对投保人或者保险金受益人的信任,致使该死亡保险合同难以存续的重大事由的;[6]④因投保人和被保险人之间的亲属关系的结束及其他原因,被保险人作为同意基础情况发生了显著变更的。[7]由于法律规定被保险人只是可以请求投保人解除保险合同,但假使投保人对于被保险人所为之解除合同的意思表示

---

〔1〕 江朝国:《保险法逐条释义》(第4卷 人身保险),元照出版有限公司2015年,第632页。

〔2〕 《日本保险法》第34条、第58条、第87条。

〔3〕 例如,《日本保险法》第34条,被保险人系伤害疾病损害保险合同当事人以外的人的时候,该被保险人对于投保人,除与该投保人之间另有约定的情形以外,可以要求解除该伤害疾病损害保险合同。沙银华:《日本保险经典判例评析》(修订版),法律出版社2011年版,第186页。

〔4〕 参见《日本保险法》第57条第2款第1项。

〔5〕 参见《日本保险法》第57条第2款第2项。

〔6〕 参见《日本保险法》第58条第2款第2项。

〔7〕 参见《日本保险法》第58条第2款第3项。

无动于衷,怠于行使合同解除权,法律对于被保险人的权利又该如何救济呢?根据《日本民法典》第414条第2款之规定,被保险人可以以投保人为被告,向法院提起以裁判代替债务人的意思表示之诉,通过裁判获得确定判决,以此代替投保人进行解除权行使的意思表示。[1]若被保险人胜诉,即可将该胜诉判决的确定视为投保人进行了行使解除权的意思表示(日本《民事执行法》第174条第1款),被保险人可以直接通过向保险人出示附确定证明书之判决书的形式,解除保险合同。[2]当然,如果投保人认为被保险人解除合同的请求违背了诚实信用原则或者违反了双方之前的协议,即可在诉讼中进行抗辩,法院也可以做出不解除保险合同的裁决。

2. 被保险人的撤销权

我国台湾地区"保险法"第105条第2款、第3款[3]规定了被保险人撤销权,撤销权行使的对象为该条第1款规定的被保险人同意权。所谓同意权,是指由第三人订立之死亡保险契约,未经被保险人书面同意,并约定保险金额,其契约无效之先前行为。[4]虽然大多数国家及地区都给予被保险人同意他人以自己生命签订死亡保险契约是否成立生效的权利,但如同台

---

[1] 参见《日本民法典》第414条第2款。《日本民法典》第414条第2款:"在债务的性质不适于强制履行时,如果其债务是以作为为标的的,债权人可以向法院请求以债务人的费用责令第三人履行。但对于以法律行为为标的的债务,可以以裁判代替债务人的意思表示。"渠涛编译:《最新日本民法》,法律出版社2006年版,第93页。

[2] 岳卫:"日本《保险法》的立法原则及对我国的借鉴意义",载《当代法学》2009年第4期。

[3] 我国台湾地区"保险法"第105条第2款、第3款规定,被保险人依前项所为之同意,得随时撤销之。其撤销之方式应以书面通知保险人及要保人。被保险人依前项规定行使其撤销权者,视为要保人终止保险契约。参见我国台湾地区"保险法"第105条第2款、第3款。

[4] 参见我国台湾地区"保险法"第105条第1款。

湾地区"保险法"第 105 条第 2 款撤销权之规定，于其他国家和地区之立法例上，似乎未见有类似规定。[1]

（二）我国保险法的立法选择

基于避免道德危险发生及保护被保险人人格权之目的，无论是大陆法系还是英美法系，都倾向于对被保险人同意权作出规定，只是在适用范围上略有差异。如我国台湾地区"保险法"上被保险人同意权仅存在于"死亡保险契约"。德国、韩国等《保险法》上规定被保险人同意权仅适用于死亡保险和意外伤害保险。日本《保险法》上被保险人同意权适用于生命保险和伤害疾病定额保险。而我国《保险法》在借鉴其他国家和地区立法经验的基础上，对被保险人同意的适用范围，不是以险种加以区分，而是根据合同中约定的给付保险金的条件来确定，凡是合同中约定有以死亡为给付保险金条件，都必须经过被保险人的书面同意并认可保险金额。[2]因此，我国《保险法》所规定被保险人同意权则除适用于死亡保险之外，还包括意外伤害保险和健康保险两大类别。可见，我国《保险法》所规定以死亡为给付保险金条件之被保险人同意权适用范围与日本《保险法》一致，而不同于我国台湾地区"保险法"所采用之死亡保险契约。比较而言，我国《保险法》对于被保险人同意权之规定更为全面和周延。

虽然在保险合同订立之初，投保人以他人为被保险人订立以死亡为给付保险金条件的保险合同，必须经被保险人同意始为有效。然被保险人为同意之自由意思表示后，若情势发生变

---

[1] 江朝国：《保险法逐条释义》（第 4 卷 人身保险），元照出版有限公司 2015 年版，第 137 页。我国虽于《保险法司法解释（三）》第 2 条规定撤销权，但该司法解释直至 2015 年 12 月 1 日才起施行。

[2] 樊启荣："死亡给付保险之被保险人的同意权研究——兼评我国《保险法》第 56 条第 1、3 款之疏漏及其补充"，载《法学》2007 年第 2 期。

更，如前述之夫妻感情破裂，仍然维持保险合同对当事人之约束力，而无其他可兹救济之途径，其道德危险之高，不下于常人。[1]因此，立法应当对被保险人先前所为之同意增设救济权利，使被保险人能事前以同意权之行使与否，自由决定是否以自身生命投保。再于投保后，也能因自身风险评估变动而得以撤销先前所为之同意意思表示。[2]增设同意权之救济权利目的，不仅是为构筑道德危险的第一道防线，而且蕴涵着对私法自治之贯彻、意思自由之尊重、人身利益之保护等私法理念与法益的维护。对于被保险人同意权之救济权利途径，日本保险法创设被保险人合同解除请求权，[3]虽然有利于合同稳定性，但救济程序过于烦琐。假设投保人或受益人已经存有谋害被保险人的企图，或已经着手谋杀被保险人，被保险人已若知晓，如何能向投保人提出解约请求权？又如何能指望通过漫长的诉讼途径以解当下性命之忧？相比之下，直接赋予被保险人随时撤销权更具操作性。但是，也有学者对于保险合同稳定性表示担心，在保险合同关系上，投保人已经享有任意解约权，再赋予被保险人随时撤销权，寿险合同之存续岂非始终处于岌岌可危之状态？然合同是以被保险人的生命、身体为保险标的，牵涉被保险人的人身利益。合同稳定性所产生的经济利益，与被保险人的人身利益两相比较后，在价值判断上当然应以人为本，法律理应优先保护后者。综上，我国最终于《保险法司法解释（三）》

---

[1] 江朝国：《保险法论文集》（3），瑞兴图书股份有限公司2002年版，第236页。

[2] 江朝国：《保险法逐条释义》（第4卷 人身保险），元照出版有限公司2015年版，第124页。

[3] 被保险人合同解除请求权，即先由被保险人请求投保人解除保险合同，在投保人怠于或拒绝行使合同解除权时，被保险人可以通过诉讼的方式请求解除合同。参见《日本保险法》第58条、《日本民法典》第414条第2款。

中增设被保险人撤销权,该条款规定:"被保险人以书面形式通知保险人和投保人撤销其依据保险法第三十四条第一款规定所作出的同意意思表示的,可认定为保险合同解除。"[1]

最后,无论是同意权还是撤销权,其立法目的皆为避免道德危险之发生及保护被保险人之人格利益。故而,除了在订立保险合同之初(以死亡为给付保险金条件的合同),给予被保险人同意权之外,更应于合同订立之后,增设被保险人撤销权,如此方可完善立法之目的,从而形成被保险人为意思表示自由之权利闭环,使得被保险人受有更加全面之法律保护。

三、被保险人撤销权与债权人撤销权之比较

依据现行《保险法司法解释(三)》第2条之规定,被保险人有撤销先前订立合同时所为同意意思表示的权利,以使被保险人可自主决定保险合同效力之存续与否,以达到保障被保险人之立法目的。而本条之撤销权与下文中即将要探讨到的债权人撤销权相比较,两者有何差异之处?归纳起来,主要存在于以下四个方面:第一,撤销权的性质。被保险人撤销权是一种依赖被保险人的意思而撤销先前之所为同意意思表示的效力的形成权。债权人撤销权的性质则有形成权说、请求权说、折中说和责任说。我国学者多采折中说,认为撤销权兼具形成权与请求权的性质。第二,撤销权的成立要件。债权人撤销权之成立,因债务人所为的行为系无偿行为抑或有偿行为而有不同。[2]在无偿行为,债权人撤销权之成立必须具备客观要件,即债务人行为有害及债权之事实。但在有偿行为,除需具备客观要件

---

[1] 参见《保险法司法解释(三)》第2条。
[2] 韩世远:《合同法总论》(第3版),法律出版社2011年版,第350页。

之外，更需具备债务人和受益人为主观恶意为成立要件。[1]而被保险人行使撤销权只取决于权利人的单方意志，无需具备主客观要件，对于其先前所为之同意，可随时撤销之。第三，撤销权的行使。为避免撤销权之滥用，债权人撤销权必须由债权人以诉讼的形式行使，才能达到撤销债务人行为的法律效果。而被保险人撤销权是一种形成权，不仅被保险人行使解除权是一种单方面的意思表示，而且无须相对人承担任何协助义务。第四，撤销权的行使效果。我国《合同法》第74条规定行使撤销权之法律效果须依判决的确定而产生。一般而言，债权人行使撤销权具有溯及既往的效力。被撤销的债务人的行为自始归于无效。第三人因该行为取得的财产，原则上负回复原状或损害赔偿之责。而被保险人以书面形式撤销保险合同后，该保险合同即告终止。合同终止所生效力原则上仅向将来消灭，不发生溯及既往。但若投保人或被保险人有严重违反合同义务之情形，如违反如实告知义务、未尽安全维护义务等，即使保险合同溯及既往消灭也并无不妥。

第三节 受益人相关权利剖析

在财产保险中，因具有填补损害功能，保险金所应补偿者，应为遭受财产损害的被保险人，故享有保险金请求权者，应为被保险人。依据我国《保险法》第18条第3款[2]之规定，受益人概念仅适用于人身保险合同范围，而不包括财产保险合同。

---

〔1〕 参见崔建远主编：《合同法》（第5版），法律出版社2010年版，第158—166页；郑玉波：《民法债编总论》（修订2版），陈荣隆修订，三民书局股份有限公司2002年版，第389-400页。

〔2〕《保险法》第18条第3款规定，受益人是指人身保险合同中由被保险人或者投保人指定的享有保险金请求权的人。

那么，在利他人身保险合同中，受益人是否享有合同解除权？以下就受益人所处不同时期之法律地位进行分别讨论。

一、权利剖析一：保险事故发生前

受益人由被保险人或投保人指定，在保险事故发生后享有保险金请求权。[1]那么在保险事故发生前，受益人在利他人身保险合同中处于怎样的地位呢？有两种观点：一种观点认为受益人的受益权只有在保险事故发生后才能转变为现实的财产权，在保险事故发生前，受益人只享有一种期待的地位，但并非期待权；[2]另一种观点认为，在被保险人未发生保险事故之前，受益权不具有现实利益，受益人对于保险合同仅仅具有期待利益，是一种期待权利。两种观点的争议焦点，单纯之期待与期待权利的区分问题。换言之，单纯的期待应具备何种取得权利之要件，才能称之为期待权呢？

德国学者冯·图尔（Andreas von Tuhr）指出，对数权利之成立，需要具备数项要件，而这些要件未必能够同时满足，被满足的要件越多，权利就越趋近完整，在此过程中，当事人存在对于权利成型的期待，但是，并非所有期待权均称其为权利。[3]期待权（Anwartschaftsrecht）或曰等待权（Warterecht）只能出现于具有相当程度确定性的权利发展阶段，而单纯的事实期待则不受保护。[4]然则，单纯的事实期待应具备何种取得权利之要件，才能称之为期待权呢？对此学者有不同观点，主要有形

---

[1] 参见《保险法》第18条第3款。
[2] 王卓振："论保险合同的解除权"，吉林大学2010年硕士学位论文。
[3] 朱庆育：《民法总论》，北京大学出版社2013年版，第506页。
[4] 朱庆育：《民法总论》，北京大学出版社2013年版，第506页。

式说[1]和实质说两种观点。实质说观点认为，应予考虑两个因素：①此种地位是否已受法律之保护；②此种地位有否赋予权利性质之必要。[2]

在保险事故发生之前，受益人的地位，处于一种不确定的状态，随时可以因投保人撤销或变更其指定而丧失。而受益人此时的地位尚未产生财产价值，故对于投保人这种单方行为不能以利益侵害为由主张权利。退一步讲，即便法律给予救济，认定受益人的地位具有权利性质，但受益人的地位如此脆弱，投保人或被保险人可随时予以撤销，实无任何意义。借鉴国外的立法例，也可印证本书观点。如《欧洲保险合同法原则（PEICL）》第17：103条第1款，保单持有人依据第17：102条指定受益人的，其仍然可以指定保单现金价值的受益人……[3] 根据该条款规定，受益人分为现金价值的受益人和保险金受益人不同主体。也就意味着，保险金受益人对于保险事故发生前的现金价值无任何财产性利益可言。虽然，我国保险立法对受益人进行笼统规定，并未细化区分保险事故发生之前后受益人不同，但依据《保险法》第18条第3款规定的受益人概念来理解，我国保险立法中的受益人实际上是指保险金受益人。综上

---

[1] 形式说认为取得权利如尚欠缺最后要件时，则其地位具有权利之性质。采用形式说观点区别期待与期待权，难度较大，盖何谓最后要件，何谓成立生效要件，事实上颇以难确定，不足以说明何以此种取得权利地位，应赋予权利性质之实质理由。王泽鉴："附条件买卖买受人之期待权"，载《民法学说与判例研究》（第1册），中国政法大学出版社1998年版，第147页。

[2] 王泽鉴："附条件买卖买受人之期待权"，载《民法学说与判例研究》（第1册），中国政法大学出版社1998年版，第147页。

[3] 欧洲保险合同法重述项目组："欧洲保险合同法原则"，韩永强译，载梁慧星主编：《民商法论丛》（第57卷），法律出版社2015年版，第736页。《欧洲保险合同法原则（PEICL）》第17：103条第1款，保单持有人依据第17：102条指定受益人的，其仍然可以指定保单现金价值的受益人，并有权变更或者撤销此种指定。此种指定、变更或者撤销应该以书面为之，其应该送达给保险人。

所述，受益人在保险事故发生前之法律地位，虽具备取得权利部分要件，却不具有权利之性质，并非是期待权，仅为一种期待的地位。既然此时受益人连权利的先效力[1]都没有，解除权则更无从说起。

二、权利剖析二：保险事故发生后

保险事故发生时，受益人的保险金请求权始为确定，受益人有权根据合同向保险人主张保险金请求权，并可自由处分其保险金请求权。那么，此时受益人是否有权解除保险合同呢？问题的关键在于受益人取得受益权之性质为何？是原始取得抑或是继受取得？如果受益权是因继承投保人之地位而继受取得，那么受益人便有权解除合同。反之，则无权解除合同。

人身保险合同中的受益人是由被保险人或投保人直接指定，而无须受益人对此作出相应的意思表示，且可以直接以自己的名义向保险人行使保险金给付请求权。这与民法上利他合同第三人的权利性质并无二致。[2]那么，利他合同中第三人权利是如何取得呢？

（一）第三人取得权利的性质

第三人取得权利模式有无权代理模式、接受取得模式以及直接取得模式三种，其一，从第三人取得权利的性质来看，均为原始取得。原因在于第三人之权利系基于双方当事人之约定独立取得的新权利，并非以债权人的既存权利为基础取得。其二，在利

---

[1] 权利因具备法律所规定之要件而发生，要件尚有欠缺时，权利尚未发生，此时法律常赋予各种不同之效力，学说称之为先效力（Vorwirkung）。王泽鉴："附条件买卖买受人之期待权"，载《民法学说与判例研究》（第1册），中国政法大学出版社1998年版，第147页。

[2] 参见江朝国：《保险法逐条释义》（第4卷 人身保险），元照出版有限公司2015年，第349页。

他合同中债权人的权利为请求债务人向第三人给付,第三人之权利则在请求债务人向自己为给付。两者权利并存不可互相替代,因此,第三人之权利系原始取得,而非继受债权人之债权。[1]

(二) 受益人取得权利的性质

基于私法自治原则,保险契约当事人约定将保险契约上将来可能发生之保险金赔偿请求权让与受益人,则此受益人据此成为唯一具有受领保险金权利之人。[2]可见,受益人取得保险赔偿请求权并非从投保人权利处继受取得,系因保险合同当事人之约定而原始取得。与利他合同中第三人的权利是依照合同的约定,取得自己固有的对于债务人的请求给付的权利,[3]二者并无差异。

综上所述,受益人之受益权并非继受投保人之既得权利取得,况且这种受益权具体仅指保险金赔偿请求权,并不包括合同解除权,那么,受益人自然不能成为利他人身保险合同的解除权主体。

三、受益人的介入权分析

(一) 受益人介入权概念

受益人介入权,德国保险法称之为受益人代位权,是指在征得投保人同意的前提下,为阻止扣押债权人、破产财产管理人及其他保险合同的当事人之外的可以解除该保险合同的人(以下简称"当事人之外的解除权主体") 进行的该解除,保险金受益人可以取代投保人介入保险合同,在一定支付金额范

---

〔1〕 参见江朝国:《保险法逐条释义》(第4卷 人身保险),元照出版有限公司2015年,第349页。

〔2〕 江朝国:《保险法基础理论》,中国政法大学出版社2002年版,第136页。

〔3〕 吴文嫔:《第三人利益合同原理与制度论》,法律出版社2009年版,第99页。

围之内代为清偿债务。[1]一般认为,受益人代为清偿的债务范围为,自解除通知日起至该保险合同的解除发生效力前,保险人应向投保人支付相当于合同现金价值的数额。此处需要作以补充的是,当事人之外的解除权主体行使追索权范围应以其债权为限,如果保险人应向投保人支付的现金价值超过其追索的债权金额时,受益人代为清偿的范围应以后者为准。

我国《保险法司法解释（三）》第 17 条[2]规定了受益人介入权,与上述立法例区别在于给付对象不同,我国受益人介入权给付的对象为投保人,与日本的当事人之外的解除权主体、德国的可以启动强制执行程序或破产程序的债权人不同。我国受益人介入权规定遭人诟病的地方,在于对于投保人侵害受益人介入权的法律后果未作出明确规定,认为这是一个缺乏法律效果的不完整的法律规范。但根据日本、德国相关立法来看,受益人必须在征得投保人同意的前提下,才有权行使介入权。反之,如果投保人拒绝同意,则受益人不能行使介入权。具体到我国《保险法司法解释（三）》第 17 条,受益人行使介入权同样须在征得投保人同意的前提下进行,如若投保人刻意隐瞒或怠于通知受益人解除合同之意思表示,甚至是明确拒绝接受受益人支付之款项,投保人的行为在法律上亦不具有可责难性。再者,罗马法谚有云,有权利即有救济。而在保险事故尚未发生时,受益人并不享有受法律保护的原权利,那么,即便是在受益人利益受到侵害之时,也自无法请求法律进行救济。综上,我国立法对于受益人介入权不予救济,一则是因为受益人权利

---

[1] 参见《日本保险法》第 60 条、《德国保险合同法》第 170 条。

[2]《保险法司法解释（三）》第 17 条,投保人解除保险合同,当事人以其解除合同未经被保险人或者受益人同意为由主张解除行为无效的,人民法院不予支持,但被保险人或者受益人已向投保人支付相当于保险单现金价值的款项并通知保险人的除外。

之行使需征得投保人同意为要件，投保人若拒绝为同意之意思表示，亦难谓侵害受益人之权利。二则是此时受益人只是享有一种期待地位，甚至这种期待地位也可能因变更而丧失，既然受益人并不享有实际意义上的权利，权利救济也就无从谈起。因此，对于投保人侵害受益人介入权之法律后果未作规定，非立法漏洞实则是无必要的。

(二) 受益人行使介入权后之法律地位

作为保险合同关系人，受益人行使介入权之后，其在保险合同的法律地位如何？是否就此可以取代投保人的法律地位？

本书认为，投保人同意受益人代替保险人向投保人或当事人之外的解除权主体支付现金价值，并不能当然地认定投保人同意受益人承继其在保险合同中的法律地位，成为保险合同当事人。只有在投保人将保险单转移给受益人，明确表示同意将受益人变更为投保人，并及时通知保险人的情形下[1]，投保人才丧失保险合同处分权，受益人才有权行使投保人的权利，包括合同解除权。当然，在以死亡为给付保险金条件的合同中，投保人主体之变更还需征得被保险人的书面同意，否则变更行为无效。因此，受益人行使介入权后并不当然享有合同解除权。或许有观点提出质疑，受益人代替保险人支付现金价值，其目的在于使保险合同得以继续。如受益人不能承继投保人之法律地位，在保险事故发生之前，其在保险合同所处之法律地位岌岌可危，随时可能因投保人和被保险人意志而被撤销或变更。受益人行使介入权支付代价，却无任何实意，似有违常理。本书认为，这应当属于受益人与投保人内部法律关系问题，立法确立受益

---

[1] 投保人依法定或约定处分自己在保险合同上权利时，只要其单方面以意思表示为之即可，无须征得保险人同意，但投保人行使处分权，非经通知，不得对抗保险人。

介入权之善意除了在于维护受益人权益外，还基于另外一些更为具体的原因，即经济上的原因[1]。作为当事人自己利益的最好裁判者，受益人是否行使介入权全凭个人意志，立法将权利交于受益人，也正是希望由本人自主决定，来追求自身利益最大化。

第四节　继承人相关权利剖析

一、保险合同解除权之可继承性分析

投保人的继承人是否可以基于投保人死亡的法律事实继承保险合同解除权？[2]问题的关键在于保险合同解除权是否可以通过继承的方式取得。

（一）学说争议简介

投保人死亡后，继承人能否继承保险合同解除权问题，存在两种截然相反的观点。其中，持肯定说观点的学者占多数，认为保险合同也为财产，投保人的继承人基于投保人死亡的这一法律事实而概括地继承了投保人在保险合同中的权利和义务，其中自然包括了投保人在保险合同法律关系中的地位，理应享有保险合同解除权。[3]学者们主张不能继承的理由主要基于以

---

[1] 对此，德国学者迪特尔·梅迪库斯阐述说，经济发展的历史告诉我们一个经验法则，自主决定是调节经济过程的一种高效手段。特别是在一种竞争性经济制度中，自主决定能够将劳动和资本配置到能否产生最大效益的地方去，而其他调节手段，如国家的调控措施，往往要复杂得多、缓慢得多、昂贵得多，因此，总体上产生的效益也就低得多。［德］迪特尔·迪库斯：《德国民法典总论》，邵建东译，法律出版社2000年版，第143页。

[2] 吴涵昱：「论612他人身保险合同投保人法定解除权的继承」，载《浙江省2014年保险法学学术年会论文集》。

[3] 吴涵昱：「论612他人身保险合同投保人法定解除权的继承」，载《浙江省2014年保险法学学术年会论文集》。

下两点：一是保险合同的解除权虽具有财产性质，但其本质上不属于债权，是合同上的地位，因而不是继承法意义上的财产，不属于遗产的范畴，投保人在世时没有行使，也没有合法授权他人行使的，应视为在其死亡后合同解除权自动消灭。[1]二是投保人在生前并未行使，也没有授权他人行使解除权的情况下，继承人直接行使解除权可能会违背投保人为被保险人或受益人利益订立合同并维持合同效力的意愿。[2]

(二) 现行法律规定梳理

保险合同解除权这种非具体的财产性权利，是否属于遗产的范畴？根据我国相关法律法规[3][4]之文义来看，我国遗产继承之客体为财产以及有价值证券和履行标的为财物的债权。而保险合同解除权既不属于具体的财产性权利，也不属于有价值证券和履行标的为财物的债权，保险合同解除权似乎并不属于我国可继承遗产的范畴。然而，保险合同解除权仅为合同当事人享有合同上之权利。也就是说解除权必须依附于保险合同附带存在，将保险合同解除权从保险合同中剥离出来，单独谈解除权的继承问题无异于舍本逐末。[5]因此，保险合同解除权

---

[1] 吴雯雯："从司法解释三谈投保人合同解除权继承问题：基于以被保险人为中心的价值选择"，载《经贸实践》2015年第6期；王飞、徐文文："论人寿保险合同解除纠纷中的利益平衡"，载《法律适用》2013年第5期。

[2] 杨德齐："论保险合同解除权制度的体系建构：兼评《保险法》司法解释三（征求意见稿）的解除权条款"，载《保险研究》2015年第2期。

[3] 《中华人民共和国继承法》第3条，遗产是公民死亡时遗留的个人合法财产，包括：①公民的收入；②公民的房屋、储蓄和生活用品；③公民的林木、牲畜和家禽；④公民的文物、图书资料；⑤法律允许公民所有的生产资料；⑥公民的著作权、专利权中的财产权利；⑦公民的其他合法财产。

[4] 《最高人民法院关于贯彻执行〈中华人民共和国继承法〉若干问题的意见》第3条，公民可继承的其他合法财产包括有价证券和履行标的为财物的债权等。

[5] 正如汪渊智先生在其《形成权理论初探》一文中论述道，形成权不能与基本权利的法律关系相分离而单独发挥作用，离开了基础法律关系，形成权的存在也就失去了意义。汪渊智："形成权理论初探"，载《中国法学》2003年第3期。

作为一种典型的形成权,不具有单独让与性,必须以合同为载体,与合同的其他权利义务共存。如果保险合同本身属于可被继承的财产,那么保险合同之上的全部权利义务都可以被概括继承,当然也包括合同解除权。因此,接下来的问题是,继承人能否取代被继承人在保险合同中的法律地位呢？保险合同是否属于遗产的范畴呢？有观点认为,投保人生前为被保险人投保,所缴纳的保险费应当视为已经处分的财产。根据有关法律规定,已经处分的财产不属于遗产继承范围。因此,投保人的继承人不能取代其在保险合同中的法律地位。[1]本书认为投保人生前为被保险人缴纳保险费订立保险合同的行为,的确属于行使自己的财产处分权合法有效。但是投保人虽然对于已经缴纳的保费进行处分,却并未明确放弃对保险合同存续期间产生的现金价值的处分权。要准确理解这一点,就必须厘清保费与现金价值的概念。一般来讲,保险事故发生概率与保费高低成正比。在人寿保险中,虽然事故发生自然概率逐年递增,但因保险公司并不是按照每年的事故概率成本逐年计算并收取自然保险费,而是采取趸交保险费或均衡保险费的方式,投保人提前缴纳了部分或全部应当在以后缴纳的自然保险费,这部分提前缴纳的保险费加上相应的储蓄和投资收益,并扣除保险公司相应运营成本后,就形成保险单的现金价值。[2]因此,现金价值=保费-运营成本+增值收益,即保险公司把扣除运营成本后所剩的保费

---

[1] 根据继承法相关规定,被继承人生前已处分的财产不属于遗产范围,投保人在生前为被保险人缴纳保险费,且临终前没有退保的意思表示,事实上已经对保单现金价值进行了处分,处分结果可视为对被保险人的赠与。吴雯雯:"从司法解释三谈投保人合同解除权继承问题:基于以被保险人为中心的价值选择",载《经贸实践》2015年第6期。

[2] 马向伟:"人寿保险单的现金价值可以被强制执行",载《人民司法》2016年第17期。

投入运营,产生增值后即为现金价值。

(三) 保险合同地位之可继承性分析

保险合同基于双方意思合致而发生债之关系,可归于履行标的为财物的债权一类。由继承人承继投保人对于保险合同所享有的财产权益,即保险合同的现金价值自无异议,但是否能够同时取代被继承人在保险合同中的法律地位呢?现行《中华人民共和国继承法》中规定遗产继承的客体必须具有财产性,一些人身性的客体不能作为遗产。然而随着社会经济的发展,财产权与人身权的分野界限逐渐出现融合之势,人身权中含有财产权的内容,财产权中也蕴含人身权的内容,由此导致一些通过财产而取得的身份属于可以继承的客体。[1]例如,依据《中华人民共和国公司法》(以下简称《公司法》)第76条之规定,除公司章程另有规定外,股东的合法继承人有权继承其在公司的股东资格。[2]股权是股东基于其股东身份而享有的从公司获取经济利益和参加公司经营管理的权利。[3]因此,鉴于股权具有财产性和人身性二重属性,股权继承的内容则不仅包括股权所包含的财产权益,亦包括股东资格这种人身性权益在内。而利他保险合同因涉及第三人利益,即被保险人(受益人)的利益,同样具有财产性、人身性二重属性。其中,人身性属性主要表现在人身保险的投保人在保险合同订立时应当对被保险人具有保险利益。[4]那么,此处是否可以适用类推解释,肯

---

[1] 麻昌华:"遗产范围的界定及其立法模式选择",载《法学》2012年第8期。

[2] 《公司法》第76条规定,自然人股东死亡后,其合法继承人可以继承股东资格;但是,公司章程另有规定的除外。

[3] 钱进:"股权继承双重客体及实务研究",载《中国公证》2015年第2期。

[4] 《保险法》第31条规定,人身保险中保险利益存在于所列情形中:①本人;②配偶、子女、父母;③前项以外与投保人有抚养、赡养或者扶养关系的家庭其他成员、近亲属;④与投保人有劳动关系的劳动者。除前款规定外,被保险人同意投保人为其订立合同的,视为投保人对被保险人具有保险利益。

定继承人可以继承投保人在利他保险合同中的法律地位呢？为使得结论更具说服力，下文先对其他国家和地区关于继承范围的规定进行比较研究，之后再做进一步的论证。

(四) 其他国家和地区之立法例考察

1. 我国台湾地区

台湾地区"民法典"第1148条[1]对于遗产范围采用广义概念，仅排除专属于被继承人本身之权利义务，被继承人在财产之上的全部权利义务均在继承之范畴。

2. 日本

《日本民法典》第896条[2]对于遗产范围同样采用广义概念。继承的遗产不仅包括被继承人财产上的一切权利义务，还包括一定的身份权益，如祭祀者身份。

3. 德国

《德国民法典》第1922条第1款[3]对于遗产继承范围的规定更加宽泛。遗产是死者的遗留的全部权利，财产权的种类主要包括债券、物权和知识产权三类。

(五) 作者观点陈述

参照上文所列举之立法例，可以得出两点结论。第一，对

---

[1] 台湾地区"民法典"第1148条规定，继承人自继承开始时，除本法另有规定外，承受被继承人财产上之一切权利、义务。但权利、义务专属于被继承人本身者，不在此限。

[2] 《日本民法典》第896条规定，继承人继承属于被继承人财产的一切权利与义务，被继承人人身专属的财产除外。渠涛编译：《最新日本民法》，法律出版社2006年版，第194页。《日本民法典》第897条，①宗谱、祭具及坟墓的所有权，可以不拘前条规定，由按习惯应主持祖先祭祀者承受。但是，有被继承人指定的主持祖先祭祀者，则由被指定人承受。②于前款情形，习惯不明时，由家庭法院指定前款权利的承受人。渠涛编译：《最新日本民法》，法律出版社2006年版，第194页。

[3] 《德国民法典》第1922条第1款规定，自一人死亡之时起（继承开始），其财产（遗产）全部转移给另外一人或数人（继承人）。郑冲、贾红梅译：《德国民法典》（修订本），法律出版社2001年版，第447页。

于遗产继承的范围倾向于采用广义概念，即财产上的全部权利义务。第二，排除专属于被继承人本身之权利义务。相比较其他国家和地区之立法，我国继承法中的财产范围限定过于狭窄，可作广义理解，即为财产及财产上的一切权利和义务。相应地，在保险法中，投保人的继承人基于投保人死亡这一法律事实而概括地承受投保人在保险合同中的权利义务。[1]但因人身保险合同具有人身性，那么保险合同解除权是否当然地属于概括继承之范围内，取决于合同解除权是否属于人身专属性权利。依照《最高人民法院关于适用〈中华人民共和国合同法〉若干问题的解释（一）》（以下简称《合同法司法解释（一）》）第12条之规定，专属于债务人自身的债权包括基于特定身份产生的给付请求权，以及特定事由产生的赔偿请求权两类。而保险合同解除权既不属于给付请求权，也绝非赔偿请求权。因此，保险合同解除权不属于专属性权利，同时也就意味着可划入遗产继承的范围之内。事实上，关于投保人的继承人继承保险合同解除权已有立法例可资借鉴。譬如，台湾地区"保险法"第18条规定，被保险人死亡或保险标的物所有权移转时，保险契约除另有订定外，仍为继承人或受让人之利益而存在。[2]《法国保险合同法》第L132-9条第3款，投保人死亡后，投保人的继承人可以行使上述解除权。[3]此处所指之"上述解除权"即为该法第L132-5-1条第1款所规定之投保人解除权。《最高人民法院关于适用〈中华人民共和国保险法〉若干问题的解释（三）征

---

〔1〕 吴涵昱：《论利他人身保险合同投保人法定解除权的继承》，载《浙江省年保2014险法学学术年会论文集》。

〔2〕 台湾地区"保险法"第18条。

〔3〕 孙宏涛译："法国保险合同法"，载宋志华主编：《保险法评论》（第5卷），法律出版社2013年版，第307页。

求意见稿》第 27 条[1]对投保人死亡时合同解除权的归属作出了规定，但在正式公布的《保险法司法解释（三）》中未予通过。恰如罗马著名法学家盖尤斯曾在《法学阶梯》中所述，遗产继承只不过是对死者原有法律地位的概括继承。[2]合同解除权虽非具体的财产性权利，仅为法律上之地位，但不属于被继承人享有之专属权，故亦不妨碍继承。

二、保险合同解除权继承之相关问题讨论

（一）新投保人保险利益要件之讨论

1. 问题之提出

根据《保险法》第 12 条、第 31 条之相关规定，在订立人身保险合同之初，要求投保人对被保险人具有保险利益。其立法意旨在于保险利益的存在能在一定程度上防范或减少投保人道德风险的发生，如果允许对被保险人不具有保险利益的第三人随意投保，将会使得投保人怠于实施风险控制，放纵保险事故的发生，甚至会诱使其故意制造保险事故以骗取巨额保险金赔付。[3]如此则无异于以被保险人之人身为赌注，其道德风险之高着实不容忽视。尤其由第三人订立之死亡保险合同，乃是以被保险人之生命身体为标的，牵涉被保险人之人格权。

---

〔1〕《最高人民法院关于适用〈中华人民共和国保险法〉若干问题的解释（三）征求意见稿》第 27 条，人身保险合同的投保人死亡，其继承人要求承受投保人在保险合同中的权利的，人民法院应予支持。当事人以投保人继承人对被保险人不具有保险利益为由主张保险合同无效的，人民法院不予支持。参见中国法院网，http://www.chinacourt.org/law/detail/2014/10/id/147967.shtml。

〔2〕郑伟：“人寿保险投保人的继承人解除保险合同问题研究”，载《法制博览（中旬刊）》2012 年第 9 期。

〔3〕韩长印、韩永强编著：《保险法新论》，中国政法大学出版社 2010 年版，第 41 页。

既然保险利益对于被保险人之人身安危如此重要，那么，当人身保险合同当事人发生变更，如本节所讨论之继承人继承保险合同之情形，到底是否有必要要求新投保人对于被保险人需具有保险利益呢？尽管我国现行保险法对于订立之后的保险合同并不要求新投保人一定要与保险标的之间存在利益关系，保险合同权利的继承也并不受到保险利益原则的拘束。但是，如果变更后的投保人对于被保险人不具有保险利益，是否会对被保险人产生道德危险呢？

2. 问题之分析

依照我国《保险法》第 34 条第 1 款之规定，以死亡为给付保险金条件的合同，未经被保险人同意并认可保险金额的，合同无效。[1]《保险法司法解释（二）》第 2 条规定，被保险人以书面形式通知保险人和投保人撤销其依据保险法第三十四条第一款规定所作出的同意意思表示的，可认定为保险合同解除。[2]《保险法司法解释（三）》第 9 条、第 10 条之规定，投保人指定受益人未经被保险人同意的，人民法院应认定指定行为无效；投保人变更受益人未经被保险人同意的，人民法院应认定变更行为无效。[3]再依《保险法》第 34 条第 2 款之规定，按照以死亡为给付保险金条件的合同所签发的保险单，未经被保险人书面同意，不得转让或者质押。[4]由此可见，以死亡为给付保险金条件的合同，其效力的开始、转让或质押以及终止皆以被保险人为权利中心而设定。[5]

---

[1] 参见《保险法》第 34 条第 1 款。
[2] 参见《保险法司法解释（二）》第 2 条。
[3] 参见《保险法司法解释（三）》第 9 条、第 10 条。
[4] 参见《保险法》第 34 条第 2 款。
[5] 参见江朝国："论我国保险法中被保险人之地位——建立以被保险人为中心之保险契约法制"，载《月旦法学教室》2011 年。

对于保险合同之受益人指定,依照《保险法》第 39 条、第 41 条及第 42 条之规定,人身保险的受益人虽由被保险人或者投保人指定,但投保人指定或变更受益人时须经被保险人同意。可见,在受益人指定问题上,投保人只有提名权,实质上是由被保险人决定的。而对于没有指定受益人,或者受益人指定不明无法确定的情形,在被保险人死亡后,保险金作为被保险人的遗产。可见,我国保险法是根据损益规则,将因保险事故发生而受有损失之被保险人定位于保险合同利益归属者,而非投保人。

综上可知,在以死亡为给付保险金条件的保险合同中,除非得到被保险人同意,否则投保人不会只因缴纳保险费即可于保险事故发生时获得保险金给付,而若自始无获得保险金给付之资格,又何来道德危险可言?[1]可见,以死亡为给付保险金条件的合同,在当事人发生变更时,并无必要要求新投保人对于被保险人需具有保险利益。而对于非以死亡为给付保险金条件的合同,因受益人是由被保险人决定的,投保人之变更对于被保险人同样不具有道德危险可言,故亦无要求具有保险利益之必要性。事实上,在我国人身保险中,既已采取被保险人同意主义是否还须具有保险利益之必要性?这种双重规制是否有意义,已经受到一些学者的质疑。如韩国保险法中,保险利益的概念只存在于财产保险中,仅于《韩国商法》第 731 条中规定,签订以他人的死亡为保险事故的保险合同时,须经该他人的书面同意,此外,对于人身保险中投保人和被保险人之间的关系不设置任何要求。[2]

---

〔1〕 江朝国:"论我国保险法中被保险人之地位——建立以被保险人为中心保险契约法制",载《月旦法学教室》2011 年。

〔2〕 崔吉子、黄平:《韩国保险法》,北京大学出版社 2013 年版,第 41 页。

(二) 保单现金价值之归属问题讨论

1. 保单现金价值之专属性分析

(1) 专属性权利简述。

专属性权利是指只能由权利人一人享有或者行使的权利。专属性权利可再划分为享有上的专属权和行使上的专属权：①享有上的专属权是指专属于特定人享有，不可与权利人分离，不得转移（让与、继承）的权利；②行使上的专属权，则是指行使与否只能由权利人决定，他人不得代理或代位行使的专属权。[1]在继承时，将一身专属权由继承财产除外者，因其为绝对不得移转于他人之权利，即其权利之归属为绝对一身专属的，从而不得让与之权利有得为继承者。[2]

(2) 保单现金价值之来源探究。

具有现金价值的保单一般是指人寿保险的保单。通常保险事故发生的概率与保险费成正比例关系，也就是保险事故发生概率越高，投保人需要缴纳的保险费也就越高。在财产保险中，由于投保人当期缴纳的保险费刚好等于保险人相应事故概率成本，没有积累，因此，财产保险不具有现金价值。但在人寿保险中，保险公司并非按照事故概率逐年计算并收取自然保费，采用趸交保险费或均衡保险费的方式，将保费总额平均分摊到每个缴费周期，初期均衡保费多于实际应当缴纳保费（自然保费），那么溢缴部分及其利息经过时间积累形成保单的现金价值。[3]所以，保单现金价值来源于保险初期投保人溢缴的保险费，可见，保单现金价值具有财产权益属性的一面。那么，

---

[1] 张俊浩主编：《民法学原理》（修订版），中国政法大学出版社1997年版，第80页。

[2] 史尚宽：《债法总论》，荣泰印书馆股份有限公司1954年版，第450页。

[3] 石旭雯："保单质押的基本法律问题探析：实践的审视与规则的梳理"，载《西部法学评论》2009年第4期。

具有财产属性的保单现金价值是否属于债务人专属性债权呢？支撑肯定说最有力的论据在于《合同法司法解释（一）》第12条[1]。

(3) 本书观点陈述。

《保险法》第12条包括基于特定身份产生的给付请求权，以及特定事由产生的赔偿请求权两类。而人寿保险请求权所产生的赔偿请求权，一般是指保险事故发生后，被保险人或受益人享有的保险金请求权。显然，保单现金价值与保险金是权属于不同主体的两个概念。故而，据此不能认定保单现金价值属于债务人的专属性权利。此外，保单现金价值的非专属性还主要表现为，根据我国《保险法》第34条第2款之规定，人身保险可转让和质押的功能。质押的目的在于支配标的物之交换价值，[2]因而质押标的物需要具备以下特征。首先，须为财产权。质押之标的物必须为财产权，因如非财产权则不具经济价值，无从供为债权之优先清偿之故。[3]其次，须为可让与之财产权。质押设定之目的，乃在所担保之债权未受清偿时，得取得质押权利之交换价值以供优先受偿，故其权利必须具有让与性者，实具相当之理由。[4]人身保险中适用于质押的险种主要是指具有保单现金价值的终身死亡保险和生死两合保险两种。那么，

---

[1]《合同法司法解释（一）》第12条，该条文将专属于债务人自身的债权解释为，是指基于扶养关系、抚养关系、赡养关系、继承关系产生的给付请求权和劳动报酬、退休金、养老金、抚恤金、安置费、人寿保险、人身伤害赔偿请求权等权利。

[2] 石旭雯："保单质押的基本法律问题探析：实践的审视与规则的梳理"，载《西部法学评论》2009年第4期。

[3] 参见谢在全：《民法物权论（修订5版）》（下册），中国政法大学出版社2011年版，第1011页。

[4] 参见谢在全：《民法物权论（修订5版）》（下册），中国政法大学出版社2011年版，第1012页。

人身保险质押的标的物究竟为何？以标的物之不同为标准，质权可以分为动产质权和权利质权。动产质权系以可融通的动产为标的物之质权。权利质权又区分为债权质权和证券质权。债权质权是以可让与之债权或其他权利为标的物之质权。证券质权是以可让与之证券为标的物。[1]人身保单本身的价值微乎其微，并不具备充当质押标的物的条件，因而充当出质物的并非有形化的保单，而是保单上所彰显的保单持有人的权利。因此，保单质押的本质是权利质押。[2]需要进一步思考的问题是，权利质押标的物，也即保单持有人对于保单享有的权利，究竟为何？投保人是以债权为担保标的物，还是以证券为担保标的物呢？若以债权为担保标的物，应是指投保人在解除保险合同之后，对于保险人享有的保单现金价值请求权。但保单质权系保险合同存续期间投保人所享有的权利，合同既未终止，投保人对保险人的债权也就尚未发生，自不可能以债权作为标的物，设定债权质押，向保险人借款。[3]若以证券为担保标的物，则系将保险单视为有价证券。[4]而保险实务上确是将保险单视为有价证券，投保人以具有现金价值的保险单，以设定证券质权的方法设

---

[1] 参见刘宗荣：《新保险法：保险契约法的理论与实务》，中国人民大学出版社2009年版，第387页。

[2] 石旭雯："保单质押的基本法律问题探析：实践的审视与规则的梳理"，载《西部法学评论》2009年第4期。

[3] 参见刘宗荣：《新保险法：保险契约法的理论与实务》，中国人民大学出版社2009年版，第387页。

[4] 保险单是否为有价证券，学者江朝国先生有不同观点，有价证券权利之发生、移转或行使须全部或一部依据证券为之，也即文件内权利属文件拥有之人。而在保险中，真正为保单上权利拥有人仍旧是于保险事故发生时保险利益持有人，而非保单持有人。因此，保险单并非真正的有价证券，而只是一种不完全之有价证券而已，其效力和"银行存款簿"相当。参见江朝国：《保险法基础理论》，中国政法大学出版社2002年版，第190-193页。

定证券质权,向保险人质借。[1]从《中国人民银行关于人寿保险中保单质押贷款问题的批复》第2条,[2]可以看到在保险实务操作中,先将保单的现金价值证券化,继而将保单视为记名有价证券,进行转让和抵押。在我们详尽分析保单现金价值作为一种财产权,且这种财产权可与权利主体(投保人)分离进行转让或质押的基础之上,便可得出保单现金价值的非专属性的结论。

2. 保单现金价值之权益归属分析

人身保险合同的财产权益在不同的时间点分别属于投保人和受益人。如保险事故尚未发生,则保险合同财产权益内容为现金价值,根据《保险法》第47条[3]之规定,投保人有权解除保险合同,并按照合同约定取得保单现金价值。如果保险事故已经发生,处于期待状态的保险金请求始为确定,人身保险合同的财产权益内容由现金价值转换为保险金,由指定受益人或法定主体向保险人行使保险金给付请求权,并获得相应的保险金。此外,依据权利与义务对等的民法原则,一般情况下投保人作为缴纳投保费的义务主体,保险单的现金价值源于投保人所交的保险费及利息,二者在权利归属上应当是一致的。[4]因此,除投保人丧失保单现金价值的特殊情形之外,保险现金

---

〔1〕 刘宗荣:《新保险法:保险契约法的理论与实务》,中国人民大学出版社2009年版,第388页。

〔2〕 《中国人民银行关于人寿保险中保单质押贷款问题的批复》第2条规定,在保单条款中要明确规定保单质押贷款期限不超过6个月,保单质押贷款金额不超过贷款时保单现金价值的80%,当投保人逾期不偿还贷款,使贷款本息累积达到保单现金价值时,保险公司应及时通知投保人,终止保险合同。

〔3〕 《保险法》第47条,投保人解除合同的,保险人应当自收到解除合同通知之日起30日内,按照合同约定退还保险单的现金价值。

〔4〕 左稚华、张念:"人身保险保险单现金价值权属问题研究",载《广东金融学院学报》2007年第4期。

价值应当属于投保人的财产权益。投保人丧失保单现金价值的情形有三种：①法定失权，例如《保险法》第 43 条[1]；②约定失权，例如《保险法司法解释（三）》第 16 条[2]；③意思自治。投保人自愿放弃保险现金价值的情形。

第五节　债权人相关权利剖析

为确保债权人债权的实现，防止因债务人责任财产的不当减少而对债权人债权造成直接危害，我国《合同法》确立了债权人撤销制度[3]和债权人代位权制度[4]。[5]债权人代位权制度是为保持债务人的责任财产而设，债权人撤销权制度是为恢复债务人的责任财产而设。[6]而在《保险法》中，当投保人的责任财产不当减少而危害债权人债权时，是否允许债权人行使撤销权，请求法院撤销投保人与受益第三人的法律行为，或允许债权人代投保人之位向受益第三人行使投保人的权利呢？本书依次对两种债权保全方式进行分析。

---

〔1〕《保险法》第 43 条，投保人故意造成被保险人死亡、伤残或者疾病的，保险人不承担给付保险金的责任。投保人已交足二年以上保险费的，保险人应当按照合同约定向其他权利人退还保险单的现金价值。

〔2〕《保险法司法解释（三）》第 16 条，保险合同解除时，投保人与被保险人、受益人为不同主体，被保险人或者受益人要求退还保险单的现金价值的，人民法院不予支持，但保险合同另有约定的除外。

〔3〕 债权人请求法院撤销债务人与第三人的法律行为的制度，称为债权人撤销制度。崔建远主编：《合同法》（第 5 版），法律出版社 2010 年版，第 149 页。

〔4〕 债权人代债务人之位，以自己名义向第三人行使债务人的权利的法律制度，称为债权人代位权制度。崔建远主编：《合同法》（第 5 版），法律出版社 2010 年版，第 149 页。

〔5〕 韩世远：《合同法总论》（第 3 版），法律出版社 2011 年版，第 324 页。

〔6〕 王丽萍："债权保全制度研究"，载《山东大学学报（哲学社会科学版）》1996 年第 1 期。

一、债权人行使撤销权探析

（一）撤销权行使的对象分析

利他保险合同的主体包括投保人、保险人、受益第三人（被保险人、受益人）等，同时涉及三个法律关系：①投保人与保险人之间的补偿关系；②投保人与受益第三人之间的对价关系；③保险人与受益第三人之间的履行关系。[1]其中，受益人取得权利乃基于双重的原因关系：一是为投保人与保险人之间的补偿关系，即保险人之所以愿向受益第三人承担保险金给付责任的原因关系；[2]二是为投保人与受益第三人之间的对价关系，即投保人使得受益第三人取得保险金请求权的原因关系。[3]显然，后者为受益第三人取得权利的实质理论基础。而在利他保险合同中，投保人转移财产的对象是受益人而非保险人，并且最终危害债权人债权实现而获利的是受益人（保险金受益权）。因此，投保人的债权人若行使撤销权，其对象应为投保人与受益人之间的处分行为。[4]

（二）债权人撤销权的成立要件分析

债权人撤销权的成立要件，因债务人所为的行为系无偿行为抑

---

[1] 王泽鉴：《民法学说与判例研究》（第7册），北京大学出版社2009年版，第108页。

[2] 参见［日］山下孝之：《受益人的指定》，商事法务2003年版，第26页。转引自岳卫："人寿保险合同现金价值返还请求权的强制执行"，载《当代法学》2015年第1期。

[3] 参见［日］山下孝之：《受益人的指定》，商事法务2003年版，第26页。转引自岳卫："人寿保险合同现金价值返还请求权的强制执行"，载《当代法学》2015年第1期。

[4] 岳卫："人寿保险合同现金价值返还请求权的强制执行"，载《当代法学》2015年第1期。

或有偿行为而有不同。[1]在无偿行为场合，只需具备客观要件。而在有偿行为的情况下，则必须同时具备客观要件与主观要件。[2]

1. 客观要件

保险法上的撤销权是民法上的撤销权[3]在特别法上的折射。保险法中债权人撤销投保人危害债权的行为，其客观要件须当然具备一、二、四、五，四要件外，对于第三要件，债权人撤销投保人的行为应当包括三种情形：①投保人随意放弃其名下保单现金价值的行为；②无偿为第三人购买保险的行为；③虽有偿为第三人购买保险，但第三人支付对价明显不合理低于保费的行为。

2. 主观要件

依通说及大多数国家的民事立法将债务人的行为分为有偿行为和无偿行为。[4]在保险法中，当投保人与受益第三人之间缺乏对价关系时，债务人所为的行为即为无偿转让财产的行为，该受益第三人称为受赠受益人。此时，只需具备投保人有减少其责任财产，害及债权人债权的客观要件，债权人即可行使撤销权。而当投保人与受益第三人之间存在对价关系时，该受益第三人称

---

[1] 韩世远：《合同法总论》（第3版），法律出版社2011年版，第324页。参见《合同法》第74条。

[2] 应注意的是，在具体判断是否构成诈害行为时，通常理论上所说的客观要件与主观要件仅应作为一般论，不应机械的套用；近年来学说发展的结论是，应当对行为的主观状态、客观状态以及行为的效果等因素全面把握，进行有机的综合的判断。崔建远主编：《合同法》（第5版），法律出版社2010年版，第160页。

[3] 在民法上，债务人在客观上要有危害债权的行为，具体言之：①须有债务人的行为；②债务人的行为须以财产为标的；③债务人的行为须危害债权；④债务人的行为必须是在债权成立后所为；⑤债务人的行为的危害性于撤销权行使时，尚需存在。李永军：《合同法》（第3版），法律出版社2010年版，第450-451页。

[4] 在无偿行为情形之下，只要债务人减少自身责任财产的行为危及债权人债权的实现，债权人便有权行使撤销权。而在有偿行为情形之下，即第三人以支付对价的方式取得债务人的财产。此时，债权人撤销权的行使不仅要有客观要件，而且同时要具备主观要件，即债务人与第三人均有主观上的恶意。李永军：《合同法》（第3版），法律出版社2010年版，第451页。

为债权人受益人。那么，债务人的行为系有偿行为，债权人行使撤销权除要求具备投保人减少其清偿资力，害及债权人债权的客观要件外，还要求受益人具有明知有损害债权人债权的主观恶意。意大利民法典清楚地表述了上述思路，例如，《意大利民法典》第2901条[1]之规定。此外，在利他保险合同中，以投保人和受益人有恶意为已足，保险人是否具有主观恶意在所不问。

(三) 债权人撤销权的行使效力分析

撤销判决的既判力仅及于作为撤销权诉讼当事人，并不及于没有参加撤销权诉讼的债务人。[2]原状恢复作为撤销的效果，仅在债权人与被告人之间相对的关系上发生，债务人并不因此而取得直接的权利。[3]这便是日本判例通说上所谓的撤销的相对效力之人的方面的相对效力。[4]根据我国《合同法司法解释（一）》第24条[5]之规定，我国撤销权诉讼判决的既判力及于债权人、债务人以及第三人。对应到保险法中，撤销判决的既判力仅及于债权人、投保人以及受益人之间相对的关系上，对于投保人与保险人之间的法律关系不产生任何之影响。撤销

---

[1] 《意大利民法典》第2901条规定，即使是附有条件或者附期限的债权，但是在符合下列条件时，债权人得请求宣布债务人损害其利益的处分财产的行为无效，①债务人知道该行为损害债权人的利益或者涉及被欺诈性地作出预先安排的、以损害债权人实现债权为目的债权发生前的行为。②此外，在涉及有偿行为时，在债权发生前的行为中，第三人知道损害并参与了预先安排的诈欺行为。……行为的无效不损害善意第三受让人有偿取得的权利，但是，撤销申请的登记效力除外。费安玲、丁玫译：《意大利民法典》，中国政法大学出版社1997年版，第761页。

[2] 韩世远：《合同法总论》（第3版），法律出版社2011年版，第363页。

[3] 参见[日] 奥田昌道：《债权总论》（增补版），悠悠社2000年版，第326页。转引自崔建远主编：《合同法》（第5版），法律出版社2010年版，第165页。

[4] 参见[日] 奥田昌道：《债权总论》（增补版），悠悠社2000年版，第326页。转引自崔建远主编：《合同法》（第5版），法律出版社2010年版，第165页。

[5] 《合同法司法解释（一）》第24条之规定，撤销权诉讼时只以债务人为被告时，人民法院可以追加该受益人或者受让人为第三人。

权之行使效力具体如下：

1. 对于投保人的效力

投保人的行为一经撤销，自始归于无效。

2. 对于保险人的效力

投保人与保险人订立的保险合同，虽因债权人行使撤销权而归于消灭，但判决效力并不及于保险人。换言之，撤销判决的效力使得保险合同归于消灭，但对于保险人一方，应视为投保人退保情形，即保险人在扣除退保费用后，向债权人返还保单现金价值。

3. 对于受益人的效力

对于受益人的效力，需区分保险事故是否已经发生，如保险事故尚未发生，受益人丧失对于保险合同具有的期待利益。如果发生保险事故，受益人的保险金请求权始为确定，并因此获得保险金。受益人应返还投保人为其缴纳的保险费及利息。对于此处受益人应返还的是保险费还是保险金，存在很大争议。本书认为，债权人撤销权制度是为恢复债务人的责任财产而设。而在保险撤销权诉讼中，投保人损失的只是保险费，债权人应仅在投保人减少财产范围内且不超过其保全债权的限度内行使撤销权。况且从其他国家和地区立法例上来看，如能证实订立保险合同之目的在于损害债权人债权，那么债权人有权从受益人所得保险金中取回已缴纳保费部分，受益人依然有权获得扣除保费后的余额部分。[1]例如，《意大利民法典》第1923条[2]、英国

---

[1] 此规定意在鼓励人们通过购买人寿保险为其所抚养人提供经济保障的同时，平衡保险受益人与投保人或被保险人的债权人之间利益。

[2] 《意大利民法典》第1923条规定，保险人给投保人或受益人应付的保险金不得成为执行诉权或强制保全诉权的标的。但是，有关给付保险费、给债权人造成损害的行为及有关财产清算、费用计入和赠与的减少的规定，不在此限。费安玲、丁玫译：《意大利民法典》，中国政法大学出版社1997年版，第485页。

《已婚妇女财产法》第11条[1]。因此，受益人返还范围应为不超过债权人保全债权范围内的投保人所缴纳之保险费。

4. 对于行使撤销权的债权人的效力

债权人可以请求受益人向其返还保险费。对于返还财产债权人并无优先受偿权，原则上是适用"入库规则"，作为全体债权人的一般担保。

二、债权人行使代位权探析

我国《合同法》第73条[2]明确将代位权的客体规定为到期债权，《合同法司法解释（一）》第13条[3]又对代位权的客体限缩解释为具有金钱给付内容的到期债权。[4]这是否意味着作为形成权之一——合同解除权被当然排除在外呢？下文将对该问题进行全面的探讨分析。

---

[1] 英国《已婚妇女财产法》第11条规定，已婚妇女为自身利益对自己或丈夫的生命进行保险具有法律效力。当丈夫明示为妻子、子女或妻子和子女的利益给自己投保人身险时，他们就为自己目的的实现确立了一种信托关系，在这些目的未达到之前，保险金不得并入被保险人的财产或用来偿还其所欠的债务。假设有证据证实有人订立保单及支付保险金是为了骗取其债权人的钱财，那么债权人有权从承保人应支付的保险金取回相当于已交保费的部分……李政宁："保险受益权与投保人或被保险人的债权人利益的冲突与解决"，载《内蒙古财经学院学报（综合版）》2010年第5期。

[2] 《合同法》第73条规定，因债务人怠于行使其到期债权，对债权人造成损害的，债权人可以向人民法院请求以自己的名义代位行使债务人的债权，但该债权专属于债务人自身的除外。

[3] 《合同法司法解释（一）》第13条第1款，合同法第73条规定的债务人怠于行使其到期债权，对债权人造成损害的，是指债务人不履行其对债权人的到期债务，又不以诉讼方式或者仲裁方式向其债务人主张其享有的具有金钱给付内容的到期债权，致使债权人的到期债权未能实现。

[4] 岳卫："人寿保险合同现金价值返还请求权的强制执行"，载《当代法学》2015年第1期。

(一) 合同解除权之可代位性分析

我国《合同法》与相关司法解释将代位权的客体仅限于具有金钱给付内容的到期债权[1]，包括合同解除权在内等债务人权利一律被排除在外。对于代位权客体范围规定的过于狭窄，使该制度不仅难以发挥应有的效能，而且不符合债权人代位权制度的立法目的。[2]首先，从传统民法上的代位权来看，可行使代位权的客体除债权外，还包括其他财产权利，如解除权、选择权、买回权等以财产利益为目的的一些形成权利以及保全行为。[3]其次，在理论界，主流观点主张应当对代位权的客体范围进行扩张解释。[4]再次，从比较法上看，代位权制度得到承认的国家或地区对于代位权客体范围规定的十分广泛，但并没有哪项立法例将代位权客体仅仅限定在金钱之债的范围之内。

---

[1] 参见《合同法》第73条、《合同法司法解释（一）》第13条。
[2] 崔建远主编：《合同法》（第5版），法律出版社2010年版，第151页。
[3] 张弛："代位权法律制度比较研究"，载《法学》2002年第10期。
[4] 如李永军先生认为，债权人代位权的客体为债务人现有的财产权，不仅仅是指债权，而是一切权利，除了专属债务人本身的权利、不得让与的权利、不得扣押的财产或者财产权利，债权人均可行使。李永军：《合同法》（第3版），法律出版社2010年版，第446页。崔建远教授认为，构成债务人的责任财产者，不限于债权，物权及物上请求权、形成权、诉讼法上的权利或公法上的权利等均包括在内。既然如此，它们都应成为代位权的标的，才顺理成章。……对我国《合同法》第73条规定的到期债权为代位权行使对象，应采取目的性扩张的方法加以解释……崔建远主编：《合同法》（第5版），法律出版社2010年版，第151页。韩世远教授认为，债权人代位权既为债法中的重要制度，对于金钱之债也应适用。倘债权人要求代为行使债务人对第三人享有的非以给付金钱为内容的债权，则无论是理论上还是在法理上，都没有依据不予准许。韩世远：《合同法总论》，法律出版社2011年版，第380页。但是，王利明先生对此持反对观点，理由如下，扩大代位权行使的客体范围，对保障债权人的权利固然十分有利，但由于代位权已突破了传统的合同相对性规则，对第三人已经产生了约束力，因此对这一制度的适用范围应当作出明确的限制，尤其是在代位权行使的客体方面，必须要有严格的限制。如果扩大代位权的适用范围，将会对合同的相对性规则以及基于此规则所产生的各项合同法制度都造成威胁，甚至使物权法制度的存在也受到影响。王利明："论代位权的行使要件"，载《法学论坛》2001年第1期。

例如,《法国民法典》第1166条规定,债权人得行使债务人的一切权利和诉权,惟权利和诉权专属于债务人个人者不在此限。[1]《日本民法典》第423条第1款规定,债权人为保全自己的债权,可以行使属于其他债务人的权利。但是,专属于债务人本身的权利不在此限。[2]我国台湾地区"民法典"第242条规定,债务人怠于行使其权利时,债权人因保全债权,得以自己之名义行使其权利。但专属于债务人本身者不在此限。[3]归纳以上立法例,可以对代位权的客体范围进行扩张解释为,除专属于债务人本身权利外,属于债务人的权利。那么,人身保险合同解除权是否属于不得代位行使的专属性权利呢?如不属于则合同解除权作为债务人享有的权利之一,也应成为债权人代位权行使的客体为宜。

(二)人身保险合同解除权之专属性分析

上述可知,无论是我国《合同法》及其司法解释将代位权范围进行限缩解释,还是比较法进行扩张规定,代位权行使的客体范围均一致排除具有债务人专属性权利。人身保险合同解除权又是否属于不得代位行使的专属性权利呢?专属性权利可分为享有上的专属权和行使上的专属权。代位权中所谓专属于债务人自身的权利,属于行使上的专属权。[4]行使上的专属权,是指其行使与否应委诸权利人的自由意思而不允许使人行使的

---

〔1〕 [法]拿破仑:《拿破仑法典(法国民法典)》,李浩培等译,商务印书馆1979年版,第96页。
〔2〕 渠涛编译:《最新日本民法》,法律出版社2006年版,第95页。
〔3〕 参见我国台湾地区"民法典"第242条。
〔4〕 一身专属之意义,有时指不得让与或继承之权利而言。有时指不得代位之权利而言。在继承时,将一身专属权由继承财产除外者,因其为绝对不得移转于他人之权利,即其权利之归属为绝对一身专属的,从而不得让与之权利有得为继承者。在代位权,将一身专属权除外者,因其为不得由他人自由行使之,即为行使的专属权。史尚宽:《债法总论》,荣泰印书馆股份有限公司1954年版,第450页。

权利。[1]而人身保险合同解除权是否属于债务人行使上的专属权？换言之，人身保险合同解除权必须由投保人亲自行使，属于他人不得代理的权利呢？本书认为，人身保险合同虽然是以被保险人的寿命、健康和身体为保险标的，但是人身保险合同所承载之解除权与基于法律而产生的个人身份上的权利有本质区别，保险法并未禁止投保人委托代理人代为行使人身保险合同解除权，也不存在只有投保人才能行使保险合同解除权的情况。因此，从学理上讲，人身保险合同解除权并非投保人专属性权利，则可成为代位权的客体。

（三）人身保险合同中债权人代位权之客体分析

债权人代位权具有对外的效力。[2]在民法债权代位中，债权人的代位权行使对象是债务人之外的第三人。那么，具体到人身保险合同中，债权人对于保险人行使代位权之客体为何？是与取得现金价值直接相关的形成权——合同解除权，是投保人对于保险人之保单现金价值返还请求权，还是保险人应当返还的保单现金价值？一般来说代位权的客体为到期债权。保险法中，投保人对保险人享有现金价值返还请求权，在性质上属于债权，投保人对保险人的债权因合同解除而发生，并视为到期债权，现金价值因投保人对保险人行使现金价值返还请求权而确定。故而，在投保人怠于行使对于保险人的现金价值返还请求权，而又无其他责任财产清偿债权人债权时，债权人可以行使代位权。据此，债权人行使代位权的客体是现金价值返还请求权。这样的分析过程看似合理，但忽略的是保单现金价值

---

〔1〕 韩世远：《合同法总论》，法律出版社2004年版，第383页。

〔2〕 债权人为了保全其债权，可以行使债务人的权利，换言之，债权人可以基于自己请求债务人之外的第三人为或不为某种行为，故学者通说将债权人代位权称为债权的对外效力。韩世远：《合同法总论》，法律出版社2004年版，第370-371页。

返还请求权是以解除保险合同为前提。保险合同任意解除权作为合同上的权利，在合同存续期间由投保人享有。现金价值返还请求权是保险合同解除后，投保人对保险人主张的债权。因此，在人身保险合同存续期间，投保人对于保险人的债权尚未发生，现金价值返还请求权无从说起，而保险人也自不可能向债权人交付保单现金价值。所以，债权人代位权行使之客体应为以取得财产利益为目的的合同解除权。保单现金价值返还请求权，以及因行使现金价值返还请求权而获得的保单现金价值二者均为债权人行使代位权之结果，即债权人代投保人解除保险合同后，取得保险现金价值返还请求权，保险人依债权人之请求向其交付保单现金价值，以作为全体债权人债权的一般担保。而保险现金价值返还请求权是下文将要提到的代位执行的客体。代位权与代位执行两者诉讼客体的不同在于，在代位权诉讼中，诉讼标的是债务人对次债务人的权利。对于代位执行，它以强制执行的开始为基础，而在强制执行诉讼程序中，诉讼标的是债权人对债务人的到期债权。[1]

（四）人身保险合同中债权人代位权之实现方式考证

对于人身保险合同中债权人行使代位权之可行性的问题，有种观点认为，根据《合同法司法解释（一）》第12条的规定，代位权在保单现金价值执行问题中，并不宜适用，需要探究其他出路。[2]的确，如果将司法解释之规定理解为保单现金价值属于债务人自身的债权，即便债权人行使代位权解除保险合同之后，亦无可供清偿债权的财产。那么，债权人行使代位

---

〔1〕 丘志乔："代位权与代位执行：并存还是归一——对我国债权人代位权制度的思考"，载《广东社会科学》2006年第4期。

〔2〕 陈姣："人身保险合同存续期间保单现金价值的执行问题研究"，华东政法大学2015年硕士学位论文。

权的结果将是徒劳无功,没有任何实际意义。但问题的转圜之处在于,我国《保险法》赋予保单现金价值的可转让和可质押的流动性,表明保单现金价值属于财产性权利并不具有专属性。因此,在债务人没有其他责任财产清偿债务的情况下,债权人代位行使合同解除权以保全自己的债权是可行的。

通常债权人代位权的实现方式有两种:一是债权人直接向次债务人主张权利的实现方式,即债权人以次债务人为被告向法院提起代位权诉讼;[1]二是债权人向执行机关申请对次债务人实施代位执行的实现方式,[2]即债权人以债务人为被告向法院提起诉讼并取得执行名义,就债务人对次债务人之债权进行查封执行。理论上采用哪种方式可依当事人意志自由决定,并无先后之行使次序。[3]但从司法实践来看,直接采取第二种方法的实际效果似乎并不尽如人意。根据《最高人民法院关于适用〈中华人民共和国民事诉讼法〉若干问题的意见》(以下简称《民事诉讼法意见》)第300条[4]规定,次债务人异议具有绝对排除强制执行的效力。[5]在这种情形之下,因为缺乏执行名义,况且次债

---

[1] 王晶:"论代位执行与代位权的关系",载《中州大学学报》,2005年第2期。

[2] 王晶:"论代位执行与代位权的关系",载《中州大学学报》,2005年第2期。

[3] 王晶:"论代位执行与代位权的关系",载《中州大学学报》,2005年第2期。

[4] 1992年《最高人民法院关于适用〈中华人民共和国民事诉讼法〉若干问题的意见》第300条规定,被执行人不能清偿债务,但对第三人享有到期债权的,人民法院可依申请执行人的申请,通知该第三人向申请执行人履行债务。该第三人对债务没有异议但又在通知指定的期限内不履行的,人民法院可以强制执行。

[5] 绝对排除强制执行的效力,是指如果次债务人在指定的期限内提出异议,执行法院对第三人提出的异议,只作形式上的审查,如异议成立的,法院不得对该第三人强制执行。参见李浩:《民事诉讼法学》(第2版),法律出版社2014年版,第537页。

务人提出的异议属于实体法上之争议,执行法院自不能裁判,由此将会导致次债务人不能进入执行法律关系之中,债权人不可直接请求执行并从中受偿。[1]

既然我国民事法律分别在实体法上确立了债权人代位权制度,在程序法上确立代位执行制度,而且两种制度的目标均是保障债权人债权的实现。因此,在利用代位权制度解决保险法中债权人对投保人代位权问题时,可将代位执行程序作为债权人代位权行使的前置程序。具体来讲,先由债权人向执行法院提交申请对现金价值返还请求权采取控制性执行措施,待债权人于债权人代位权诉讼中成功代位解除保险合同后,再申请执行法院对于现金价值返还请求权进行处分性执行措施,即由保险人给付现金价值来清偿债权人债务。

(五) 保单现金价值返还请求权之可冻结性分析

当债务人无资力清偿债权人财产,但对第三人享有到期债权的,债权人可以向法院申请将债务人对第三人的债权[2]进行查封、扣押或冻结,以便实现债权人债权。但是,这种强制执行标的的范围是有限制性的。例如,《民事诉讼法意见》第254条中明确强制执行的标的应当是财物或者行为。根据《中华人民共和国民事诉讼法》(以下简称《民事诉讼法》)第219条[3]规定,如果保单现金价值返还请求权是专属于债务人本身的权利,或者属于应当保留的生活必需费用,则不能成为控制性执行措施的对象,也就不具有可冻结性。那么,投保人的债权

---

[1] 潘重阳:"论债权人代位权制度之存废:以实体与程序交叉为视角",载《大连海事大学学报(社会科学版)》2015年第3期。

[2] 参见《民事诉讼法意见》第300条。

[3] 《民事诉讼法》第219条规定,被执行人未按执行通知履行法律文书确定的义务,人民法院有权扣留、提取被执行人应当履行义务部分的收入。但应当保留被执行人及其所扶养家属的生活必需费用。

人对于保单现金价值是否具有追索权呢？我国大陆地区保险法对此尚未作出明确规定。

1. 国内外立法例

(1) 美国。

根据美国《联邦破产法》第522条（d）项[1]规定，未到期人寿保险契约不属于破产财团财产，则保险契约所具有的现金价值是专属于债务人本身的权利，据此，破产债务人的债权人不能通过执行现金价值返还请求权回收自己的债权。[2]债权人对于债务人在保险合同上的利益是否具有追索权，美国各州虽立法上有所差异，但均持否定态度。例如，加利福尼亚州《民事诉讼法》第704.100条。[3]根据该条文规定，对于未到期人寿保险合同，债权人只能对可质押贷款超过8000美元部分主张债务履行，否定债权人通过执行现金价值返还请求权实现债权的可能性。而对于到期人寿保险合同，债权人对于保险金追索范围

---

[1] 美国《联邦破产法》第522条（d）项规定，"下列财产为破产财团除外财产：⑦债务人所有的未到期人寿保险契约，且不属于信用生命保险契约的；⑧债务人为被保险人的情形下，其可基于人寿保险契约取得的分红、利息以及质押贷款的权利，且合计金额不超过8000美元的。岳卫："人寿保险合同现金价值返还请求权的强制执行"，载《当代法学》2015年第1期。

[2] 岳卫："人寿保险合同现金价值返还请求权的强制执行"，载《当代法学》2015年第1期。

[3] 加利福尼亚州《民事诉讼法》第704.100条规定，（a）未到期人寿保险契约（包括养老保险以及年金保险）除投保人可质押贷款部分外，均无需申请即可豁免（于债务的履行）。（b）可质押贷款部分的价值以8000美元为限豁免于金钱给付判决的执行对象。判决债务人为已婚的情形下，夫妻双方可各自单独享受豁免的权利，无论保险契约归属于夫妻一方或双方，接受判决的债务人是夫妻一方或双方，夫妻双方的豁免金额可以累积合算。（c）对于到期人寿保险契约（包括养老保险以及年金保险）的保险金给付，以债务人及其抚养者生活必需的合理范围为限予以豁免。Cal. Civil. Proc. Code § 704.100（Deering 1998&Supp），转引自岳卫："人寿保险合同现金价值返还请求权的强制执行"，载《当代法学》2015年第1期。

应以债务人及其抚养者生活必需的合理范围为限予以豁免。[1]

(2) 意大利。

《意大利民法典》[2]以及英国《已婚妇女财产法》[3]原则上均否认债权人对保险合同上利益具有追索权,但当投保人以损害债权人债权为目的而订立保险合同时,债权人有权从保险人支付保险金中取得已缴纳的保险费。

(3) 我国台湾地区。

根据我国台湾地区"保险法"第28条[4]规定,投保人破产于保险事故发生前,保险合同上之权利属于破产财团;若保险合同先于投保人破产之前成立,仍属于破产财团的范围之内。保险事故发生时,受益人的保险金请求权始为确定。此时受益人取得的保险金请求权系民法上之一般金钱债权,属于债权人可扣押财产。但本条之适用范围并非及于所有投保人所定之保险合同。根据台湾地区"强制执行法"第52条、第53条以及第122条之规定,若保险合同内涉及债务人及其家属二个月间

---

〔1〕 参见加利福尼亚州《民事诉讼法》第704.100条。

〔2〕 《意大利民法典》第1923条规定,保险人给投保人或受益人应付的保险金不得成为执行诉权或强制保全诉权的标的。但是,有关给付保险费、给债权人造成损害的行为及有关财产合算、费用计入和赠与的减少的规定,不在此限。费安玲、丁玫译:《意大利民法典》,中国政法大学出版社1997年版,第485页。

〔3〕 英国《已婚妇女财产法》第11条规定,已婚妇女为自身利益对自己或丈夫的生命进行保险具有法律效力。当丈夫明示为妻子、子女或妻子和子女的利益给自己投保人身险时,他们就为自己目的的实现确立了一种信托关系,在这些目的未达到之前,保险金不得并入被保险人的财产或用来偿还其所欠的债务。假设有证据证实有人订立保单及支付保险金是为了骗取其债权人的钱财,那么债权人有权从承保人应支付的保险金取回相当于已交保费的部分……李政宁:"保险受益权与投保人或被保险人的债权人利益的冲突与解决",载《内蒙古财经学院学报(综合版)》2010年第5期。

〔4〕 我国台湾地区"保险法"第28条规定,要保人破产时,保险契约仍为破产债权人之利益而存在,但破产管理人或保险人得于破产宣告3个月内终止契约。其终止后之保险费已交付者,应返还之。

生活所必须之物，[1]必须之衣服、寝具、餐具及其职业上或教育上所必须之器具物品，[2]债务人对于第三人之债权，系维持债务人及其共同生活之亲属生活所必需者，[3]则此类财产不属于破产财团不得为强制执行。[4]

2. 案例研究

保单现金价值返还请求权是否具有可冻结性呢？日本对于这一问题的案例[5]有一定的参考和借鉴意义。该案例争论的焦点之一，即为现金价值返还请求权（也即解约返还金请求权）是否属于禁止冻结的对象？日本保险立法对此没有明确的规定，因此围绕这个问题引发很多争议。但从大阪高级裁判所改判奈良地方裁判所审理结果[6]的裁判要旨[7]可以看出，当个人年

---

[1] 参见台湾地区"强制执行法"第52条。
[2] 参见台湾地区"强制执行法"第53条。
[3] 参见台湾地区"强制执行法"第122条。
[4] 参见江朝国：《保险法基础理论》，中国政法大学出版社2002年版，第131页。
[5] 案例简介：Y（投保人，被告）和A（保险公司）之间签订了个人年金保险合同。保险合同的主要内容有：①保险的种类是个人年金保险；②缴保险费为497万日元；③开始领取年金年龄为60岁（投保时年龄为35岁）；④基本年金为每年100万日元；⑤支付期限为10年；⑥如果在开始领取年金之前死亡的话，给付死亡保险金1000万日元。9年后，由于Y负债颇多陷入无力清偿债务的境地，因而Y的债权人X（原告）无法通过正常的途径收回债款。为此，X向奈良地方裁判所请求将Y所拥有的保险合同解约返还金的请求权扣押，并要求取得解约权。沙银华：《日本保险经典判例评释》（修订版），法律出版社2011年版，第48页。
[6] 奈良地方裁判所审理之后认为，保险合同的解约权是"一人专属"的权利。且在日本民事执行法中，对保障本人最低生活的财产，法律是禁止行使扣押权的。个人年金保险是社会保障制度，主要是养老年金制度的补充，其作用是保障老年人在步入老年后的基本生活。为此，奈良地方裁判所驳回了X的请求。沙银华：《日本保险经典判例评释》（修订版），法律出版社2011年版，第48页。
[7] X不服奈良地方裁判所审理结果，遂向大阪高级裁判所提起控诉。大阪高级裁判所认为，个人年金保险实际上并非当事人将来养老时，维持最低生活水平的必不可少的生活来源。该商品的保险费是缴的，具有十分浓厚的储蓄性质。因此可以认定该商品是储蓄性保险。再者，本案的请求并非正在给付中的年金，而是年金

金保险是当事人将来养老所需维持最低生活水平的必不可少的生活来源时，就应当否定债权人介入保险合同请求返还现金价值的权利，从而认定现金价值返还请求权是专属于债务人本身的权利。然而，除人寿保险具有保障债务人最低生活水平功能之外，一些特殊财产也具有相同的功能，如知识产权、股权、股份凭证等非金钱性财产。因此，如果将这种禁止冻结的范围在维持最低生活水平功能上加以扩大化的话，无疑会侵害到债权人实现债权的利益。[1]而且，一些心术不正之人也可能会利用法律进行投机，借用寿险机制将名下财产转赠于受益人，导致自身丧失清偿债务的能力，达到逃避债务，损害债权人利益的非法目的。[2]

从上述立法例及判例来看，美国法对投保人的债权人对于保险合同利益具有追索权问题持否定态度，尽管各州对于保险单豁免的内容为现金价值还是保险金的具体规定有所差异。英国法以及意大利法虽在原则上否定，但在特定条件下肯定了债权人可以主张保险费的权利。而日本法律和我国台湾地区相关规定在肯定债权人具有追索权的同时，对债权人追索的范围进行限制，即以保障债务人及其家属最低生活水平的财产为限予以豁免，不得强制执行。我国法律并未禁止对于投保人现金价值返还请求权进行冻结的规定，且从避免人寿保险成为债务人逃债的合法途径，保护债权人合法权益的角度来看，应否认保单现金价

（接上页）支付之前（离支付年金尚有13年）的保险合同解约返还金的请求权。根据该保险的条款规定，在年金给付开始之前的任何时候都可以解除合同。因此，根据日本民事执行法的规定，在扣押该权利后，X可以取得解约权将保险合同予以解除，并取得偿还债务的金额。沙银华：《日本保险经典判例评释》（修订版），法律出版社2011年版，第48页。

〔1〕 参见沙银华：《日本保险经典判例评释》（修订版），法律出版社2011年版，第49页。

〔2〕 李政宁："保险受益权与投保人或被保险人的债权人利益的冲突与解决"，载《内蒙古财经学院学报（综合版）》2010年第5期，第91页。

值返还请求权是专属于债务人本身的权利,并当现金价值不属于被执行人及其所扶养家属所应当保留的生活必需费用时,可以允许法院对其采取控制性执行措施。

(六) 论禁止权利滥用与受益人保护

在上文引用判例中,日本大阪高级裁判所认可了债权人在得到裁判所的扣押保险合同解约返还请求权命令后,可以行使解约权将保险合同解约的行为。[1]但是,对于如何防止权利滥用以及债权人与受益人之间利益平衡问题上没有详尽的说明。

1. 禁止权利滥用

尽管古罗马向来有行使自己的权利,无论于何人皆非不法的法谚,但不受任何条件限制的权利是不存在的。即便是我们认为最不受限制的所有权,为了保护交易安全亦受到善意取得规定的限制,因此,权利之行使应以权利人个体利益与社会公共利益调和之状态为之。[2]在合同领域,个人在行使其自由和权利时,应当承认和尊重他人的自由和权利并确保社会道德与公共秩序的实现。[3]如果利益平衡不能在当事人之间自发实现,法律将通过强制性规范强迫其实现。[4]具体在债权人代位解除保险合同的情形下,对于债权人权利滥用的限制问题,根据《中华人民共和国民法通则》(以下简称《民法通则》)第4条之规定[5],可以考虑但不限于下列法律原则或规则作为判断

---

[1] 沙银华:《日本保险经典判例评释》(修订版),法律出版社2011年版,第49-50页。

[2] 史尚宽:《民法总论》,中国政法大学出版社2000年版,第714页。

[3] 姜南:"自由与强制——诠释保险合同法定解除之功能定位",载《河北法学》2012年第12期。

[4] 姜南:"保险合同法定解除制度研究",西南财经大学2008年博士学位论文。

[5] 《民法通则》第4条,民事活动应当遵循自愿、公平、等价有偿、诚实信用的原则。

标准。

(1) 恶意刁难。

根据《德国民法典》第 226 条，如果行使权利仅仅是为了给他人造成损害，则这种行为是不合法的。[1]例如，投保人将寿险保单进行质押贷款返还债权人债务，或受益人代为清偿债务人债务时，债权人拒绝受领之情形。

(2) 违反诚实信用原则之禁止过度行使权利。

以过度不适当的、与动机极不相称的方式行使权利，也可以构成违反诚实信用的行为。[2]例如，被保险人因年龄限制、身体状况等原因，于合同解除后再无法重置人寿保险，而债权人追索债务金额明显低于保单现金价值的情形。

2. 受益人保护

通常情况下，投保人购买人寿保险的意义在于给受益人以保障，尤其在死亡保险或生存死亡两合保险之以死亡为保险事故者，投保人投保的目的就是为了保障被保险人死亡之后，被保险人遗属的生活，[3]期望通过人寿保险合同对受益人因被保险人死亡失去盈利能力而遭受的损失进行补偿。[4]而在保险事故发生之前，受益人并不享有实质性权利，仅是处于一种期待的地位，且这样地位随时有遭变更之可能性。直至保险事故发生时，受益人才确定取得保险金请求权。因此，为避免因债权人合同解除致使投保人投保目的落空，损害受益人利益，保障

---

〔1〕［德］迪特尔·梅迪库斯：《德国民法总论》，邵建东译，法律出版社 2013 年版，第 130 页。

〔2〕［德］迪特尔·梅迪库斯：《德国民法总论》，邵建东译，法律出版社 2013 年版，第 141 页。

〔3〕刘宗荣：《新保险法：保险契约法的理论与实务》，中国人民大学出版社 2009 年版，第 65 页。

〔4〕［美］小罗伯特·H. 杰瑞、道格拉斯·R. 里士满：《美国保险法精解》（第 4 版），李之彦译，北京大学出版社 2009 年版，第 105 页。

受益人正当权益，我国相关立法还应该做进一步的完善。

（1）受益人有资力。

从立法例上来看，受益人介入权在很多国家得到了立法解决。例如，《日本保险法》对于生命保险合同中的死亡保险合同及伤害疾病保险合同里有保险费积累金（现金价值）的合同，新设了保险金受益人的介入权。[1]例如，《日本保险法》第60条。[2]该规定是强制性规定，通过暂时保留合同解除效力的方式，达到保护保险金受益人的目的，但仅适用于保险合同被扣押债权人等解除的情形。[3]此外，德国保险法亦对受益人介入权作出了立法规定，[4]只是在本法中受益人介入权称之为受益人代位权。2015年12月起实施的我国《保险法司法解释（三）》中增设了被保险人或者受益人的介入权。《保险法司法解释（三）》

---

〔1〕〔日〕竹滨修："2008年《日本保险法》的修改及其后的发展"，载宋志华主编：《保险法评论》（第5卷），法律出版社2013年版，第263页。

〔2〕《日本保险法》第60条规定，扣押债权人、破产财产管理人及其他死亡保险合同的当事人之外的可以解除该死亡保险合同的人进行的该解除，自保险人收到该通知时起算经过了一个月后，发生其效力。保险金受益人取得投保人的同意，至前款规定的经过期间内，如果在该通知日死亡保险合同的解除发生效力后将保险人应向解除权人支付保险金额向解除权人支付的，并且向保险人通知其主旨时，该款规定的解除不发生效力。第一款规定的解除的意思表示如果是在扣押手续或者投保人的破产手续、再生手续或者更生手续中进行的，介入权人根据前款规定进行支付及通知其主旨时，在与该扣押手续、破产手续、再生手续或者更生收续的关系中，视为保险人根据该解除支付了应当支付的金钱。沙银华：《日本保险经典判例评释》（修订版），法律出版社2011年版，第191-192页。

〔3〕〔日〕竹滨修："2008年《日本保险法》的修改及其后的发展"，载宋志华主编：《保险法评论》（第5卷），法律出版社2013年版，第263页。

〔4〕《德国保险合同法》第170条第1款规定，如果强制执行程序已经被启动或针对投保人财产的破产程序已经开始运行，则在征得投保人同意的前提下，指定受益人可以行使代位权。如果受益人行使代位权，他必须满足债权人启动程序的要求或者无力偿还的财产达到一定数量，在保险合同终止时投保人可以向保险人请求偿还。孙宏涛：《德国保险合同法》，中国法制出版社2012年版，第98页。

第17条[1]虽仅规定被保险人或者受益人的给付对象为投保人，但从法理及其他国家立法例来看，给付行为亦可向债权人为之，其本质在于被保险人或者受益人代投保人向债权人履行债务。债权人行使追索权解除合同目的在于保全债权，如受益人有资力满足债权人请求支付的金额并代为清偿，[2]则是保护债权人与受益人双方利益的最优选择。此时由立法赋予受益人主动介入保险合同的权利不失为一种好的方法。对于债权人追及保险合同利益范围，学者桂裕先生有段精辟的论述，投保人以盗窃，或侵占，背信之所得，支付保险费时，美国判例有许债权人（原所有人）追及于保险契约上之利益者，亦有仅许于支付保险费之限度内追及之者。倘全部保险费，系以不法取得之金钱为支付者，视作为原所有人之利益而保险，原所有人取得全部保险契约上之利益。倘一部分保险费系以不法取得之金钱为支付者，按比例分配之。或谓，金钱为代替物，不生追及之效，故以不法取得之金钱支付保险费者，仅得要求归还同额之金钱，不得就保险契约行使权利。二说具存，以供参考。[3]

（2）受益人无资力。

受益人行使介入权，是以受益人有资力为前提的。[4]那么，

---

[1]《保险法司法解释（三）》第17条规定投保人解除保险合同，当事人以其解除合同未经被保险人或者受益人同意为由主张解除行为无效的，人民法院不予支持，但被保险人或者受益人已向投保人支付相当于保险单现金价值的款项并通知保险人的除外。

[2]受益人代为清偿的范围为，当事人之外的解除权主体的债权与保险人应向投保人支付的现金价值，两者相交部分，也即最小值为限。

[3]桂裕编著：《保险法论》，三民书局股份有限公司1981年版，第152页。

[4]对投保人及受益人合理利益的保护，不管是禁止权利滥用原则，或者是保护受益人介入权皆具有局限性，尤其是当受益人无资力时，所谓受益人利益保护将会沦为一纸空谈。岳卫："人寿保险合同现金价值返还请求权的强制执行"，载《当代法学》2015年第1期。

当受益人无资力时，如何对受益人利益进行适当地保护呢？在上文引用判例中，日本奈良地方裁判所与大阪高级裁判所意见分歧之一，即在于个人年金保险是属于储蓄型的商品还是属于保障型商品的认定。为了保障债务者的最低生活财产，同时也是从维护社会安定的角度来看，[1]保障型商品是禁止行使扣押权的。债权人仅可以对储蓄型的商品申请保全及强制执行措施。但是随着人寿保险险种的多样化发展，目前各种储蓄型保险以及具有派生金融商品性质的和投资型的保险日益增多。[2]这些险种有的已经成为消费者资产保值的工具，也有的已经成为投资的工具而被广泛使用。[3]因此，准确区别保障型商品和储蓄型商品，甄别何种人寿保险合同仅以生活保障为目的实际上非常困难。对此，我们不妨借鉴美国联邦及加利福尼亚州的立法，根据我国国民基本收入水平现状，对具有或部分具有保障型商品性质的人寿保险设置可执行豁免限额。执行豁免限额以下的部分可以认定为投保人或受益人及其所扶养家属应当保留的生活必须费用，属于禁止强制执行的范围。

第六节　司法机关相关权力分析

　　司法机关解除保险合同的情形一般包括两种：第一种是投保人作为民事诉讼案件的被执行人，在其财产不足以承担民事责任的情况下，法院可否解除保险合同，以执行保险合同的现

---

　　[1]　方芳："浅析保险受益人与债权人保护的利益平衡"，载《商业经济研究》2009 年第 8 期。

　　[2]　沙银华："个人年金保险合同解约权是否'一身专属'"，载《中国保险报》2002 年 4 月 17 日。

　　[3]　沙银华：《日本保险经典判例评释》（修订版），法律出版社 2011 年版，第 49 页。

金价值。第二种是指投保人作为刑事案件被告人，以非法所得财产（贪污、受贿、盗窃等犯罪）进行投保，司法机关可否解除保险合同，以追回投保人非法所得财产。[1]

一、投保人作为民事案件被执行人的情形分析

投保人在民事案件中作为被执行人，经常是由于投保人已经被法院判决向他人承担民事责任，在此情形下，如果投保人无其他财产可供执行，而其名下却拥有巨额人寿保险，那么投保人可自行解除保险合同，取得保险单的现金价值来清偿债务。[2]但是，如果投保人不愿意解除保险合同，法院是否可以依职权强制解除呢？

（一）法院之保险合同解除权力分析

首先需要明确的是，这里所要探讨的法院是否具有合同解除权，不是指合同当事人向法院提出解除合同的诉讼请求，法院对合同解除权人行使解除权的效力进行确认的情形，而是指合同当事人未向法院提出解除合同的诉讼请求，法院主动依据案件事实解除合同的情形，如若法院可依职权主动解除（而非被动申请解除），也就意味着法院具有合同解除权。[3]对于法院是否具有合同解除权，现行立法未作具体明确规定，学界对此素有争议，争议之观点归纳起来大致存在正反两种。

一是反对观点。该观点主要基于以下理由：其一，根据我国《民事诉讼法》中的不告不理的原则，法院仅得就合同的效

---

[1] 刘振宇主编：《人身保险法律实务解析》，法律出版社2012年版，第479页。

[2] 参见刘振宇主编：《人身保险法律实务解析》，法律出版社2012年版，第479页。

[3] 李晓钰："合同解除制度研究"，西南政法大学2014年博士学位论文。

力问题主动审理，无权在没有当事人的诉讼请求或是超出当事人的诉讼请求作出判决。[1]其二，合同是基于双方意思自治，契约自由的原则上订立的，属于合同当事人之间的私事。法院作为国家公权力机关随意介入民事活动，违反司法的消极性和被动性。

二是赞成观点。首先，该观点认为法院依职权解除是在特定情形下对当事人救济的手段，已出现法定解除事由，但仅因为解除权人未提出解除合同的诉求而不解除合同，将会导致合同争议并没有真正得到解决。[2]其次，现代合同被认为是当事人自己的私事，但合同解除并不仅仅是当事人自己的私事，它涉及国家利益、社会公共利益的内容。因此，对合同的解除需要一种比较权威的机构。[3]

综合以上观点，对于法院是否具有保险合同解除权的问题，本书支持折中观点，详述如下：

1. 一般情形

一般情形下，法院不得依职权解除合同，也即法院无合同解除权，理由除不告不理原则以及私法自治原则之外，补充以下四点：第一，从解除权的性质来看，属于形成权之一种，意味着法律赋予权利人一种单方面的法律之力，形成权相对人则必须接受权利人作出的决定，即形成权人的权力的另一面，是形成权相对人的受约束或受制约。[4]权利人解除合同的意思表示通知到达相对人时，合同即告解除。因此，合同解除权是合同当事人享有的一项实体权利，法院非合同当事人，自然也就不能成为解除权主体。第二，超出诉讼请求的裁判，可以申请

---

〔1〕 李晓钰："合同解除制度研究"，西南政法大学 2014 年博士学位论文。

〔2〕 李晓钰："合同解除制度研究"，西南政法大学 2014 年博士学位论文。

〔3〕 陈坚："合同司法解除研究"，湖南大学 2012 年博士学位论文。

〔4〕 [德] 迪特尔·梅迪库斯：《德国民法总论》，邵建东译，法律出版社 2013 年版，第 74-75 页。

再审。尽管我国民事诉讼法中未直接规定处分权对诉讼标的之拘束，但依据 2007 年《民事诉讼法》第 200 条之规定，原审法院应将其裁判约束在当事人请求范围内，当事人诉讼请求对法院裁判范围已形成拘束力。[1]因此，法院超出当事人诉讼请求主动解除合同，是一种超越职权的行为。第三，不可否认，我国司法实践中存在法院不受当事人主张诉讼请求范围拘束，限制当事人对于诉讼标的处分权的非正常现象，这种现象的产生与我国民事诉讼采取职权干预型诉讼模式不无关系。我国民事诉讼改革的方向就是从职权干预型诉讼模式转向当事人主导型诉讼模式。[2]目的在于借助当事人主导型诉讼模式的权力制约功能——通过两大原则（处分原则和辩论原则），划分出当事人与法院各自的权限边界，从而抵制公权力对私人事务过度干预。[3]第四，法院只能根据当事人提出解除合同的诉讼请求，对合同解除的效力进行确认。法官无权超越当事人诉讼请求范围，代替当事人处分合同权利。即便在《最高人民法院关于适用〈中华人民共和国合同法〉若干问题的解释（二）》（以下简称《合同法司法解释（二）》）第 26 条[4]所规定适用情势变更原则解除合同的情形，法院也必须在当事人提出请求法院解除合同的诉讼请求前提下，才能根据案件的具体情况和情势变更原则

---

〔1〕 冯珂：“从权利保障到权力制约：论我国民事诉讼模式转换的趋向"，载《当代法学》2016 年第 3 期。

〔2〕 张卫平：“民事诉讼基本模式：转换与选择之根据"，载《现代法学杂志》1996 年第 6 期。

〔3〕 参见冯珂：“从权利保障到权力制约：论我国民事诉讼模式转换的趋向"，载《当代法学》2016 年第 3 期。

〔4〕《合同法司法解释二》第 26 条，合同成立以后客观情况发生了当事人在订立合同时无法预见的、非不可抗力造成的不属于商业风险的重大变化，继续履行合同对于一方当事人明显不公平或者不能实现合同目的，当事人请求人民法院变更或者解除合同的，人民法院应当根据公平原则，并结合案件的实际情况确定是否变更或者解除。

的法律要件进行裁决。[1]

2. 例外情形

在特殊情形下,法院可依职权解除合同。依据《四川省高级人民法院关于审理合同解除纠纷案件若干问题的指导意见》第5条[2]之规定,当事人未明确提出解除合同,直接请求合同解除的法律后果的,[3]法院可依职权解除合同。但并不能就此认为,法院作为公法主体可以享有合同解除权这一私法上的权利。在特殊情形下,法院依职权解除合同,其本质上只能是对解除权人行使解除权效力的确认,而非法院具有合同解除权的主体资格。[4]

依据《北京三中院:21个合同解除疑难问题的解答》中关于诉讼中当事人不主张解除合同,法院可否依职权解除合同[5]的解答,[6]以及《重庆市高级人民法院关于审理合同纠纷案件若

---

[1] 适用情势变更原则解除合同的情形下,合同当事人享有的是一种形成诉权,而非形成权。形成诉权与形成权的区别在于:单纯形成权为形成权的一般状态,其行使依形成权人单方意思表示即可生效,即形成权人直接向相对人为意思表示即可发生法律关系的变动,如约定解除权和违约解除权即为单纯形成权。而形成诉权偏向公力救济,是特殊的形成权。其特殊之处在于,权利人行使权利必须向法院提起诉讼,经法院的裁判确认,才能发生法律关系变动的法律效果。参见李晓钰:"合同解除制度研究",西南政法大学2014年博士学位论文。

[2] 《四川省高级人民法院关于审理合同解除纠纷案件若干问题的指导意见》第5条,当事人未明确提出解除合同,直接请求合同解除的法律后果的,人民法院应当向其释明是否将解除合同作为诉讼请求。当事人经释明后拒不明确解除合同请求的,人民法院应当对合同是否应当解除进行审理,并在裁判文书判决说理部分予以说明。

[3] 《四川省高级人民法院关于审理合同解除纠纷案件若干问题的指导意见》,载http://blog.sina.com.cn/,访问日期:2017年3月25日。

[4] 李晓钰:"合同解除制度研究",西南政法大学2014年博士学位论文。

[5] 参见《北京三中院:21个合同解除疑难问题的解答》,载http://blog.sina.com.cn/,访问日期:2017年3月25日。

[6] 我们认为合同解除权的行使原则上应尊重当事人意思自治。但诉争合同属于法律或事实上履行不能,或继续履行将损害国家、社会公共利益或第三人合法权益的,法院应当释明当事人变更诉讼请求以解除合同,当事人不予变更而坚持继续履行合同的,法院应当判决驳回其诉讼请求。参见《北京三中院:21个合同解除

干问题的指导意见（一）（试行）》第3条之规定，在一定情形下，法院可以根据案件事实作出的认定进行释明。[1]例如，①属于法律或事实上履行不能。②继续履行将损害国家、社会公共利益或第三人合法权益的。[2]此外，法院可以进行释明的情形，还包括上述之当事人未明确提出解除合同，直接请求合同解除的法律后果的[3]特殊情形。两者区别在于，法院在特殊情形下可依职权解除合同。但在例外情形下，如果当事人不予变更诉讼请求的，法院将判决驳回其诉讼请求。

（二）法院强制执行保险合同的正当性分析

上述可知，原则上当事人未主动提出解除合同诉讼请求，法院无权强制解除保险合同，并且根据《保险法》第23条第3款[4]之规定，排除合同关系之外第三方主体的非法干预或限制，保障被保险人或者受益人取得保险金的权利。那么，据此是否可以理解为人寿保险合同上的财产利益享有司法机关强制执行豁免权，司法机关无权强制执行已经有效成立的保险合同呢？

一般情况下，如果作为被执行人的投保人主动解除保险合同，法院自然可以直接从保险人账户划拨保单现金价值，但在投保人拒绝提出解除保险合同的情形下，法院是否可以强制执行具有现金价值的人身保险合同呢？对此存有争议，主要可分为

（接上页）疑难问题的解答》"第2项"意见。

〔1〕 法院对于当事人诉讼请求的释明必须有"度"的限制，否则会导致对私人事务的过度干预，损害当事人契约自由的权利。

〔2〕 引自《北京三中院：21个合同解除疑难问题的解答》，载 http://blog.sina.com.cn/，访问日期：2017年3月25日。

〔3〕 《四川省高级人民法院关于审理合同解除纠纷案件若干问题的指导意见》，载 http://blog.sina.com.cn/，访问日期：2017年3月25日。

〔3〕 《保险法》第23条第3款之规定，任何单位和个人不得非法干预保险人履行赔偿或者给付保险金的义务，也不得限制被保险人或者受益人取得保险金的权利。

赞成意见[1]和反对意见[2]两种。一般而言，在人寿保险合同解除之时，合同上所具有的现金价值即可视为到期债权，且因现金价值不具有一身专属性，依据《最高人民法院关于人民法院执行工作若干问题的规定（试行）》第61条[3]之规定，人寿保险合同解除之后所具有的现金价值可以成为法院执行的财产。因此，保险合同解除是法院强制执行的前提条件。在投保人拒绝解除保险合同的情形之下，债权人可向法院执行机关申请对次债务人实施代位执行，在取得执行名义后，法院可以就投保人对保险人享有之现金价值请求权采取处分性执行措施。但是，债权人若未主动提出执行人身保险合同，而是法院在执行过程中查明债务人曾在保险公司购买过人寿保险的信息，这时法院的执行机关是否可以强制执行呢？本书认为，如果被执行人确无其他财产可供执行，那么，保险合同的继续履行无疑将损害到债权人（第三人）合法权益。更何况，虽然债权人未明确提出解除保险合同的请求，而是直接请求保险合同解除的

---

[1] 赞成意见认为，存款债权具有与保险合同现金价值请求权相同的属性，即均可随时视同为到期债权。从这个意义上说，人民法院划拨被执行人在银行、信用合作社和其他有储蓄业务的单位的存款，本身也应该包含了一个解除存款合同的行为，否则，其划拨的存款就是储蓄单位的财产，存款人的债权请求权并未消灭，仍然可以向银行等储蓄单位要求支取存款。李利、许崇苗：" 我国保险合同解除法律制度完善研究"，载《保险研究》2012年第11期，第110页；陈姣：" 人身保险合同存续期间保单现金价值的执行问题研究"，华东政法大学2015年硕士学位论文。

[2] 反对意见认为，存款人的债权请求权与投保人的现金价值返还请求权虽然具有相同的经济属性，但由于存款人解除储蓄合同的行为只涉及存款人与银行双方当事人，而人寿保险合同的解除势必影响投保人及受益人的利益，因此不能简单地认为法院可类推适用有关存款的执行规定。岳卫：" 人寿保险合同现金价值返还请求权的强制执行"，载《当代法学》2015年第1期。

[3] 《最高人民法院关于人民法院执行工作若干问题的规定（试行）》第61条第1款之规定，被执行人不能清偿到期债务，但对本案以外的第三人享有到期债权的，人民法院可以依申请执行人或被执行人的申请，向第三人发出履行到期债务的通知。

法律后果的,法院可以依职权解除保险合同。[1]因此,在债权人未主动提出执行人身保险合同,且被执行人确无其他可供执行财产,法院有权解除执行人名下的保险合同(主要指人寿保险合同),并执行相应的保单现金价值。需要注意的是,虽然人寿保险合同现金价值,与被执行人在银行、信用合作社和其他有储蓄业务的单位的存款类似,法院均有权进行划拨执行,但因为人寿保险合同的解除,不仅对当事人利益至关重要,还将涉及第三人利益,甚至会影响到人寿保险在保障社会民生、维护社会稳定等方面发挥的积极作用。因而,法院在执行过程中,如被执行人有其他可供执行的财产,应当优先执行其他财产,尽可能避免因保险合同的解除,损害被保险人和受益人的合同利益。

二、投保人作为刑事案件被告人的情形分析

投保人作为刑事案件被告人的情形,是指投保人通过盗窃、贪污或侵占等犯罪手段所得之非法财产用于支付保险费,司法机关可否强制退保,以追回投保人非法所得财产。[2]

我国司法机关具体是指人民法院和人民检察院。司法机关行使司法权是依靠国家强制力为后盾,以国家的名义运用法律处理案件的权力。[3]与私法上的代理人以被代理人的名义为法律行为,而法律行为的结果归属被代理人的代理制度相类似,司法机关代表国家行使司法权,具有公法上的原因,且权力行使的效果归属于国家,因而,司法机关行使司法权含有公法上

---

[1] 参见《北京三中院:21个合同解除疑难问题的解答》,载 http://blog.sina.c-om.cn/,访问日期:2017年3月25日。

[2] 刘振宇主编:《人身保险法律实务解析》,法律出版社2012年版,第481页。

[3] 张文显主编:《法理学》(第3版),法律出版社2007年版,第253页。

的代理的性质。那么，作为公法上的代理人——司法机关，对于保险合同上的非法利益是否具有追缴权力，以及具体追缴方式为何，是接下来需要论述的问题。

(一) 强制退保的司法主体

1. 检察机关提起附带民事诉讼

根据《中华人民共和国刑事诉讼法》（以下简称《刑事诉讼法》）第77条规定，检察机关可以提起附带民事诉讼的案件范围有两类：一是被害人由于被告人的犯罪行为而遭受物质损失的；二是国家财产、集体财产遭受损失的。但最高人民法院《关于刑事附带民事诉讼范围问题的规定》（以下简称《规定》）[1]又仅将检察机关可以提起附带民事诉讼案件的范围限定于因人身权利受到犯罪侵犯而遭受物质损失或者财物被犯罪分子毁坏而遭受物质损失的[2]一类。这也就意味着，第二类国家财产、集体财产遭受损失的[3]不适用附带民事诉讼，应根据《刑法》第64条的规定判决追缴或退赔。[4]可见，该规定与《刑事诉讼法》第77条之间存在矛盾和冲突。从权力制定机关等级来看，《刑事诉讼法》由全国人大制定或修改是上位法。而《规定》是由最高人民法院对审判工作中的如何具体应用法律的问题所做的具有普遍司法效力的解释是下位法。根据效力等级规则，当处于适用冲突的法律渊源由不同等级的权力机关指定，应当适用

---

[1] 《最高人民法院关于刑事附带民事诉讼范围问题的规定》第1条，因人身权利受到犯罪侵犯而遭受物质损失或者财物被犯罪分子毁坏而遭受物质损失的，可以提起附带民事诉讼。

[2] 引自《最高人民法院关于刑事附带民事诉讼范围问题的规定》第1条。

[3] 具体是指因犯罪分子非法占有、处置（如贪污、挪用、私分国有资产、诈骗）国家或集体财产而使其遭受的物质损失。参见肖乾利、国建："检察机关提起刑事附带民事诉讼面临的困境与立法完善"，载《法学杂志》2010年第7期。

[4] 肖乾利、国建："检察机关提起刑事附带民事诉讼面临的困境与立法完善"，载《法学杂志》2010年第7期。

上位法优先适用于下位法的原则。[1]因此,《规定》对《刑事诉讼法》规定的检察机关可以提起附带民事诉讼案件的范围进行目的性限缩解释,违反了法的效力等级原则。所以,从理论上讲,检察机关在对被告人(投保人)以盗窃、贪污或受贿等罪名提起公诉的同时,可以提起附带民事诉讼。但在司法实践当中,附带民事诉讼制度遭遇重重困境,检察机关提起的附带民事诉讼的案例也极为少见。

2. 法院依法予以追缴

根据《刑法》第64条[2]规定,法院有权对被告人非法所得财产,在判决书中予以追缴或退赔。在司法实践中,比较常见的是,由检察机关对被告人刑事犯罪部分提起公诉,法院在对刑事部分做出裁判时,对于被告人违法所得财物一并予以追缴或者责令退赔。对于财产刑法院既是裁判机关又是执行机关。[3]

(二)强制退保的具体方式

对于保险合同强制退保的方式,具体是指司法机关到底应该解除还是撤销保险合同问题。货币属于种类物,因不具有独立特征而极易被替代,也不能因权利人的指定而特定化。况且,货币所有权与占有不能分离,占有即所有。因此,投保人用于投保之保费本身并不能自证其来源,更不能据此判断来源是否

---

〔1〕 舒国滢主编:《法理学导论》,北京大学出版社2006年版,第77页。

〔2〕《刑法》第64条规定,犯罪分子违法所得的一切财物,应当予以追缴或者责令退赔;对被害人的合法财产,应当及时返还;违禁品和供犯罪所用的本人财物,应当予以没收。没收的财物和罚金,一律上缴国库,不得挪用和自行处理。

〔3〕 虽然裁判权与执行权性质的差异要求应当由不同的机关行使裁判权和执行权,但是,由于目前国家尚未制定统一的刑事执行法典和建立专司执行所有刑罚制度的执行机关,所以在现阶段对财产刑的适用只在法院内部应实现不同部门行使,即由内设的刑事审判庭作出财产刑的判决,而由执行庭(局)具体负责财产刑的执行。福建省永春县人民法院课题组:"关于财产刑适用与执行情况的调查报告",载《福建法学(福州)》2009年第1期。

合法。基于此应当对保险费之来源是否合法区别论述。

1. 保费出自合法财产

如无确切证据证明保费系非法所得财产，则应认定保费具有合法性。那么，除违反其他无效事由之外，保险合同系有效成立合同。按通常之理解，保险合同之命运本应由当事人及其关系人来左右，但如果投保人成为刑事被告人，并被判处财产刑且无其他可供执行财产，则还须视具体情况而论。财产刑包括判处被告人向国家缴纳一定数额金钱的罚金刑以及判处部分或者全部没收被告人个人财产的没收刑两大类。[1]由被告人作为投保人订立的人寿保险合同，在解除之后所具有的保单现金价值可以认定为被告人个人所有财产。那么，如果保单现金价值既不属于《刑法》第59条中所规定的犯罪分子个人及其扶养的家属保留必需的生活费用，被告人也无其他财产可供财产刑执行，此时，司法机关是否可以强制解除保险合同，执行保单现金价值呢？

债权的概念被引入公法领域，出现了公法上的债权这一概念。[2]根据公法债权说[3]，财产刑可以被视为被告人对国家所负的债务，国家则对于被告人享有公法上的债权。[4]既然财产刑可以定位为公法上的债权的一种类型[5]，那么，公法上债

---

[1] 黄忠顺：" 论司法机关在财产刑执行中的角色分担"，载《中国刑事法杂志（北京）》2014 年第 1 期。

[2] 乔宇：" 论财产刑执行的法律问题——以财产刑制度性执行难为中心"，载《法律适用》2015 年第 10 期。

[3] 公法债权，是指债权人以国家公权力为依托，得向特定债务人请求为或不为一定行为，且得用相应的国家权力保障债权实现的一种法律关系。吴珏："论公法债权"，载《苏州大学学报（哲学社会科学版）》2008 年第 5 期。

[4] 乔宇：" 论财产刑执行的法律问题——以财产刑制度性执行难为中心"，载《法律适用》2015 年第 10 期。

[5] 肖建国：" 论财产刑执行的理论基础——基于民法和民事诉讼法的分析"，载《法学家》2007 年第 2 期。

权是否可以采用私法债权的保护手段,具体来讲是否可以适用债的保全制度呢?如果公法债权可以适用债的保全制度,就意味着在符合一定条件情形之下,作为公法债权代理人的司法机关可以比照私法债权人行使代位权解除保险合同或撤销权撤销保险合同。[1]

从财产刑的内容来看,均表现为一方当事人有请求对方当事人为一定给付的权利,而对方当事人则有作出一定给付的义务[2],与私法债权性质相同。因此,公法上的债权与私法债权具有同质性。事实上,对于参照私法债权的保全制度来实现公法上的债权?这点税法学者早已突破了理论上的瓶颈,除率先认定税收债权具有公法性质外[3],而且直接在立法上[4]确立我国税务机关对于税收债权的代位权、撤销权。应当说,税法上的立法经验具有普适性意义,其原理可以广泛适用于其他公法上债权。[5]因此,在财产刑执行中,如果被告人无其他财产可

---

[1] 日本学者美浓部达吉指出,若债权的观念可解为要求特定人作行为、不行为或给付的权利,那么,这观念决不仅为私法所独有,而是公法私法所共通的。[日]美浓部达吉:《公法与私法》,黄冯明译,中国政法大学出版社2003年版,第128-129页。转引自:乔宇:"论财产刑执行的法律问题——以财产刑制度性执行难为中心",载《法律适用》2015年第10期。

[2] 肖建国:"论财产刑执行的理论基础——基于民法和民事诉讼法的分析",载《法学家》2007年第2期。

[3] 不但率先承认税收权利是国家作为债权人所享有的要求纳税人给付税款的权利,税收债权为一种公法上的债权或称公债权。参见张守文:"论税收的一般优先权",载《中外法学杂志》1997年第5期。

[4] 《税收征收管理办法》第50条规定,欠缴税款的纳税人因怠于行使到期债权,或者放弃到期债权,或者无偿转让财产,或者以明显不合理的低价转让财产而受让人知道该情形,对国家税收造成损害的,税务机关可以依照合同法第73条、第74条的规定行使代位权、撤销权。

[5] 肖建国:"论财产刑执行的理论基础——基于民法和民事诉讼法的分析",载《法学家》2007年第2期。换言之,鉴于公法上债权与私法债权的同质性,公法上债权可以适用债的保全制度。

供执行，法院可行使代位权解除保险合同，执行被保人名下的寿险保单（对第三人有到期债权）。[1]保险合同解除后，保险公司向执行机关返还保险单的现金价值。如果发现被告人或者受益人与受让人通谋放弃保险合同利益的情形，致使法院判决中的财产刑无法执行的，司法机关可以通过行使撤销权的方式来实现公法上债权。司法机关行使撤销权后，保险合同溯及既往地消灭，涉及的主要问题是保险公司向司法机关交付的是保险费还是保单现金价值问题。

债权人行使撤销权目的在于阻止债务人所为的危害债权的行为，且鉴于撤销权具有以单方面行为干预他人之法律关系的法律权力，因此必须保护他人免受不公平结果的损害，[2]应当将受撤销权拘束的效力范围限于债务人与次债务人之间的法律行为，避免超越保全责任财产目的，过度强调撤销权的绝对效力而引起不当交易关系的混乱。因而，为保护交易安全，保险合同撤销的效力应当受到法律对善意第三人保护的制约。况且，债务人所为危害债权行为之受益对象并非保险人，撤销权行使对象应为以危害债权人利益而受不当得利的被保险人或受益人。保险公司仅为善意第三人之交易方，依法与债务人缔结保险合同，并无可归责之过失。综上，当司法机关撤销保险合同之时，保险公司应交付的是不超过财产刑金额的保单现金价值部分。

2. 保费出自非法所得

当有证据证明投保人购买人寿保险之保费来源系非法所得，保险合同之命运以及保险公司之退还范围问题，还应在区分保

---

[1] 参见肖建国："论财产刑执行的理论基础——基于民法和民事诉讼法的分析"，载《法学家》2007年第2期。
[2] [德]迪特尔·梅迪库斯：《德国民法总论》，邵建东译，法律出版社2013年版，第79页。

险人主观状态的基础上分别论述。[1]

(1) 保险人明知或应知。

一般情况下,信息不对称使得保险人对于投保人的资金来源难以知晓,但是并不排除保险人明知或应知的情形。例如,在生活中我们有时会遇到一些保险代理人或业务员出于招揽保险之目的,而就人寿保险的逃债、避税、洗钱等功能作以暗示。保险代理人或业务员之行为虽有违《保险代理人职业道德与行为准则》要求,但基于代理或表见代理之原则,仍应视为保险公司之行为,令保险公司负授权人之责任,以加强保险人对其代理人之选任和监督之注意责任。在这种情况下,投保人出于将非法所得合法化目的,与保险代理人或业务员订定人寿保险合同,应根据《合同法》第 52 条第 2 项,恶意串通,损害国家、集体、第三人利益[2],或者第 3 项,以合法形式掩盖非法目的[3],直接认定保险合同无效。因此,当保险人主观上知道(包括明知或应知)投保人的财产来源系非法所得,而仍与之签订保险合同的话,应当认定保险合同无效。保险合同无效的法律后果,根据《民法通则》第 61 条第 3 款[4]之规定,保险人应向司法机关退还全部保险费以及所得孳息。

---

[1] 有种观点认为,如果保险公司明知或应知投保人的财产来源有非法的嫌疑,而仍然与之签订保险合同的话,保险合同应为无效合同而撤销,保险公司应向有权机关退还全部保险费以及所得孳息;如果保险公司不知道投保人的资金来源,则该合同为有效合同,保险公司应向有权机关退回该保险单的现金价值。引自刘振宇主编:《人身保险法律实务解析》,法律出版社 2012 年版,第 482 页。此观点除存在混淆无效合同与可撤销合同的理论瑕疵之外,区分保险人主观状态对于解决此处讨论的问题具有启发和借鉴意义。

[2] 参见《合同法》第 52 条第 2 项。

[3] 参见《合同法》第 52 条第 3 项。

[4] 《民法通则》第 61 条第 3 款之规定,双方恶意串通,实施民事行为损害国家的、集体的或者第三人利益的,应当追缴双方取得的财产,收归国家、集体所有或者返还第三人。

（2）保险人不知情。

一般情况下，保险人对于投保人所缴保费是否系合法所得并不知情，如果要求保险人对此承担实质审查义务，那么，保险公司务必就要对每笔保费来源进行逐一确认，这样将不可避免地产生成本过大的问题。[1]因此，要求保险人在订立保险合同时承担实质审查义务不仅会对交易的便捷造成极大障碍，而且既不经济也不可行。对于保险人需要承担的审查义务程度，我们可以从票据法上付款人承担的形式审查义务和附带审查义务中获得启示。即在保险合同中设置投保人保证所交保险费系其合法财产的保证条款，保险人只需对投保人是否在保证条款上签章，以及投保人合法身份证明或者有效证件等进行审查。要求对投保人进行附带审查的原因在于，金融机构应当按照规定建立客户身份识别制度，不得为身份不明的客户提供服务或者与其进行交易。[2]进行附带审查目的主要在于，预防不法分子假冒他人名义，将其非法所得及其收益利用购买保险途径合法化。

对于保险合同之命运可根据被告人犯罪客体之不同作以区分：如侵犯客体为国家利益，如贪污、侵占、私分国有财产等犯罪。根据《合同法》第52条第1款之规定，被告人用犯罪所得之赃款与保险公司订定保险合同无效。被告人欺诈手段，主要表现为被告人以使保险人陷于错误并因此而为意思表示为目的，故意隐瞒保费系犯罪所得之真实情况的行为。[3]如被告人

---

〔1〕 对于区分保险公司在保险合同签订过程中的主观状态，陈姣认为，此法缺乏可行性，在实际投保过程中投保人虽为实名登记，但其表现为正常的投保行为，保险金也非巨额资金，保险公司想要查清每笔保费来源实在缺乏相应权限，成本也过大。陈姣："人身保险合同存续期间保单现金价值的执行问题研究"，华东政法大学2015年硕士学位论文。

〔2〕 参见《中华人民共和国反洗钱法》第16条。

〔3〕 韩世远：《合同法总论》（第3版），法律出版社2011年版，第187页。

犯罪行为侵犯客体为第三人（包括集体或第三人）利益，如盗窃、抢劫等犯罪。第三人可作为附带民事诉讼原告要求被告人返还财产。此外，按照《合同法》第 54 条第 2 款[1]之规定，在保险人不知情的情形下，投保人隐瞒其所缴纳保费系非法所得的事实，与保险人订定保险合同，保险人有权请求人民法院或者仲裁机构变更或者撤销。根据《民法通则》第 61 条第 1 款之规定，保险人行使撤销权后，保险合同溯及既往地消灭。在恢复原状、财产返还的问题上，保险公司向司法机关或第三人交付的是保险费还是保险单的现金价值。

一般来讲，保险合同一旦被确认无效或被撤销，与之相关的第三人（保险人）利益往往会受到威胁，而在现实交易中，保险人一般难以对投保人支付保险费的来源是否合法做出准确判断，故为保护交易安全，保险合同无效或被撤销的效力就不能不受到法律对善意第三人保护的制约。[2]因此，结合上文所述，如果保险人对于投保人所缴保费是否系合法所得已尽勤勉、谨慎的形式审查义务，则应视为保险人无过失，保险公司向司法机关或第三人交付保险单的现金价值。如果保险人未尽形式审查义务，具有可归责之过失，则应向司法机关或第三人交付保险费。

（三）司法机关执行保险合同的理论依据

公法之债的债权人与债务人之间并非平等的民事主体，本身具有被赋予强制执行权的正当性基础。[3]在财产刑执行中，公法上的债权人就是国家或政府，执行机关可以是行政机关，

---

[1]《合同法》第 54 条第 2 款规定，一方以欺诈的手段，使对方在违背真实意思的情况下订立的合同，受损害方有权请求人民法院或者仲裁机构变更或者撤销。

[2] 参见李永军：《合同法》（第 3 版），法律出版社 2010 年版，第 357 页。

[3] 黄忠顺："论司法机关在财产刑执行中的角色分担"，载《中国刑事法杂志（北京）》2014 年第 1 期，第 93 页。

如公安机关、税务机关等也可以是司法机关。[1]依法负责财产刑执行的国家机关,实际上相应地被赋予了代表国家充当公法上债权人的地位。[2]在我国司法体制中,执行财产刑的司法机关与裁判机关、公法债权人合而为一,均为人民法院。

本章小结

保险合同解除权归属于哪些主体?除投保人与保险人有法定解除权之外,其他主体能否享有解除权?本章主要针对被保险人、受益人、继承人、债权人以及司法机关五种主体展开分析论述。在三分法体制下,被保险人与受益人属于保险合同关系人,并无合同解除权。我国保险立法对于被保险人之权利救济,最终确立被保险人撤销权制度。至于受益人,保险事故发生前,因其于保险合同之地位处于朝不保夕的状态,故无权利可言,无权利则无救济。受益人虽于保险事故发生后可享有保险金请求权,但依旧无缘与合同解除权。即便被保险人或受益人行使介入权,也不能当然地取而代之,必须经投保人(被保险人)同意且及时通知保险人后,方可变更为合同当事人,继而取得合同解除权。投保人的继承人是否可以基于投保人死亡的法律事实继承保险合同解除权?本书基于遗产继承之客体分析、保险合同之非专属性分析以及比较法研究,最终得出肯定的结论。投保人之债权人于保险合同上可否主张解除权?保险法对此未作规定,然就特别法与普通法之关系而言,保险法未

---

[1] 参见肖建国:"论财产刑执行的理论基础——基于民法和民事诉讼法的分析",载《法学家》2007年第2期。

[2] 参见肖建国:"论财产刑执行的理论基础——基于民法和民事诉讼法的分析",载《法学家》2007年第2期。

规定之事项，可适用民法一般法。依民法之规定，债权人可通过行使撤销权和代位权两种方式保全债权，但唯有代位权行使，涉及解除权问题。债权人虽可代位解除保险合同，但因合同涉及受益人利益，故应限制其权利行使，在二者之间尽量寻求平衡。

  司法机关解除保险合同应区分不同情形分别论述：对于投保人作为民事诉讼案件的被执行人，原则上法院应依当事人申请解除保险合同，不得超出当事人诉讼请求范围，越权裁判，然而原则之外有例外情形。对于投保人作为刑事案件被告人的情形，本书引用公法债权的概念，将财产刑视为被告人对国家所负的债务，国家则对于被告人享有公法上的债权，而司法机关作为公法上代理人则可比照私法债权人行使代位权解除保险合同。为防止保险沦为洗钱途径，保险人于订立保险合同之时，应对投保人交付之保费来源承担形式审查义务，即在保险合同中设置投保人保证所交保费系其合法财产的保证条款，对此，投保人有如实告知义务，如违反保险人可据此解除保险合同。实际上，无论是被保险人和受益人可以行使介入权，取得投保人在保险合同中的当事人地位，或者是继承人基于投保人死亡的法律事实，通过继承的方式取得保险合同当事人地位，还是债权人代债务人之位，以自己名义向第三人行使保险合同解除权，其本质皆是利用投保人在保险合同中的当事人地位，行使合同解除权。而非被保险人、受益人、继承人以及债权人本身对于保险合同享有保险合同解除权。

▶▶▶ 第三章
保险合同解除权的行使条件研究

形成权原则上要么作为对侵犯权利或其他对法律关系的妨害的反应而产生,要么基于当事人的事先同意(服从)而产生。[1]对照以观,作为一项典型的形成权,保险合同解除权生效的前提,即解除事由可分为两类:法定解除和约定解除。

第一节 论法定解除

合同解除的条件由法律直接加以规定者,其解除为法定解除。[2]

一、投保人法定解除权行使条件分析

依据《保险法》第15条之规定,除本法另有规定或者保险合同另有约定外,投保人享有任意解除权。[3]从保险法规定来看,对于投保人行使任意解除权的条件限制,目前主要存在于

---

〔1〕 [德] 迪特尔·施瓦布:《民法导论》,郑冲译,法律出版社2006年版,第143页。
〔2〕 崔建远主编:《合同法》(第5版),法律出版社2010年版,第245页。
〔3〕 参见《保险法》第15条。

财产保险合同部分,[1]而在人身保险合同部分,立法尚未作出例外情形规定。

(一) 投保人行使任意解除权与权利滥用

罗马法时代有过权利的行使对于任何人都不意味着非正义的格言,所表达的是权利的行使本属权利人自由行为领域,法律无从置喙。[2]然而,自由权利止于他人鼻尖、绝对的权利会造成绝对的权利滥用,因此,个人权利必有一定的界限,超越该界限即为非正当。[3]《德国民法典》第226条规定,权利的行使不得以损害他人为目的。[4]根据该条文规定,如果损害他人是行使权利的唯一可以想象的目的时,则此种行为即是不合法的恶意刁难行为。[5]那么,如果权利人行使权利的行为仅仅是给他人造成了损害,而不是唯一目的,如投保人行使任意解除权,损害被保险人的信赖利益,是否可以构成权利滥用呢?

如何判断权利人是否构成权利滥用?从各国法律规定和判例来看,判断的标准不尽相同,但大致可分为主观说和客观说两种。[6]其中,主观说认为,行使权利有故意滥用权利的主观

---

[1] 投保人不得行使任意解除权的情形,主要针对财产保险合同部分存有下列三种情形:①《保险法》第50条规定,货物运输保险合同和运输工具航程保险合同,保险责任开始后,合同当事人不得解除合同。②《中华人民共和国海商法》第227条规定,海上保险合同,保险责任开始后,投保人与被保险人均不得解除合同。③《机动车交通事故责任强制保险条例》第16条规定,投保人不得解除机动车交通事故责任强制保险合同,但在被保险机动车被依法注销登记的、被保险机动车办理停驶的、被保险机动车经公安机关证实丢失的情况下除外。

[2] 朱庆育:《民法总论》,北京大学出版社2013年版,第507页。

[3] 朱庆育:《民法总论》,北京大学出版社2013年版,第507页。

[4] 郑冲、贾红梅译:《德国民法典》(修订本),法律出版社2001年版,第45页。

[5] [德]迪特尔·梅迪库斯:《德国民法总论》,邵建东译,法律出版社2013年版,第109条。

[6] 王利明:《民商法研究》第1辑(修订本),法律出版社2001年版,第172页。

恶意时才能视为权利人滥用权利，如前述之《德国民法典》第226条。而客观说则认为，行使权利时侵害了他人和社会利益，便被视为滥用权利，如《波兰民法典》第5条[1]。而我国学界通说则是在前述两种学说的基础上，采取了折中说，即构成权利滥用应具备如下要件：[2]①滥用权利一般以权利存在为前提，或者与行使权利相关；[3]②权利主体行使其权利造成了对国家、集体和个人的损害；[4]③主体要有过错，此处衡量行为过错的标准应该是行为人违反了法律规定的义务；④在滥用权利的情况下，当事人一般都是故意的。[5]通过分析上述所列之构成要件，可以发现投保人行使任意解除权能否构成权利滥用，关键在于是否具备第二项和第三项要件，即投保人行使任意解除权是否造成对被保险人利益的损害，以及行使任意解除权是否违反了法律规定的义务？而这两项要件的核心问题，又在于被保险人之信赖利益是否受到法律保护？

（二）投保人解除权的限制[6]：被保险人信赖利益

1. 被保险人信赖利益的保护

通常在人身保险合同订立之初，投保人对被保险人应当具

---

[1]《波兰民法典》第5条规定，如果某人以作为或不作为而取得有悖于法典的社会经济目的和社会共同原则的利益，则认为是滥用权利。王利明：《民商法研究》第1辑（修订本），法律出版社2001年版，第172页。

[2] 此处参考王利明先生对该问题的论述观点。

[3] 王艳玲："关于民法中确立禁止权利滥用原则的思考"，载《河北法学》2006年第7期。

[4] 王艳玲："关于民法中确立禁止权利滥用原则的思考"，载《河北法学》2006年第7期。

[5] 王利明：《民商法研究》第1辑（修订本），法律出版社2001年版，第172页。

[6] 被保险人信赖利益仅是投保人解除权的限制性因素之一，此外还有受益人于保险事故发生后所享有的保险金请求权亦构成对投保人解除权的行使限制，只不过这种限制属于期间限制，故本书将在第四章第二节保险合同解除权行使期间部分进行探讨。

有保险利益。[1]此处保险利益表现为一种特殊关系,根据《保险法》第31条,一般是指投保人本人或是投保人的配偶、子女、父母,或与投保人有抚养、赡养或者扶养关系的家庭其他成员、近亲属,或与投保人有劳动关系以及其他特殊关系[2]。[3]可见,人身保险合同之订立与被保险人利益休戚相关,或为清偿债务(取得债权)或为保障被保险人晚年生活,或为保障被保险人遗属生活或基于劳动关系提供的补贴性薪资等。基于对合同有效存续之信赖,被保险人可能放弃另行投保的机会。此时,如若允许投保人任意行使解除权,必然会损害到被保险人的利益,这种利益损害尤其在长期的人寿保险合同中表现得更为突出。合同之解除,被保险人丧失的不仅是对保险合同的信赖利益,并且可能会因为年龄增加或身体状况的恶化而失去订约的机会或增加重新订约的成本。不仅是人身保险,在财产保险中也同样存在丧失订约机会的情形,依照《保险法》第56条第2款之规定:"重复保险的各保险人赔偿保险金的总和不得超过保险价值。"[4]基于法律规范的正向引导作用,被保险人为避免重复保险,必然放弃另行投保的机会。况且,在保险合同成立后,被保险人除享有保险合同利益的同时,也需要承担一定的合同义务,如关于保险标的如实告知义务、危险显著增加通知义务以及保险标的安全维护义务等。而被保险人正是基于对保险合同有效存续的合理信赖,才积极地从合同交易外的无关第三人进入到保险合同中承担相应的合同义务。但是,我国现行立法允许投保人任意行使解除权,已然侵害到了被保险人的这种合理

---

[1] 参见《保险法》第12条。
[2] 这种特殊关系主要指投保人因征得被保险人同意而取得保险利益。
[3] 参见《保险法》第31条。
[4] 参见《保险法》第56条第2款。

信赖。因而，为公平起见，立法应当基于诚实信用原则对被保险人的信赖利益给予救济性保护措施。事实上，被保险人作为利他保险合同第三人，这种对第三人利益保护的正当性，在一般利他合同中也能得以佐证。下文将从利他保险合同的上阶位概念"利他合同"为研究起点，通过限制投保人的任意解除权，以达到对利他保险合同被保险人的保护目的。

2. 利他合同对第三人利益的保护

关于第三人取得权利的立法例，主要有以下三种模式：

(1) 无权代理模式。

此种立法例为一些拉美国家所采用，如阿根廷、智利等。该模式基本构造是，将双方当事人为第三人利益作出的约定视为无权代理，只有在第三人追认或执行合同的情况下，该约定方为有效。在第三人追认或执行合同之前，当事人不受该约定约束，任何一方可依单方意思表示解除合同。[1]

(2) 接受模式。

采取此种立法例的国家有日本、韩国等。该模式基本构造是，第三人权利在该第三人向债务人表示享受合同利益的意思时发生，第三人的接受表示是其取得权利的必要条件，第三人在知道并接受利益之前并无权利。[2]在第三人为接受的意思表示之前，双方当事人可以将合同变更或消灭。[3]

(3) 直接取得模式。

此种立法例为大多数国家或地区所采用，如我国台湾地区、

---

[1] 张家勇：《为第三人利益的合同的制度构造》，法律出版社2007年版，第238页。

[2] 张家勇：《为第三人利益的合同的制度构造》，法律出版社2007年版，第239页。

[3] 韩世远："试论向第三人履行的合同——对我国《合同法》第64条的解释"，载《法律科学（西北政法学院学报）》2004年第6期。

德国等。该模式基本构造是，仅依当事人合意便直接产生第三人权利，第三人无须作出受益意思表示，便因当事人的合意而当然拥有了权利。如果第三人作出拒绝的意思表示，则其权利溯及既往地消灭。[1]

在上述三种权利取得模式下，第三人接受为第三人权利的确定要件或发生要件，[2]一般都具有排除合同当事人撤销或变更为第三人利益约定的效果。[3][4]例如，《日本民法典》第538条规定："第三人的权利依前条[5]规定发生后，当事人不得变更或消灭该权利。"[6]《意大利民法典》第1411条第2款规定："除有相反约定外，第三人就契约的效力获得对抗承诺人的权利。但是，该契约在第三人作出希望取得契约利益的表示之前，得被缔约人撤销或变更。"[7]《法国民法典》第1121条规

---

[1] 韩世远："试论向第三人履行的合同——对我国《合同法》第64条的解释"，载《法律科学（西北政法学院学报）》2004年第6期。

[2] 在直接取得模式下，第三人接受作为第三人权利确定的条件；在无权代理模式和取得模式下，第三人接受为第三人权利的发生要件。张家勇：《为第三人利益的合同的制度构造》，法律出版社2007年版，第275页。

[3] 例外，《意大利民法典》第1412条第1款，如果对第三人的给付应当在缔约人死亡后进行，则尽管第三人表示希望能从中获得利益，但缔约人同样得通过遗嘱撤销该利益，不过，在后一种情形中，缔约人通过书面形式放弃撤销权的不在此限。《德国民法典》第328条规定，合同当事人是否可以不经第三人同意而取消或者更改第三人权利，要依合同当事人的约定或补充的合同解释加以确定。张家勇：《为第三人利益的合同的制度构造》，法律出版社2007年版，第274-275页。

[4] 张家勇：《为第三人利益的合同的制度构造》，法律出版社2007年版，第275页。

[5] 《日本民法典》第537条规定，①依契约相约，当事人的一方应对第三人实行某给付时，该第三人有直接对债务人请求给付的权利。②于前款情形，第三人的权利，于其对债务人表示享受契约利益的意思时发生。渠涛编译：《最新日本民法》，法律出版社2006年版，第118页。

[6] 渠涛编译：《最新日本民法》，法律出版社2006年版，第119页。

[7] 费安玲、丁玫译：《意大利民法典》，中国政法大学出版社1997年版，第374页。

定:"一人为自己或他人订立契约时,或对他人赠与财产时,亦得订定为第三人利益的约款,作为该契约或赠与的条件。如第三人声明有意享受此约款的利益时,为第三人订立契约之人即不得予以取消。"[1]

在第三人未明确表示接受利益的情形下,第三人对合同所赋予的利益是否基于信赖而改变处境成为判断其是否接受利益的一个标准。[2]例如,英国《第三人权利法案》规定:"如果承诺人知道第三人已经依赖合同,或者承诺人可以合理地预见到第三人会依赖合同并且第三人在事实上已经依赖于合同,合同就不能再被修改或解除"。[3]美国《第二次合同法重述》第311条规定:"受益人在接到变更或解除通知之前就合理的依赖合同从而其现状在实质意义上已经被改变时,当事人的变更权或解除权就必须终止行使"。[4]

可见,在第三人表示接受利益之前,第三人权利并不确定或未发生,应该认为合同当事人有可以撤销或变更的权利。只有在"第三人作出受益的意思表示"或者"第三人在事实上对合同已经产生依赖"时,合同当事人不得撤销或变更第三人权利,第三人权利始为确定,除非经第三人同意,或者法律有特别规定,或者当事人在合同中约定保留撤销或变更事由。[5]而

---

[1] [法]拿破仑:《拿破仑法典(法国民法典)》,李浩培等译,商务印书馆1979年版,第172页。

[2] 吴文嫔:《第三人利益合同原理与制度论》,法律出版社2009年版,第167页。

[3] 代琴:"利他保险合同解除权中的第三人保护——《保险法》第15条的修改建议",载《保险研究》2015年第12期。

[4] 代琴:"利他保险合同解除权中的第三人保护——《保险法》第15条的修改建议",载《保险研究》2015年第12期。

[5] 韩世远:"试论向第三人履行的合同——对我国《合同法》第64条的解释",载《法律科学(西北政法学院学报)》2004年第6期。

利他合同中的"第三人作出受益的意思表示",具体到利他保险合同中,事实上是投保人与被保险人关于保险合同利益让与达成的协议,这种协议的法律效力在合同法上得到普遍承认,故无讨论的必要。下文将要探讨的是,在利他保险合同中,除上述例外情形外,当第三人在事实上对合同已经产生依赖时,投保人撤销或变更第三人的权利应受到限制的问题。

3. 投保人任意解除权限制的类型化分析

鉴于我国《保险法》对于投保人任意解除权没有加以限制,[1]出于矫正投保人与被保险人之间利益关系失衡的目的,《保险法司法解释(三)》第17条[2]规定被保险人赎买权。但是,有学者认为,该条虽赋予了被保险人"赎买权",却未对于投保人侵害被保险人赎买权的法律后果给予明确规定,因此是一个缺乏法律效果的不完整的法律规范。学者的质疑不无道理,而且具有代表性。但对于第17条或许可以另作他解,即立法者本意可能并不是赋予被保险人一种赎买的救济"权利",只是肯定了被保险人赎买的"机会",仅此而已。或者,立法者的初衷是倾向给予被保险人一种救济权利的。但是,当投保人与被保险人之间的权利发生碰撞、冲突时,两种正当性权利并不能得到平等的保护,那就只好选择性的保护更重要的一方。而立法者在进行价值判断的过程中,最终认为投保人的权利更应优先保护。由此可见,立法者是有意识地令第17条成为缺乏法

---

[1] 我国保险立法仅对投保人任意解除权的行使条件进行了限定,主要针对财产保险合同部分存有两方面情形:一是《保险法》第50条规定;二是《中华人民共和国海商法》第227条。而在人身保险合同部分,目前尚未作出例外情形规定。

[2] 《保险法司法解释(三)》第17条规定,投保人解除保险合同,当事人以其解除合同未经被保险人或者受益人同意为由主张解除行为无效的,人民法院不予支持,但被保险人或者受益人已向投保人支付相当于保险单现金价值的款项并通知保险人的除外。

律效果的不完整的法律规范，因为其本意并不想限制投保人解除权，故不给予被保险人救济的权利，以避免被保险人的赎买权成为投保人解除权的枷锁。

事实上，设计赎买权的路径也并非平衡投保人与被保险人的万全之策。对于赎买权的缺陷，恰如有学者所质疑的那样，"赎买说最为致命之处在于，没有对利他合同对价关系进行研究，导致第三人双重给付的可能。"[1]那么，何为对价[2]关系呢？对价关系是指受约人与第三人之间的关系。[3]从这一关系可以得出，受诺人通过抵偿（补偿）关系向第三人给予一定利益的基本原因。大陆法系对于这种合同当事人所承担的债务的基本原因，大致区分为以下三种类型[4]：①赠与原因（causa donandi），赠与人之所以向相对人承担义务，是因为愿意赠送；②清偿原因（causa solvendi），债务人之所以承担义务是为清偿欠相对人的债。[5]在利他合同中，主要指存在对价关系的债权债务关系。③取得债权的原因（causa credendi），又称为信用原

---

[1] 董庶、王静："试论利他保险合同的投保人任意解除权"，载《法律适用》2013年第2期。

[2] 对价（consideration）是普通法上的概念。按照普通法系的传统理论，对价是指一方得到的某项权利、利益、利润、利得或者另一方作出的容忍，即不行使权利、遭受的损失或者承担的义务。沈达明等编：《德意志法上的法律行为》，对外贸易教育出版社2015年版，第53页；李永军："论私法合同中意志的物化性"，载《政法论坛》2003年第5期。

[3] [德]迪特尔·梅迪库斯：《德国债法总论》，杜景林、卢堪译，法律出版社2004年版，第583页。

[4] 参见沈达明、梁仁洁编著：《德意志法上的法律行为》，对外经济贸易大学出版社2015年版，第49页；[德]迪特尔·梅迪库斯：《德国债法总论》，杜景林、卢堪译，法律出版社2004年版，第583页。

[5] 沈达明、梁仁洁编著：《德意志法上的法律行为》，对外经济贸易大学出版社2015年版，第49页。

因,合同当事人之所以成立合同是由于希望相对人提供对待给付。[1]虽然合同当事人承担债务的基本原因有三种,但对价关系只存在于后两种情形之中,即受诺人与第三人取得债权或清偿债务的关系。而若受诺人与第三人之间是基于赠与或信用原因产生的关系,则并不存在对价关系。[2]

现在再回到赎买权问题上。对于存在对价关系的保险合同,投保人已从被保险人处取得对价,有的为了消灭债务,有的为了取得债权,有的则是单位对员工提供的一种工资福利待遇,倘若再要求被保险人支付对价赎买保单,无异于使得投保人获得不当得利。[3]这里的不当得利,依照亚里士多德的话来分析,那么投保人与被保险人之间的差别就不是二个单元,而是三个单元的问题,因为投保人不但造成被保险人损失了一个单元(先前支付的对价),并且把那个单元(应予返还的利益)占为己有,甚至被保险人又额外地向投保人支付了一个单元(赎买对价)。[4]所以,对于投保人与被保险人之间存在债权债务关系

---

〔1〕 沈达明、梁仁洁编著:《德意志法上的法律行为》,对外经济贸易大学出版社2015年版,第49页。

〔2〕 如尹田先生认为,就对价关系而言,其只可揭示在第三人与债权人之间存在债权债务关系的情况下,债权人同意债务人向第三人给付的原因(债权人可从第三人处获得对价),但不可适用于第三人与债权人之间无对价关系的情形。例如,甲以其配偶为受益人而与保险公司订立死亡保险合同,发生保险事故时,甲之配偶得向保险公司请求支付保险金,但不必为此向甲支付任何对价。尹田:"论涉他契约——兼评合同法第64条、第65条之规定",载《法学研究》2001年第1期。

〔3〕 董庶、王静:"试论利他保险合同的投保人任意解除权",载《法律适用》2013年第2期。

〔4〕 "返还利益"因其集结了不当致贫和不当受益而成为最需救济的情形,依照亚里士多德,如果我们认为正义的目的就是在社会成员之间维持财富的均衡,则返还利益对司法干预提供了比信赖利益强两倍的理由,因为如果甲不但造成乙损失一个单元,而且把那个单元占为己有,结果甲、乙之间的差别不是一个单元而是两个。[美] L. L. 富勒、小威廉 R. 帕迪尤:"合同损害赔偿中的信赖利益",韩世远译,载梁慧星主编:《民商法论丛》(第7卷),法律出版社1999年版,第416页。

的保险合同,应当基于诚实信用原则限制投保人任意解除权,而不是赋予被保险人赎买权,使得投保人三重得利。

对于投保人基于抚养、赡养或者扶养等关系,所订立之赠与型保险合同,事实上,存在着这样的问题,即被保险人基于对投保人的信赖,而丧失其他能达到同样目的并且同样有利的缔约保险合同的机会,事实上已经改变了被保险人的处境,那么,这种损害应当受到法律的关注和保护。[1]尽管被保险人不是由于投保人的直接允诺而产生信赖,仅是基于与投保人之间的人身关系,以及投保人订立合同的外观事实等产生的信赖,但并不妨碍被保险人信赖的产生。[2][3]这里有一个例外,即投保人基于劳动关系为员工购买的赠与性质的养老金保险,自保险合同成立之后不得解除。因为,无论单位是否基于赠与理由为员工购买养老保险,均非实质性的慈善赠与,员工事实上对

---

〔1〕 [美] L. L. 富勒、小威廉 R. 帕迪尤:"合同损害赔偿中的信赖利益",韩世远译,载梁慧星主编:《民商法论丛》(第7卷),法律出版社1999年版,第422页。

〔2〕 在美国,最早应用信赖规则的案件是慈善性捐赠案件。之后,一般性赠与合同亦基于同样的原理(对许诺人的信赖),被赋予强制执行的效力。较早适用信赖规则的是 Ricketts v. Scothorn 案:爷爷生前到孙女工作的商店看孙女,要求孙女辞去工作,他每年支付一笔钱供养孙女。孙女信赖爷爷的许诺,辞去了现任的工作。三年后,爷爷病逝,爷爷的遗产管理人拒绝继续从遗产中支付爷爷许诺的款项,孙女以遗产管理人为被告起诉至法院。法院认为,爷爷的许诺不以孙女履行任何义务为代价,是一种赠与的许诺,受赠人基于对许诺的信赖实施一定行为(辞去现有工作),若允许爷爷或遗产执行人以缺少对价为理由拒绝履行其承诺,将使守诺人受到信赖损害。故此,法院判决孙女胜诉。参见 John p. Dawson, William Burnett Harvey, Stanley D. Henderson, Cases and Comment On Contract, p. 266;参见 Ricketts v. Scothorn, Supreme Court of Nebraska, 1898, 57 Neb. 51, 77 N. W. p365。转引自:马新彦:"论现代私法上的信赖规则",载许章润主编:《清华法学》(第3辑),清华大学出版社2003年版,第257页。

〔3〕 大陆法系的信赖规则是受外观理论或外观主义(Rechtsscheintheorie)支撑的法律规则。马新彦:"论现代私法上的信赖规则",载许章润主编:《清华法学》(第3辑),清华大学出版社2003年版,第259页。

此已经支付过对价，并且形成了一种信赖态度，无论他是否因此改变了自己的处境，都应该排除投保人的合同解除权，这与在没有其他车辆通行时驾车闯过红灯的人也处以罚款的法规有着相同的道理。[1]

通过上述对投保人为第三人利益投保的基本原因分析，本书以是否存在对价为界限，将保险合同分为基于债权债务关系订立的合同，以及赠与型保险合同两种类型。前者基于对价的关系而否定投保人享有合同解除权的权利，后者虽不存在对价关系，但可基于信赖利益对投保人的任意解除权进行合理的限制。

上文以是否存在对价将保险合同分为两类。其中，一类是以对价为理由彻底否定投保人行使解除权的权利。另一类则是以信赖规则为理由对投保人任意解除权进行适当地限制。对价和信赖规则成为本书建议限制投保人任意解除权的两大理论基石。

4. 投保人任意解除权限制的路径分析

苏力先生曾有云，"对法律活动来说，也许重要的不是承认权利，而在于如何恰当地配置权利，并因此给予恰当地救济。也正是由于这个原因，普通法上的权利一直同私法救济相联系，有"无救济就无权利"之说法。"[2]对于不存在对价的保险合同之被保险人权利救济，本书主张通过适用信赖规则来解决。适用信赖规则的法律后果是将依一般法理不具有法理效力的合同转变为具有法理效力的合同，[3]其本质是对信赖利益损失以

---

[1] 参见［美］L.L.富勒、小威廉R.帕迪尤："合同损害赔偿中的信赖利益"，韩世远译，载梁慧星主编：《民商法论丛》（第7卷），法律出版社1999年版，第422页。对未被信赖的允诺亦给予执行的规则，根据这一理论，与对在没有其他车辆通行时驾车闯过红灯的人亦予以罚款的法令有着相同的道理。

[2] 苏力：《法治及其本土资源》（第3版），北京大学出版社2015年版，第193页。

[3] 马新彦："论现代私法上的信赖规则"，载许章润主编：《清华法学》（第3辑），清华大学出版社2003年版，第256页。

期待利益的标准予以补偿。[1]那么,如何对被保险人可能产生的信赖利益损失以期待利益的标准予以补偿呢?事实上,对于投保人解除利益与被保险人信赖利益,两种权利冲突,美国法律经济学家、诺贝尔经济学奖获得者科斯将其称之为"权利的相互性"。[2]详言之,当两种具有合法性、正当性权利之间发生冲突,[3]无论保护哪一种权利,实际上必然侵犯另一种权利,这就是权利的相互性。[4]而我们正在分析的问题,保护被保险人信赖利益就具有这种相互性。那么,是否能够存在一种既可以保护被保险人信赖利益,同时又可以对投保人解除权进行合理限制的方法呢?虽然对被保险人权利的保护,必然要以损害投保人利益为代价,那么至少法律应当按照一种能避免较为严重的损害的方式来配置权利,或者反过来说,这种权利配置能

---

[1] 对于信赖利益与期待利益之区别,美国著名法理学家 L. L. 富勒在《合同损害赔偿中的信赖利益》一文中论述道,基于对被告之允诺的信赖,原告改变了他的处境,我们的目的是要使他回复到与允诺作出前一样的处境。在这种场合受保护的利益可叫作信赖利益(the reliance interest);如果是使原告处于假若被告履行了其允诺他所应处的处境,在这种场合所保护的利益我们可以叫作期待利益(the expectation interest)。引自[美]L. L. 富勒、小威廉 R. 帕迪尤:"合同损害赔偿中的信赖利益",韩世远译,载梁慧星主编:《民商法论丛》(第 7 卷),法律出版社 1999 年版,第 411-412 页。

[2] 苏力:《法治及其本土资源》(第 3 版),北京大学出版社 2015 年版,第 192 页。科斯在分析"公害"(nuisance)及诸如此类的侵权案件时指出,传统的做法是要求公害释放者对其引起的公害给予损害赔偿;这种似乎是毫无疑问的做法,实际上掩盖了不得不作出的选择的实质。人们一般将该问题视为甲给乙造成损害,因而所要决定的事:如何制止甲?但这是错误的。我们正在分析的问题具有相互性,即避免对乙的损害将会使甲遭受损害,必须决定的真正问题是:是允许甲损害乙,还是允许乙损害甲?[美]罗纳德·哈里·科斯:《论生产的制度结构》,盛洪、陈郁等译,上海三联书店 1994 年版,第 142 页。苏力:《法治及其本土资源》(第 3 版),北京大学出版社 2015 年版,第 192 页。

[3] 刘作翔:"权利平等保护的法理思考",载郑贤君主编:《燕京法学》,中国民主法制出版社 2006 年版,第 5 页。

[4] 苏力:《法治及其本土资源》(第 3 版),北京大学出版社 2015 年版,第 192 页。

使社会产出最大化。[1]虽然，科斯的这一原则并不具有普适性，但可适用于我们正在分析的问题。具体而言，对于不存在对价关系的保险合同，被保险人信赖利益的保护，可参考《日本保险法》第60条[2]之规定，适当地对投保人的解除权设置一个合理生效期间，从而给予被保险人一个赎买的机会，一方面可以平衡投保人与被保险人之间的利益关系，另一方面则可以避免被保险人因基于信赖而遭受损害，变相的对被保险人权利进行期待利益层面的补救。详言之，在投保人向保险人作出解除合同的意思表示后，解除权不立即发生解除合同的效力，必须经过一个合理期间，而在此期间内，由保险人负责通知被保险人有关合同解除事项，并询问其是否愿意赎买保险合同。如被保险人同意赎买，则必须支付相当于保险合同解除后返还的现金价值的金额，以此来阻断保险合同的解除效力；如被保险人在合理期间内未作明确答复或逾期不支付赎买金，则视为拒绝赎买，期间届满后，保险合同解除效力确定发生。被保险人行使赎买权的法律责任部分，若因保险人怠于通知被保险人合同解除事项，或违反被保险人赎买之辅助义务等，有悖于最大诚信原则，侵害被保险人赎买利益的，则被保险人有权向保险人

---

〔1〕 苏力：《法治及其本土资源》（第3版），北京大学出版社2015年版，第194页。

〔2〕《日本保险法》第60条规定，扣押债权人、破产财产管理人及其他死亡保险合同的当事人之外的可以解除该死亡保险合同的人进行的该解除，自保险人收到该通知时起算经过了一个月后，发生其效力。保险金受益人取得投保人的同意，至前款规定的经过期间内，如果在该通知日该死亡保险合同的解除发生效力后将保险人应向解除权人支付保险金额向解除权人支付的，并且向保险人通知其主旨时，该款规定的解除不发生效力。第一款规定的解除的意思表示如果是在扣押手续或者投保人的破产手续、再生手续或者更生手续中进行的，介入权人根据前款规定进行支付及通知其主旨时，在与该扣押手续、破产手续、再生手续或者更生手续的关系中，视为保险人根据该解除支付了应当支付的金钱。沙银华：《日本保险经典判例评释》（修订版），法律出版社2011年版，第192-193页。

主张保险合同之继续有效。

5. 投保人任意解除权限制的适用范围分析

前文通过类型化分析，主张对投保人保险合同解除权的行使条件进行限制。事实上，这种限制是一种利益平衡的结果，一方面在加强对消费者保护理念的背景下，需要保护投保人作为消费者的合法权益。另一方面则是对被保险人（受益人）合理期待利益的兼顾。但是，并非所有保险合同均有必要对投保人任意解除权进行限制。总体而言，以限制投保人任意解除权的理论基础为区分，投保人任意解除权限制的适用范围如下：一是对于存在对价关系的保险合同，投保人均不得行使任意解除权，包括财产保险合同。因为纵然是在财产保险合同中，投保人既然已从被保险人处取得支付保费的对价，那么，为了避免不当得利的产生，也应当否定投保人解除保险合同的权利。二是对于不存在对价关系的保险合同，以诚实信用原则来限制投保人任意解除权，通过设置投保人解除权生效期间，保护被保险人的信赖利益。而设置解除权生效期间的目的在于，给予被保险人（受益人）赎买合同的机会。具有赎买价值的保险合同，则是指人身保险合同，并且主要是指长期的人身保险合同。原因是一般交足两年以上保费的人身保险合同才产生现金价值。而财产保险中，因其保单不具有现金价值，也就不存在赎买的必要。所以，对于不存在对价关系的保险合同，有必要限制投保人任意解除权的，一般是指人身保险合同。

（三）投保人解除权的限制：受益人期待利益

1. 受益人期待利益的保护

通过前述两章对于受益人主体分析，可知受益人主体一般存在于以死亡为给付保险金条件的人身保险中，作为因被保险人受领保险金不能的替代者，享有向保险人主张保险金请求权。

在非以死亡为给付保险金条件的人身保险以及财产保险中，受益人则是以一种受赠者的身份享有向保险人主张保险金请求权。保险事故发生是受益人由一种期待地位转变为现实享有期待权利的分界线。保险事故发生前，保险合同上的财产利益主要是指现金价值。一般来讲，投保人可通过解除保险合同，主张保单所具有的现金价值。保险事故发生后，保险合同所承载的财产利益已经由现金价值转化为保险金。此时享有请求权的人为受益人，即由受益人向保险人主张保险金给付请求权。但我国保险立法赋予投保人任意解除权，也就意味着，即便在保险事故发生后，投保人仍然有权解除保险合同。受益人享有的期待利益与投保人享有的解除权利益之间的冲突由此产生。实质上，投保人享有现金价值请求权，受益人享有保险金给付请求权，而保险合同在保险事故发生前，合同财产价值主要表现为现金价值，保险合同事故发生后，合同财产价值则主要表现为保险金。由此得出，当保险事故发生后，受益人保险金给付请求权排斥投保人现金价值返还请求权，优先受到法律保护的结论。因此，当保险事故发生后，受益人的期待利益主要是指保险金给付请求权。并且，受益人权利对投保人权利形成限制。

2. 投保人任意解除权限制的适用范围分析

受益人合理期待利益限制投保人任意解除权的适用范围，主要涉及保险标的物是否可分的情形：一是保险标的物可分，比如公司、学校等团体法人为投保人，购买的团体人身意外伤害险，如果部分保险标的（物）发生保险事故，则投保人仅对发生保险事故的部分不享有解除权。但是，对于未发生保险事故的部分，投保人仍然享有解除权。二是如果保险标的物不可分，一旦发生保险事故，则投保人对于整个保险合同不能行使解除权。

（四）小结

通过上文所述，对于投保人任意解除权形成限制的，主要来源于投保方内部的被保险人和受益人两方主体利益。投保方内部解除权利益分配问题，其实质上更多的是一种利益平衡的结果。详言之，一是通过设置解除权生效期间，使得投保人行使解除权不立即产生解除效力，给予被保险人（受益人）赎买合同的机会，以保护被保险人的信赖利益。二是通过设置解除权行使期间，将对受益人权利的保护后置，于保险事故发生后，限制投保人解除权，以保护受益人的期待利益。三是设立两种解除权例外情形。一种是指基于对价关系（取得债权或清偿债务）而订立的保险合同。另一种是投保人基于劳动关系为员工购买的养老金保险，自保险合同成立之后不得解除。

二、保险人法定解除权行使条件分析

依照《保险法》第 15 条规定："除本法另有规定或者保险合同另有约定外，保险合同成立后，投保人可以解除合同，保险人不得解除合同。"[1] 保险法关于保险人行使解除权法定情形的规定，主要有如下六种情形：

（一）违反如实告知义务情形分析

保险业从海上保险发展时起，即受信息不对称之影响，保险人需要获得足够的信息，借以决定是否承保以及厘定保险费率，进而预测保险成本，实际上是难以达成。[2] 为避免信息不对称对保险人产生逆选择与道德风险等危害，保险人遂要求被

---

[1] 参见《保险法》第 15 条。
[2] 罗俊玮："英国海上保险法最大诚信原则发展之评析"，载《国会月刊》2010 年第 5 期。

保险人依诚信原则就保险标的之信息据实告知与说明。[1]通常认为，如实告知义务（disclosure），是指在保险合同订立时，投保人依法负有将有关保险标的的重要事实（material facts）向保险人如实告知的义务。[2]英国的曼斯菲尔德勋爵（Lord Mansfield）在审理 Carter v. Boehm 案时曾指出："被保险人隐瞒本案有关事实的欺诈行为，将使保险单无效，因为承保人实际承担的风险完全不同于其合同订立时所理解、评估并拟承担的风险。"[3]可见，如实告知义务是由于当事人之间信息不对称造成保险合同的对价处于不平衡状态，法律基于最大诚信原则要求投保方履行告知义务，以使保险合同在对价上达成平衡。关于我国《保险法》第 16 条所规定之如实告知义务，尚有四个方面的问题需进一步研究：

1. 如实告知义务的主体

（1）立法例研究。

依照我国《保险法》第 16 条第 2 款之规定，如实告知义务主体仅为投保人，并不包括被保险人。从世界各国之立法例来看，对于告知义务主体的规定不尽相同，大致可归为以下四种立法例：

第一，投保人主义，即说明义务的主体为要保人，至于被保险人或受益人则无此义务。[4]例如，我国台湾地区"保险法"第 64 条第 1 款规定："订立契约时，要保人对于保险人之

---

[1] 罗俊玮："英国海上保险法最大诚信原则发展之评析"，载《国会月刊》2010 年第 5 期。

[2] 韩长印、韩永强编著：《保险法新论》，中国政法大学出版社 2010 年版，第 54 页。

[3] 韩长印、韩永强编著：《保险法新论》，中国政法大学出版社 2010 年版，第 54 页；Carter v. Boehm, (1766) 3 Burr 1906, 1909。

[4] 郑玉波：《保险法论》，三民书局股份有限公司 1984 年版，第 67 页。

书面询问,应据实说明。"[1]

第二,区别对待主义,根据投保人与被保险人是否为同一人加以认定。具体是指,当保险合同的投保人与被保险人为同一人时,仅投保人负有告知义务。在投保人与被保险认为不同主体的利他保险合同中,投保人和被保险人均负有告知义务。例如,《德国保险法》第 19 条规定:"在订立保险合同之前,对于保险人以书面方式询问的对其决定订立保险合同有重要影响的事实,投保人应当向保险人如实告知。在保险人接受投保人的订约请求后但正式签订保险合同前,如果保险人向投保人询问了上述重要事实,则投保人有义务就上述事实向保险人如实告知。"[2]同时,该法第 47 条第 1 款规定:"在为第三人投保的情形下,除投保人之知悉及其行为具有法律上之意义外,还应考虑第三人之知悉及其行为。"[3]

第三,投保人和被保险人均负有告知义务。采用该观点的立法例有日本、韩国、立陶宛等。其中,日本保险法均在损害保险、生命保险以及伤害疾病定额保险中规定负有告知义务的主体投保人和被保险人。例如,《日本保险法》第 28 条第 1 款规定:"保险人可以在投保人或被保险人关于告知事项因故意或者重大过失没有如实告知或者做了不实告知时,解除损害保险合同。"[4]此外,类似立法例还有《韩国商法典》第 651 条第 1 款[5]、

---

[1] 参见台湾地区"保险法"第 64 条第 1 款。类似立法例,《瑞士保险合同法》第 4 条第 2 款规定,在合同缔结时,投保人就其所知有影响危险承保性质的事情,应当正确地告知保险人。

[2] 孙宏涛:《德国保险合同法》,中国法制出版社 2012 年版,第 66 页。

[3] 孙宏涛:《德国保险合同法》,中国法制出版社 2012 年版,第 72 页。

[4] 沙银华:《日本保险经典判例评释》(修订版),法律出版社 2011 年版,第 184 页。

[5] 《韩国商法典》第 651 条第 1 款规定,签订保险合同时,因投保人或者被保险人的故意或者重大过失未告知重要事项或者告知虚假信息的,保险人自得知该事

《立陶宛共和国保险合同法》第 993 条第 1 款[1]等。

第四，告知义务主体限于投保人，但可以对投保人告知的范围扩张解释为被保险人知道或应当知道的重要事实。《欧洲保险合同法原则》第 2：101 条规定："①投保人订立合同时，应该将自己知道或者应该知道的、且保险人清楚准确问到的情形告诉保险人。②前款提及的情形，包括被保险人已经知道或者本应该知道的情形。"[2]

通过考察立法例，发现将投保人作为承担如实告知义务的主体，这与各国保险法的规定基本上相同。而受益人因一般对保险标的的具体情况不甚了解，或不如被保险人获取信息之详细和便利，故通常不负有告知义务。告知义务主体之争议焦点，在于被保险人。

（2）作者观点论述。

根据合同法的一般规则，合同是双方当事人以共同的意思（合意）追求某种具有民法意义的后果（权利义务）[3]，即"合意+权利义务"。换言之，合同的权利义务只能根据当事人的自由意志而产生，故只有自愿表示接受合同拘束的当事人，合同才对其产生拘束力，但该合同效力不能扩张至合同关系外第三

（接上页）实之日起 1 个月内或合同签订之日起 3 年内，可以终止合同。但是签订合同时保险人已知该事实或者因重大过失而未能知道的除外。引自崔吉子、黄平：《韩国保险法》，北京大学出版社 2013 年版，第 263 页。

[1] 《立陶宛共和国保险合同法》第 993 条第 1 款规定，在签订保险合同之前，投保人与被保险人应当将那些对保险事故的发生有实质性影响以及那些对保险事故可能造成的损失由实质性影响的事实告知保险人，除非保险人已经知晓或应当知晓上述事实。引自孙宏涛：《德国保险合同法》，中国法制出版社 2012 年版，第 114 页。

[2] 欧洲保险合同法重述项目组："欧洲保险合同法原则"，韩永强译，载梁慧星主编：《民商法论丛》（第 48 卷），法律出版社 2011 年版，第 5 页。

[3] 李永军：《合同法》（第 3 版），法律出版社 2010 年版，第 12 页。

人。[1]更何况，正是因为利他合同只是使第三人仅享受权利获得利益，且以不承担合同义务为条件，此种合同才受到法律的确认。[2]并且，被保险人作为合同之关系人，而非当事人，并不一定参与保险合同的订立过程，被保险人很有可能对保险合同的订立一无所知。因此，法律也不应当对其苛责相应的合同义务。

然而，首先，由于保险合同具有高度信息不对称的特殊性，保险人据以决定是否同意承保以及确定相应的保险费率，均需相对人就保险标的具体情况提供真实及全面的信息。而保险标的一直处于被保险人控制范围之内，被保险人比保险人，甚至比投保人更具有掌握保险标的真实情况的信息优势。其次，从经济学的角度分析，如由保险人自行获取保险标的信息，则必然要进行大量的信息调查收集，如此一来，不仅导致获取信息成本的增加，同时交易成本也随之上升，"羊毛出在羊身上"，最终还是由投保人来承担。相比之下，被保险人则在信息占有量以及信息获取便利程度等方面更具优势。因此，由被保险人负有如实告知义务，一方面有助于降低保险交易成本，另一方面则有利于保险人准确评估承保之危险情况。

最后，综上对于如实告知义务之主体，应当肯定投保人、被保险人均负有告知义务。结合我国《保险法》之立法现状，最为可行的路径是，在司法解释中对第16条第2款之投保人主体进行扩张解释，参照《欧洲保险合同法原则（PEICL）》第2：101条："将投保人所知道的关于保险标的的情况扩张解释为包括被保险人知道或应当知道的重要事实。"[3]但是如果被保险

---

[1] 李永军：《合同法》（第3版），法律出版社2010年版，第36页。

[2] 王利明：《民商法研究》（第6辑），法律出版社2014年版，第328-329页。

[3] 欧洲保险合同法重述项目组："欧洲保险合同法原则"，韩永强译，载梁慧星主编：《民商法论丛》（第57卷），法律出版社2015年版，第715页。

人能举证证明不知道自己的被保险人身份时,被保险人的知道不得归结为投保人的知道范围。[1]

2. 如实告知义务的时间

(1) 争议观点简介。

虽然关于如实告知义务的时间,世界各国保险法的规定基本上相近,即订立保险合同时,但在解释上却存在争议,大致有三种观点:①订立保险合同之时;[2]②保险合同成立之前的整个阶段;[3]③保险合同存续的整个期间。[4]

---

[1] 参见《欧洲保险合同法原则(PEICL)》第2:101条,在保单持有人有义务向保险人提供相关信息之情形下,第11:101条中他人的知道不得归结为保单持有人之知道,该他人知道自己的被保险人身份时除外。《欧洲保险合同法原则(PEICL)》第11:101条第1款,①在保险合同是为保单持有人之外的他人之利益而订立之情形,如果保险事故发生,则该他人有权获得保险金。欧洲保险合同法重述项目组:"欧洲保险合同法原则",韩永强译,载梁慧星主编:《民商法论丛》(第57卷),法律出版社2015年版,第730页。

[2] 第一种观点认为,在订立合同之时,投保人就应当履行如实告知义务,在合同成立,即保险人承保后,投保人的如实告知义务即履行完成,保险人不得再要求投保人履行告知义务。引自奚晓明主编:《〈中华人民共和国保险法〉保险合同章条文理解与适用》,中国法制出版社2010年版,第88页。

[3] 第二种观点认为,保险合同订立时是指保险合同成立之前的整个阶段,投保人填写投保单后,在保险合同成立之前,如果风险状况发生变化的,投保人应当向保险人进行告知。此处合同订立时应当解释为指投保人提出投保申请直至保险人作出同意承保意思表示之前的整个缔约过程,这也是法理上将之称为契约成立前之告知义务,从而区别于契约成立后的其他告知义务的原因所在。引自王静:"如实告知义务法律适用问题研究——以《最高人民法院关于适用〈中华人民共和国保险法〉若干问题的解释(二)》为核心",载《法律适用》2014年第4期。

[4] 第三种观点认为,如实告知义务存在于合同订立前和合同订立后的任何一个时段,即在合同订立前,投保人应当如实告知。在合同成立以后,存在两种可能性:①投保人发现告知的情况有遗漏,可以在合同订立后尽快告知。②由于某些情况的发生导致保险标的的危险程度上升,投保人同样应当履行如实告知义务,将情况告知保险人,否则保险人可以据此解除保险合同。如果否认投保人在合同成立后的如实告知义务,一方面将使投保人失去对保险合同进行补正的可能性,这对于投保人是不公平的,投保人只能眼睁睁地看着保险人解除合同或拒绝承保险义务。这样的规定严重损害了投保人的利益。另一方面合同成立后投保标的风险增加,而

（2）作者观点论述。

上述三种解释观点，第二种更为合理。对于第三种观点，鉴于保险合同之信息不对称性，为维持合同之对价平衡，如实告知义务贯穿合同存续之始终。从整体上来看，以保险合同成立为界限，告知义务分为订立时与订立后两种，前者规定在《保险法》第16条第1款，后者规定于《保险法》第52条。况且，如若投保人确有影响保险人确定保险费率或是否承保之事项遗漏，则在实质上已破坏保险合同之对价平衡，即便合同业已成立，保险人仍可主张合同之解除，投保人并无补正之必要性。因此，第三种观点并不可采。第一种观点，因时间范围限制过于狭窄，从立法例发展的历史经验来看，也终将被否定。例如，1991年实施的《德国保险合同法》第16条第1款规定："投保人对于作出要约之后保险人正式承诺之前所发生的危险状况也不承担告知义务。"[1]而该法经2006年修订，2008年起实施的第19条第1款、第2款规定："……在保险人接受投保人的订约请求后但正式签订保险合同前，如果保险人向投保人询问了上述重要事实，则投保人有义务就上述事实向保险人如实告知。在投保人违反上述告知义务时，保险人有权解除合同。"[2]

我国《保险法》第16条第1款[3]规定的"订立保险合同"的时间点不甚明了，既可以解释为"订立保险合同时"，也可以

（接上页）保险人仍然以低风险进行承保，会破坏保险合同的射幸性以及双务合同的对待性，会对保险人造成巨大的损害。引自江必新：《保险纠纷》，法律出版社2014年版，第30-31页。

[1] 江朝国译：《德国保险法》，台北财团法人保险事业发展中心1993年版，第87页；孙宏涛：《德国保险合同法》，中国法制出版社2012年版，第30页。

[2] 孙宏涛：《德国保险合同法》，中国法制出版社2012年版，第66页。

[3] 《保险法》第16条第1款规定，订立保险合同，保险人就保险标的或者被保险人的有关情况提出询问的，投保人应当如实告知。

解释为"包括保险合同成立之前的整个阶段。"鉴于此,对于告知义务的履行期,在《保险法》进行第四次修订之前,可于司法解释中增设条款对此加以明确说明。

3. 如实告知义务的范围[1]

(1) 如实告知义务的方式。

从保险法立法例来看,告知义务的范围可以分为自动申告主义和书面询问告知主义两种。前者是指投保人或被保险人告知的内容不以保险人书面询问的重要事项为限,对于保险人未以书面询问的重要事项亦负有告知义务。[2]后者则是指投保人或被保险人仅需对于保险人书面询问的重要事项据实作答。[3]

从世界各国立法例来看,随着现代保险技术的发展,自动申告主义模式已经逐渐为当代保险立法所抛弃,[4]取而代之的是对投保人具有较强保护作用的书面询问告知主义模式。[5]例如,虽然1991年《德国保险合同法》对于投保人告知义务采取

---

[1] 从民法理论上来看,关于如实告知义务的范围,也即对某一事项一方当事人是否具有告知的义务,要根据诚实信用原则,结合交易习惯和人们的一般交易观念、双方当事人的约定或法律的规定等进行平衡。引自李永军:《合同法》(第3版),法律出版社2010年版,第301页。德国的司法判例也主张,如果诚实信用根据交易观点要求一方说明,而另一方根据现实业务往来的原则,可以期待对方作出说明,一方即负有说明义务。即使在对方当事人追求相反利益的合同谈判阶段,一方也负有下列义务:他必须对可能破坏(对方)的合同目的,因而对对方的决定具有重要意义的情形作出说明,只要对方根据交易观点可以期待他作出说明。但是,这仅仅是民法上对于告知义务的一般抽象性描述,如何在保险实践当中判定仍然需要进行特别法上的研究。引自 [德] 卡尔·拉伦茨:《德国民法通论》(下册),王晓晔、邵建东等译,法律出版社2003年版,第543页。

[2] 孙积禄:"投保人告知义务研究",载《政法论坛(中国政法大学学报)》2003年第3期。

[3] 韩长印、韩永强编著:《保险法新论》,中国政法大学出版社2010年版,第55页。

[4] 仲伟珩:"投保人如实告知义务研究:以中德法律比较为出发点",载《比较法研究》2010年第6期。

[5] 孙宏涛:《德国保险合同法》,中国法制出版社2012年版,第5页。

自动申告主义,[1]但是2008年实施的《德国保险合同法》即作出了相应修改。[2]再如,现行《日本保险法》虽规定各险种之告知义务采自动申告主义模式,[3]但由于"应当告知事项"之抽象性标准不易掌握,在实践中实施有一定的难度。因此,各生命保险公司在投保单上预先准备好询问表,根据各保险公司想要了解的事项,也把自己认为是重要的事项列入表中,不至于产生因投保人和被保险人的疏忽而发生遗漏的现象。[4]可见,在日本保险实务中,告知义务实质上采取的是书面询问告知主义模式。我国《保险法》第16条第1款[5]以及《保险法司法解释(二)》第6条第1款[6]确立了书面询问告知主义的立法模式。

(2)"重要事实"的界定。

我国保险立法虽采取书面询问告知主义,但不等于投保人需

---

〔1〕 1991年《德国保险合同法》第16条第1款规定,投保人所知悉且对于危险承担关系重要的事实,应在合同订立时告知保险人。孙宏涛:《德国保险合同法》,中国法制出版社2012年版,第5页。

〔2〕 2008年《德国保险合同法》即作出了相应修改,该法第19条第1款规定,在订立保险合同之前,对于保险人以书面方式询问的对其决定订立保险合同有重要影响的事实,投保人应当向保险人如实告知。在保险人接受投保人的订约请求后但正式签订保险合同前,如果保险人向投保人询问了上述重要事实,则投保人有义务就上述事实向保险人如实告知。孙宏涛:《德国保险合同法》,中国法制出版社2012年版,第66页。

〔3〕《日本保险法》第4条规定,将成为投保人或者被保险人的人,在订损害保险合同时,就损害保险合同补偿与损害发生的可能性有关的事项,对将成为保险人的人要求告知的事项(在第28条第1款及第29条第1款中简称为"告知事项"),应当如实告知。沙银华:《日本保险经典判例评释》(修订版),法律出版社2011年版,第180页。

〔4〕 沙银华:《日本保险经典判例评释》(修订版),法律出版社2011年版,第14页。

〔5〕《保险法》第16条第1款规定,订立保险合同,保险人就保险标的或者被保险人的有关情况提出询问的,投保人应当如实告知。

〔6〕《保险法司法解释(二)》第6条第1款规定,投保人的告知义务限于保险人询问的范围和内容。当事人对询问范围及内容有争议的,保险人负举证责任。

要告知一切与危险有关的事实，保险人可以无休止、长篇累牍地进行书面询问。相反，投保人只需要告知与保险标的危险评估有关的重要事实。但是何为重要事实（material circumstance）？如何来界定呢？在保险法学理论及实务中一般认为，重要事实是指足以影响保险人决定是否同意承保或者提高保险费率[1]的事实。从比较法上看，《法国保险合同法》第 L113-4 条第 1 款规定之重要事实是指保险人知道上述情况将会拒绝与投保人签订合同或将以更高的保险费率签订合同。[2]在美国保险法判例中，被隐瞒之事实的重要性检测法（The test of the materiality）为公司的认知是否会造成以较不利的条件或较高的保费来签发保单。事实是否重大及是否应予披露，通常是交由陪审团来决定。[3]英国《2015 年保险法》第 7 条第 3 款规定："如果一个情况或成熟能够影响一个谨慎的保险人判断决定是否承保或将以何种条款承保，它就是重要的。"[4]《欧洲保险合同法原则（PEICL）》第 4：201 条规定："如果保险合同包含所保风险增加条款，则此条款仅在风险实质增加、且风险属于合同具体指明的风险时才具有效力。"[5]可见，对于重要事实的界定标准上，无论是英美法系，抑或是大陆法系保险法大致相同，皆以影响保险人决定是否同意承保或者提高保险费率[6]为准。

---

〔1〕 参见《保险法》第 16 条第 2 款。
〔2〕 孙宏涛译："法国保险合同法"，载宋志华主编：《保险法评论》（第 5 卷），法律出版社 2013 年版，第 290 页。
〔3〕 [美] 肯尼思·布莱克、哈罗德·斯基珀：《人寿保险》（第 12 版，上册），洪志忠等译，北京大学出版社 1999 年版，第 144 页。
〔4〕 郑睿译："英国《2015 年保险法》及立法背景资料"，载王宝敏主编：《保险法评论》（第 6 卷），法律出版社 2016 年版，第 292 页。
〔5〕 欧洲保险合同法重述项目组："欧洲保险合同法原则"，韩永强译，载梁慧星主编：《民商法论丛》（第 57 卷），法律出版社 2015 年版，第 724 页。
〔6〕 参见《保险法》第 16 条第 2 款。

然而，基于最大诚信原则，对重要事实之概念界定，在上述基础上，仍须对重要事实作以下两项限定：

一是违反告知义务之主观限定。如果仅将重要事实的概念界定为影响保险人决定是否同意承保或者提高保险费率，则使投保人处于客观披露人的标准，即使其主观上并不知道重要性的事实，也会违反该标准。[1]而具有法律可归责的仅限于具有主观过错之义务违反。故而，我国《保险法》第 16 条第 2 款将投保人之主观过错区分为故意和重大过失两种。在此基础之上，《保险法司法解释（二）》又将告知义务范围明确限定于投保人明知的事项。[2]从比较法上看，这种主观过错之归责方式，多数国家都有类似规定。例如，《德国保险合同法》[3]《日本保险法》[4]《韩国商法》[5]《欧洲保险合同法原则（PEICL）》《法国保险合同法》等。

二是违反告知义务之因果关系限定。根据英美保险法中的诱因原则，对重要事实的误述或未告知并不足以赋予保险人对合同的解除权，因为保险人因被保险人未告知或误述从而诱导

---

[1] 孙宏涛：《德国保险合同法》，中国法制出版社 2012 年版，第 32 页。

[2] 王静：《保险案件司法观点集成》，法律出版社 2016 年版，第 67 页。

[3] 《德国保险合同法》第 19 条第 3 款规定，如果投保人违反告知义务并非基于故意或重大过失，则保险人不能解除合同。引自孙宏涛：《德国保险合同法》，中国法制出版社 2012 年版，第 66 页。

[4] 《日本保险法》第 28 条第 1 款关于损害保险之规定，保险人可以在投保人或被保险人关于告知事项因故意或重大过失没有如实告知或者做了不实告知时，解除损害保险合同。引自沙银华：《日本保险经典判例评释》（修订版），法律出版社 2011 年版，第 184 页。同时日本保险法在第 3 章生命保险部分（《日本保险法》第 55 条第 1 款）、第 4 章伤害疾病定额保险部分（第 84 条第 1 款）均有类似规定。

[5] 《韩国商法》第 651 条规定，签订保险合同时，因投保人或者被保险人的故意或者重大过失未告知重要事项或者告知虚假信息，保险人自得知该事实之日起 1 个月内或合同签订之日起 3 年内，可以终止合同。但签订保险合同时保险人已知道事实或因重大过失未能得知的除外。引自崔吉子、黄平：《韩国保险法》，北京大学出版社 2013 年版，第 263 页。

其订立保险合同是解除保险合同的前提条件。[1]诱因原则其实质为大陆法系之因果关系,大陆法系国家保险立法亦多有设定。例如,《韩国商法》第 655 条[2]。比韩国保险法走得更远的是《德国保险合同法》,该法第 21 条第 2 款[3],不仅对保险人合同解除权进行因果关系限制,而且对投保人之主观过错进行细分。在区分主观过错的基础上,该法基于最大诚信原则,将投保人因重大过失违反告知义务,但告知义务之违反与保险事故之发生及保险人责任范围无关的情形,排除保险人保险合同解除权。我国保险法目前对此尚未进行区分和细化,因此值得借鉴。

4. 如实告知义务的免除

在比较法上,保险法不仅规定投保人告知义务,与此同时亦对投保人告知义务的免除作了相关规定。例如,《德国保险合同法》第 19 条第 4 款与第 5 款[4]、《英国 2015 年保险法》第 3

---

[1] 孙宏涛:《德国保险合同法》,中国法制出版社 2012 年版,第 32 页。

[2] 《韩国商法》第 655 条规定,保险事故发生后,保险人根据第 650 条、第 651 条、第 652 条和第 653 条的规定终止合同的,不承担支付保险金的责任并可请求返还已支付的保险金。但证明违反告知义务或危险显著变更、增加的事实对保险事故的发生并无影响的除外。引自崔吉子、黄平:《韩国保险法》,北京大学出版社 2013 年版,第 263 页。

[3] 《德国保险合同法》第 21 条第 2 款之规定,保险事故发生后,保险人可以根据第 19 条第 2 款的规定解除保险合同,除非告知义务之违反与保险事故之发生及保险人的责任范围无关。在投保人故意违反告知义务的情况下,保险人可以拒绝承担保险责任。引自孙宏涛:《德国保险合同法》,中国法制出版社 2012 年版,第 67 页。

[4] 《德国保险合同法》第 19 条第 4 款与第 5 款分别规定,④保险人基于投保人重大过失未履行告知义务而解除合同的权利与其按照本条第 3 款规定终止合同的权利都不得行使,如果即使保险人知晓上述投保人未告知的事实仍然会与之订立合同。⑤只有当保险人在单独的书面文件中向投保人说明不履行如实告知义务的法律后果时,保险人才可以享有第 2 款至第 4 款规定的权利。如果保险人已经知晓投保人未告知的风险事实或投保人未如实告知重要事实,则保险人不能行使上述权利。孙宏涛:《德国保险合同法》,中国法制出版社 2012 年版,第 34 页。

条第 5 款〔1〕、我国台湾地区"保险法"第 62 条〔2〕。

告知义务产生之原理,在于有关保险标的之重要事项对保险人进行危险评估至关重要。所以,投保人对于重大事项告知义务之违反,足以影响保险人决定是否同意承保或者提高保险费率的,保险人有权解除保险合同。〔3〕然而,如果投保人未告知之事项对保险人危险评估并不产生负面影响,则应限制保险人行使合同解除权,防止未受到任何影响或损害的保险人以投保人未告知为由做技术性的抗辩,从而保证最大诚信原则在保险合同中的贯彻执行。〔4〕在参考上述立法例基础上,结合我国保险实务,投保人应对如下事项免除告知义务:①保险人已经知晓的事项。②保险人应当知晓的事项。③保险人表示不要求告知的事项。④非重要风险或风险减少的事项。⑤保险人未询问的事项。

5. 违反如实告知义务的法律后果

投保人违反如实告知义务,则要承担相应债务不履行的不利后果。依照我国《保险法》第 16 条第 4 款、第 5 款规定,投保人故意违反如实告知义务的,将产生如下法律后果:一是保险人不退还保险费;二是保险人不承担赔偿或给付保险金责任;三是保险人享有保险合同解除权。〔5〕投保人因重大过失违反如

---

〔1〕 《英国 2015 年保险法》第 3 条第 5 款规定,在没有询问的前提下,第(4)款不要求被保险人告知如下情况(a)该情况减少风险,(b)保险人知道该情况,(c)保险人应当知道该情况,(d)保险人被推定知道该情况,或(e)保险人放弃获知与该情况相关的信息。郑睿译:"英国《2015 年保险法》及立法背景资料",载王宝敏主编:《保险法评论》(第 6 卷),法律出版社 2016 年版,第 290-291 页。

〔2〕 我国台湾地区"保险法"第 62 条,当事人之一方对于左列各条,不负通知之义务:①为他方所知者。②依通常注意为他方所应知或无法诿为不知者。③一方对于他方经声明不必通知者。

〔3〕 孙积禄:"投保人告知义务研究",载《政法论坛》2003 年第 3 期。

〔4〕 孙宏涛:《德国保险合同法》,中国法制出版社 2012 年版,第 33 页。

〔5〕 参见《保险法》第 16 条第 4 款。

实告知义务,对保险事故的发生有严重影响的,将产生如下法律后果:一是保险人不承担赔偿或给付保险金责任;二是保险人享有保险合同解除权;三是保险人应当退还保险费。[1]通过上述梳理,可以发现我国保险法对投保人违反如实告知义务主观过错进行分类的前提下,适用不同法律后果。这种立法方式值得肯定,但与此同时应当注意的是,我国《保险法》在以下两个方面还有探讨的空间。

一是从整体来看,我国保险立法对违反如实告知义务的法律后果规定并不完善。这种不完善,主要体现为对于一般过失和无过错违反告知义务法律后果的缺失。从我国《保险法》的修订过程来看,2002年《保险法》第17条将投保人的主观过错分为故意与过失两种,而2009年《保险法》经修订后,第16条将投保人的主观过错责任仅限定于故意和重大过失,立法目的显然在于剔除投保人一般过失的法律责任。本书也认为,在一般过失情形之下,投保人几乎不具有道德可责难性。但是,如果投保人未履行如实告知义务确实足以影响保险人决定是否同意承保或者提高保险费率的,从最大诚信及对价平衡原则的角度讲,应当允许保险人采取相应的救济措施。借鉴国外立法例,保险人可兹救济途径如下:①双方就保险合同条款重新进行协商,如增加保险费、降低赔付比例,或者是将增加风险设置为责任除外条款;②终止保险合同,即保险人在有权保有合同经过期间保险费的同时,应当承担经过期间的保险责任,并应返还保险合同剩余期间的保险费。[2]

---

〔1〕 参见《保险法》第16条第5款。

〔2〕 例如,《德国保险合同法》第19条第1款、第3款规定,在订立保险合同之前,对于保险人以书面方式询问的对其决定订立保险合同有重要影响的事实,投保人应当向保险人如实告知。在保险人接受投保人的订约请求后但正式签订保险合同前,如果保险人向投保人询问了上述重要事实,则投保人有义务就上述事实向保

二是我国《保险法》第 16 条第 5 款，规定仍旧采取传统的全有全无原则（all or nothing principle），但纵观近年英、瑞、德等国家保险合同的改革趋势，多将重大过失行为纳入保险承保范围之内，即采取对投保人或被保险人更为有利的比例给付原则。笔者建议我国保险立法弃旧从新，并非是思想感情或个人意志的盲目遵从，而是基于以下理由。

第一，比例给付原则之相对优势。全有全无原则，也称之为风险不可分原则，是指若投保人（被保险人）违反了某项先合同义务或者是合同义务，其违反之法律后果，保险人要么全部免责，要么承担完全的赔偿或给付保险金责任。[1]保险人全面免责的理由，是基于保险人若事先知道投保人或被保险人违反如实告知义务则不会作出与其缔结保险合同的决定，进而否定业已成立的保险合同效力，使得保险人合法的免于承担保险责任。此处的不合理表现为，在重大过失情形下，构成保险人解除保险合同的事由包括两项，除足以影响保险人决定是否同意承保之外，还有一项是是否提高保险费率。在全有全无原则中，保险人仅基于第一项事由是否同意承保，便连带将第二项应当承担的保险责任推得一干二净。可见，该原则是极其不合理的，不仅有违公允，且有悖于最大诚信原则。有鉴于此，国外立法例采取比例给付原则予以缓解这种不合理。具体而言，比例给付原则是指在保险事故发生后，除非投保人存在故意欺诈，否则保险人应当按照投保人实际缴纳的保险费与保险人得知投保人或被保险人未告知的事实后将会确定的保险费的比例来

（接上页）险人如实告知。如果投保人违反告知义务并非基于故意或重大过失，则保险人不能解除合同。在上述情况下，保险人有权在通知投保人之日起的 1 个月内终止合同。孙宏涛：《德国保险合同法》，中国法制出版社 2012 年版，第 66 页。

〔1〕 蔡大顺："论重大过失行为之法律责任体系于保险法上的重构"，载《政治与法律》2016 年第 3 期。

计算保险人应当赔付的保险金的数额,[1]用数学公式来表示,赔偿数额的 X%,X = 实际收取的保费÷应该收取的更高保费×100%。[2]在比例给付原则中,对投保人或被保险人重大过失之行为,按其过错程度比例给付保险金,这一做法有效地缓解了全有全无原则对被保险人的不利后果[3]。目前采取比例给付原则的立法例,除法国保险合同法外,还包括 2008 年德国保险合同法、2011 年瑞士保险合同法草案、2014 年欧洲保险合同法原则(PEICL)以及 2015 年英国保险合同法等。

第二,限制保险人获得过多不合理好处。除前文所述因保险营业的特殊性使得保险人获得利润提前实现的不合理好处之外,这种特殊性与解除权的结合还可以使得保险人获得其他额外的好处。这种好处主要表现为,在保险实务中,通常情况下保险人多数是在保险事故发生后,才积极展开索赔调查,始得发现特定合同中存在未如实告知的情形。[4]而对于未发生保险事故的保单,因被保险人不会提起保险金索赔请求,则转化为保险人的盈利部分,这是保险人获得的第一层好处。如上文所述,保险人再拒绝对因重大过失而未履行如实告知的被保险人进行保险金赔付,这样保险人就可以选择性地、巧妙地、掩人耳目地利用解除权去规避合同中对自己不利情形的发生[5],而

---

〔1〕参见《法国保险合同法》第 L113-9 条第 3 款。孙宏涛译:"法国保险合同法",载宋志华主编:《保险法评论》(第 5 卷),法律出版社 2013 年版,第 292 页。

〔2〕郑睿译:"英国《2015 年保险法》及立法背景资料",载王宝敏主编:《保险法评论》(第 6 卷),法律出版社 2016 年版,第 300 页。

〔3〕蔡大顺:"论重大过失行为之法律责任体系于保险法上的重构",载《政治与法律》2016 年第 3 期。

〔4〕蔡大顺:"论重大过失行为之法律责任体系于保险法上的重构",载《政治与法律》2016 年第 3 期。

〔5〕马宁:"保险法如实告知义务的制度重构",载《政治与法律》2014 年第 1 期。

攫取第二层不合理好处。举例说明，甲与乙两人玩骰子，事先约定如下，总共玩100次，如摇到单数，则甲给乙一元，若摇到双数，则乙给甲一元。在缔约阶段，甲未经仔细查验便称骰子完好，也即出现单双数的概率基本一样，基于此，乙依据大数法则预期收益本应为0。但事实上，骰子由于长期磨损所致出现单数面的概率较大，暂且估算为60%。一百次全部摇完之后，乙发现甲不实告知的事实。[1]那么，在该情形下法官是应当将100%的合同全部解除呢？还是仅解除那60%显示为单数的合同？从公平合理的角度看，应当全部解除。但是保险公司作为强势的乙方，只解除了那60%对己方不利的合同，未对甲方支付一分钱成本，却将甲的40元悄无声息地揣进了自己的口袋，绝口不提。保险人基于违反如实告知义务行使合同解除权亦是如此，事实上，不仅是在该情形下，保险人其他法定解除权情形同样如此。

综上所述，本书认为，从最大诚信原则与公平合理的角度来看，应当将重大过失行为纳入保险承保范围之内，采取比例给付原则。除此之外，还应当对我国保险法中保险人的法定解除权法律效果进行全面整合。在借鉴立法例的基础上，我国保险人法定解除权行使的法律效果，可依据投保人违反告知义务的主观过错程度进行区分，其一，在投保人故意不履行如实告知义务情形下：①保险人有权解除合同；②对于合同解除前发生的保险事故，不承担赔偿或者给付保险金的责任；③不退还保险费。[2]其二，在投保人因重大过失未履行如实告知义务情形下：①如果在没有违反合理陈述义务的情况下保险人不会以

---

[1] 参见马宁："保险法如实告知义务的制度重构"，载《政治与法律》2014年第1期。

[2] 参见《保险法》第16条第4款。

任何条款订立合同,则保险人可解除合同并且拒绝所有索赔,但是必须退还已经支付的保费。[1]②如果保险人会以不同的条款(除与保费相关的条款)订立合同,则如果保险人如此要求,合同将被视为是在那些不同的条款的基础上订立的。[2]③除此之外,如果保险人会订立合同(不论与保费相关的条款之外的条款是否相同或不同),但是会收取更高的保费,保险人可以按比例减少对索赔的赔偿数额。[3]④如果保险人不能证明投保人存在上述情形的,保险人应当承担赔偿或者给付保险金的责任。其三,在投保人因一般过失或无过错而违反如实告知义务情形下:①双方就保险合同条款重新进行协商,如增加保险费、降低赔付比例,或者是将增加风险设置为责任除外条款;②终止保险合同,即保险人在有权保有合同经过期间保险费的同时,应当承担经过期间的保险责任,并应返还保险合同剩余期间的保险费。

(二)谎报或故意制造保险事故的情形分析

保险欺诈是指投保人、被保险人或受益人违反诚实信用原则,采取谎报或故意制造保险事故等手段,利用保险合同谋取不正当利益的活动。依据欺诈行为发生的时间点,保险业者常将保险欺诈分为合同缔结时的承保欺诈与合同订立后的索赔欺诈。合同缔结时的承保欺诈,涉及的多是意思表示瑕疵的问题,我国《保险法》第 16 条规定的如实告知义务制度事实上已经吸

---

〔1〕 参见《英国保险合同法》附录 1-4。郑睿译:"英国《2015 年保险法》及立法背景资料",载王宝敏主编:《保险法评论》,法律出版社 2016 年版,第 299 页。

〔2〕 参见《英国保险合同法》附录 1-5。郑睿译:"英国《2015 年保险法》及立法背景资料",载王宝敏主编:《保险法评论》,法律出版社 2016 年版,第 299 页。

〔3〕 参见《英国保险合同法》附录 1-6 (1)。郑睿译:"英国《2015 年保险法》及立法背景资料",载王宝敏主编:《保险法评论》,法律出版社 2016 年版,第 299 页。

收了该问题。[1]而合同订立后的索赔欺诈则主要规定在我国《保险法》第27条。该条文涉及三种索赔欺诈的情形：①谎报保险事故；②故意制造保险事故；③编造虚假的事故原因或者夸大损失程度。[2]

1. 索赔欺诈之类型评述

（1）谎报保险事故。

《保险法》第27条第1款[3]将谎报保险事故的主体限定于被保险人或受益人，其原因在于无论是财产保险还是人身保险，享有保险金给付请求权的主体均为被保险人或者是被保险人指定的受益人。而投保人即便是在为自己利益保险合同中享有保险金给付请求权，那也是以被保险人或受益人的身份向保险人主张权利的，因此该条款未规定投保人主体。但是将受益人主体纳入该条款，给予保险人解除保险合同的机会，也同样不妥，主要原因如下，通过对比第27条第1款与第43条第2款[4]两个法律条文，就可以发现，从违约行为的损害后果来看，第27条中受益人仅为谎报保险事故之行为，相比第43条中受益人故意造成被保险人死亡、伤残、疾病等具有侵害法益的实行行为，尚未对被保险人生命以及身体完整性产生现实的紧迫危险性，损害后果较小。从行为人主观过错程度来看，第27条之受益人相较于第43条之主观过错程度较低。但从法律责任的定量来

---

[1] 武亦文、潘重阳："保险合同索赔欺诈私法效果论"，载《保险研究》2016年第7期。

[2] 参见《保险法》第27条。

[3] 《保险法》第27条第1款，未发生保险事故，被保险人或者受益人谎称发生了保险事故，向保险人提出赔偿或者给付保险金请求的，保险人有权解除合同，并不退还保险费。

[4] 《保险法》第43条第2款规定，受益人故意造成被保险人死亡、伤残、疾病的，或者故意杀害被保险人未遂的，该受益人丧失受益权。

看，第 43 条之受益人仅丧失受益权，保险人无权解除保险合同，而第 27 条中受益人谎报保险事故的，法律却赋予保险人享有合同解除权，并不退还保险费。综合这三个方面，根据责任相称原则，可以说第 27 条第 1 款与第 43 条第 2 款之间的法律责任轻重失衡。因此，为保证保险法内部条文的协调性与统一性，《保险法》第 27 条第 1 款应作相应修改，针对受益人谎报保险事故的情形，不再免除保险人承担保险责任，仅使得受益人丧失受益权即可。

（2）故意制造保险事故。

现行《保险法》与 2002 年《保险法》相比，第 27 条第 2 款、第 43 条的进步之处在于，受益人故意造成被保险人死亡、伤残或者疾病的，保险人不再免除给付保险金责任，而是使该受益人丧失受益权。这种条文的进步性，从其他国家立法例上也能得以印证。例如，虽然韩国《商法》第 659 条、第 732 条之 2 规定，在以死亡为保险事故的保险合同中，如保险事故是因被保险人自杀或投保人、受益人故意造成的，保险人将不承担保险责任。[1]但在司法判例中，当受益人为数人时，该故意免责事由适用于个别受益人而非全体受益人，即仅对实施故意行为的受益人不承担给付保险金责任。[2]日本保险法第 51 条[3]也有类似规定。而我国台湾地区[4]及意大利保险立法则

---

〔1〕 崔吉子、黄平：《韩国保险法》，北京大学出版社 2013 年版，第 224 页。

〔2〕 崔吉子、黄平：《韩国保险法》，北京大学出版社 2013 年版，第 224 页。

〔3〕《日本保险法》第 51 条规定，保险金受益人故意致被保险人死亡的，保险人不承担保险金给付的责任，但是对于故意致被保险人死亡的保险金受益人以外的保险金受益人的责任，不在此限。沙银华：《日本保险经典判例评释》（修订版），法律出版社 2011 年版，第 189 页。

〔4〕 台湾地区"保险法"第 109 条规定，被保险人故意自杀者，保险人不负给付保险金额之责任。第 121 条规定，受益人故意致被保险人于死或虽未致死者，丧失其受益权。要保人故意致被保险人于死者，保险人不负给付保险金额之责。

与我国现行《保险法》相似。其中,《意大利民法典》第1922条规定:"尽管不能改变受益人的指定,但是,当受益人谋害被保险人生命时,则该指定无效。如果指定是不能改变的且是作为照顾而进行的,则在第800条[1]规定的情形下,其得撤回。"[2]

然而,《保险法》第27条第2款、第43条所体现的进步性,并不代表相关条文已无可指摘。可以说,保险法的进步性主要体现在对保险人解除权的限制上,通过一层层的限制使得倾斜的利益天平逐渐被平衡,最终实现法律的公平公正,这是保险立法的追求的终极目标。因此,从公平公正的层面来看,该条款仍有改进的余地和必要。《欧洲保险合同法原则(PEICL)》第17:503条规定:"①如果受益人故意杀害风险人,则对该受益人之指定视为被撤销。……③保单持有人与受益人同一时,如果其故意杀害风险人,则保险人不必给付保险金。④如果受益人或者保单持有人对风险人之杀害具有正当性,比如正当防卫,在本条不适用。"[3]与我国现行立法相比较,该条文对保险人免责赔付作出了两项限定:一是投保人故意造成被保险人死亡的,保险人应当给付保险金,除非投保人与受益人为同一人时,保险人才能免责。二是如果上述行为具有法律上的正当性,也可成为阻却不利法律后果的抗辩理由。对于第二项限定,本书认为可以作为一个理所应当的结论借鉴到我国《保险法》中,

---

[1] 《意大利民法典》第800条规定,赠与可以因受赠人忘恩负义的行为或者赠与人子女的意外出现而撤销。

[2] 费安玲、丁玫译:《意大利民法典》,中国政法大学出版社1997年版,第485页。

[3] 欧洲保险合同法重述项目组:"欧洲保险合同法原则",韩永强译,载梁慧星主编:《民商法论丛》(第57卷),法律出版社2015年版,第741页。《欧洲保险合同法原则(PEICL)》第17:503条规定,②如果保险金请求权的受让人故意杀害风险人,则该转让不具有效力。

不需要花太多的篇幅进行论述，但似乎可以走得更远，即如果被保险人故意制造保险事故，具有法律上正当理由，保险人也应该承担保险金给付责任。而第一项限定的情况则大可不同，在国内学界存在很大争议。下文将着重对该问题进行讨论。

我国保险法理论之所以排除投保人故意制造保险事故的赔付责任，至少可归纳为以下二个理由：第一，保险人的赔偿责任起因于保险事故的发生，而保险事故的发生原因必须具有偶然性，通俗地说就是要求承保的风险必须是人力不可预知、不可控制的。[1]因故意行为导致的保险事故显然不属于这种偶然事故，也就意味着不具有可保性。第二，西方法谚有云："任何人都不得从自己的错误行为中获利"。如果侵权行为人能因其故意过错获得保险金赔付的话，法律就起不到应有的震慑作用。这样保险就容易成为某些心术不正之人的牟利工具，同时会起到助长这些人从事侵权行为的作用，所以，故意行为不能得到保险金赔付。[2]

然而，以上理由并不是在所有情况之下都能适用，如果投保人没有从其故意侵权行为中获利，而一个没有过错的被保险人应该得到保险人的赔付时，上述理由就是不适用的，保险人应该为投保人的故意侵权行为所造成的损失买单。[3]本书主张，投保人故意制造保险事故时，保险人应当承担保险金责任，理由如下：第一，保险事故被定义为从被保险人角度看来不可预知，也不是故意造成的意外事故，并且该事故造成了人身伤害

---

[1] 黄勇、李之彦编著：《英美保险法经典案例评析》，中信出版社2007年版，第266页。

[2] 黄勇、李之彦编著：《英美保险法经典案例评析》，中信出版社2007年版，第266页。

[3] 参见黄勇、李之彦编著：《英美保险法经典案例评析》，中信出版社2007年版，第258页。

或财产损失。[1]投保人的故意不等于被保险人的故意,即便是投保人故意制造的保险事故,对于被保险人来讲,仍旧是不可预知的意外事故。纵然是被保险人自己故意制造的保险事故,也存有保险人免责之例外[2]。举重以明轻,对于投保人故意制造保险事故的,保险人就更没有理由拒绝保险金赔付,除非保险人可以证明被保险人参与其中。第二,当投保人与受益人非为一人时,保险金赔付不会落入到投保人的口袋里,既不存在不当得利,也不违反公共利益。对此必然会有反对意见提出,例如,在 Ambassador Insurance Co. v. Montes[3]判例中,克里福德法官认为:"为了达到让保险公司掏腰包的目的,多数派法官不惜让所有购买保险的人都来分摊这名刑事犯的赔偿责任,其原因仅仅是因为这名刑事犯也和他们一样买了保险。"[4]克利福德法官的反对意见不无道理,考虑到大多数投保人利益,多数法官给出了一个简单的解决路径,那就是允许保险人对从事故意侵权行为的人行使代位求偿权(right of subrogation)。[5]即保险人向被保险人赔付保险金之后,获得向投保人追回这笔赔付的权利。

综上所述,本书认为,虽然保险事故的发生是人为因素促成的,但这种人为因素对于被保险人来讲是人力不可预知和控制的,因此仍然属于保险承保的范围,保险人应当承担赔偿或者给付保险金的责任。

---

[1] 黄勇、李之彦编著:《英美保险法经典案例评析》,中信出版社2007年版,第263页。

[2] 例如我国《保险法》第44条规定的被保险人自杀条款。

[3] Ambassador Insurance Co. v. Montes, 76 N. J. 477, 388 A. 2d603 (1978)

[4] 黄勇、李之彦编著:《英美保险法经典案例评析》,中信出版社2007年版,第263页。

[5] 黄勇、李之彦编著:《英美保险法经典案例评析》,中信出版社2007年版,第268页。

(3) 编造虚假的事故原因或者夸大损失程度。

依照《保险法》第 27 条第 3 款[1]之规定,保险事故发生后,投保人、被保险人或者受益人有以下情形者,保险人对相应不实部分免除保险责任:一是伪造有关证明、资料或者其他证据;二是变造有关证明、资料或者其他证据;三是编造虚假的事故原因或者夸大损失程度的。[2]

2. 索赔欺诈的法律构成要件分析

(1) 保险法中索赔欺诈的构成要件。

法学学者将欺诈分为三种,有以意思表示瑕疵而被撤销者,有为侵权行为而生损害赔偿责任者,有为犯罪行为而应受刑事上之裁判者。[3]有学者据此认为索赔欺诈本质为侵权欺诈。[4]但在大陆法系中,欺诈与侵权行为具有不同的理论基础,欺诈的法律构成要件要比侵权行为宽松得多。[5]例如,索赔欺诈虽要求行为人有欺诈的行为,但并不以现实损害发生为要件。而侵权行为的构成则以发生现实损害为实质要件。若无损害结果发生,损害赔偿的请求权也就无从谈起。此外,欺诈与侵权行为制度的着眼点也不同:欺诈制度是针对意思表示不真实而设;而侵权行为制度是针对损失的补偿而设[6](虽然补偿并不是侵权行为制度的唯一制度价值)。

---

[1]《保险法》第 27 条第 3 款规定,保险事故发生后,投保人、被保险人或者受益人以伪造、变造的有关证明、资料或者其他证据,编造虚假的事故原因或者夸大损失程度的,保险人对其虚报的部分不承担赔偿或者给付保险金的责任。

[2] 参见《保险法》第 27 条第 3 款。

[3] 徐志军、张传伟:"欺诈的界分",载《政法论坛(中国政法大学学报)》2006 年第 4 期。

[4] 马宁:"保险侵权欺诈的识别与私法规制——以《保险法》第 27 条为中心",载《中南大学学报(社会科学版)》2015 年第 3 期。

[5] 李永军:《合同法》(第 3 版),法律出版社 2010 年版,第 298 页。

[6] 李永军:《合同法》(第 3 版),法律出版社 2010 年版,第 298 页。

民事合同欺诈的法律构成要件，须具备者有四：①须有行为人之主观故意；②须有欺诈的事实；③欺诈必须成立于订约前；④欺诈必须使对方当事人产生合理的信赖。[1]但保险合同作为特别之民事合同，因此索赔欺诈的构成要件不能简单复制普通民事合同欺诈。如后两者则不适用于保险索赔欺诈。在民商事合同中，欺诈行为人只有在订约前为虚假陈述并引诱相对方产生错误才构成欺诈。但在保险合同中，欺诈行为人在合同订立后，甚至在保险事故发生后进行虚假陈述仍然构成欺诈。例如，《保险法》第27条三款规定的三种索赔欺诈情形都发生在合同成立之后。再者，如果受欺诈人想要主张合同不具有法律效力，就必须证明对方的欺诈使他产生信赖，并且该信赖对合同的订立起到了决定性的作用。而在保险索赔欺诈中，只要欺诈行为很可能使保险人产生信赖即可，并不要求保险人已经基于欺诈而同意理赔或已经支付保险金。[2]

第一，行为人之主观故意。故意的意义，民法未设规定，《刑法》第14条则有明文[3]，通说认为，民法上故意的解释亦应同于刑法，即故意者，指行为人对于构成侵权行为之事实，明知并有意使其发生，或预见其发生，而其发生并不违背其本意。[4]故意由两个因素构成：一是认识因素[5]；二是意志

---

[1] 参见李永军：《合同法》（第3版），法律出版社2010年版，第298-307页。

[2] 马宁："保险侵权欺诈的识别与私法规制——以《保险法》第27条为中心"，载《中南大学学报（社会科学版）》2015年第3期。

[3] 《刑法》第14条规定，明知自己的行为会发生危害社会的结果，并且希望或者放任这种结果发生，因而构成犯罪的，是故意犯罪。

[4] 王泽鉴：《侵权行为》，北京大学出版社2009年版，第239-240页；郑玉波：《民法债编总论》（修订2版），陈荣隆修订，三民书局股份有限公司2002年版，第182-183页。

[5] 即明知自己的行为会发生危害社会的结果。引自张明楷：《刑法学》（第4版），法律出版社2011年版，第232-233页。

因素〔1〕。我国刑法根据故意的认识因素与意志因素的内容，将故意分为直接故意与间接故意。〔2〕具体分析索赔欺诈的三种情形，无论从行为人的认识内容，还是从其意志因素而言，行为人均表现为对保险金积极占有的主观目的，而非是对这种结果的放纵。再从行为人实施故意制造保险事故、伪造、变造有关证明资料等客观行为来看，也能印证行为人所具有之主观故意应仅为直接故意。

第二，索赔欺诈的事实。有欺诈的事实，是指欺诈行为人作了与事实不符的表达。这种表达既可以是语言，也可以是行为。既可以是积极的，也可以是消极的。〔3〕虽然《民通意见》第68条规定："一方当事人故意隐瞒真实情况，诱使对方当事人作出错误意思表示的，可以认定为欺诈行为。"〔4〕但通过分析保险索赔欺诈行为的三种作为情形〔5〕，可以发现故意隐瞒真实情况的消极不作为行为便不属于保险索赔欺诈情形。

（2）刑法中索赔欺诈的犯罪构成。

区分索赔欺诈罪与非罪的界限，关键在于如何界定索赔欺诈行为与保险诈骗罪的界限。索赔欺诈是指投保人、被保险人或受益人在保险索赔阶段出现的一种欺诈行为。一般索赔欺诈行为是一种民商事法律关系，应受民商事法律调整，如《合同法》《保险法》，不产生刑事责任。但当索赔欺诈行为的社会危

---

〔1〕 即希望或者放任危害结果的发生。引自张明楷：《刑法学》（第4版），法律出版社2011年版，第232-233页。

〔2〕 张明楷：《刑法学》（第4版），法律出版社2011年版，第239页。

〔3〕 李永军：《合同法》（第3版），法律出版社2010年版，第299页。

〔4〕 《最高人民法院关于贯彻执行〈中华人民共和国民法通则〉若干问题的意见（试行）》第68条。

〔5〕 参见《保险法》第27条，谎报保险事故、故意制造保险事故、编造虚假的事故原因或者夸大损失程度。

害性达到刑法评价的程度时，就要用刑法所规定的该罪的犯罪构成特征来界定。因此，准确区分索赔欺诈行为与保险诈骗罪的构成要件是识别罪与非罪的前提。

《刑法》第 198 条规定的保险诈骗罪是保险欺诈在公法上的规制。保险诈骗罪的犯罪构成如下：①保险诈骗罪侵犯的客体为双重客体。一方面是我国保险的正常市场秩序。保险制度设立之目的在于利用保险分散风险的功能，消化个体潜在危险，起到互助共济的作用。而保险欺诈行为违反诚实信用原则，破坏保险对价平衡机制，进而影响保险市场的稳定和发展。另一方面是保险人的财产权。保险诈骗以非法占有保险金为目的，直接侵犯了保险人的财产权。②保险诈骗罪的客观方面。《刑法》第 198 条第 1 款对保险诈骗罪采取了叙明罪状的规定方式，具体规定了五种保险诈骗情形。[1]③保险诈骗罪的主体包括投保人、被保险人和受益人。他们既可以是自然人，也可以是单位。④保险诈骗罪的主观方面为故意。对于诈骗罪的主观故意是否包括间接故意问题，张明楷先生主张，"在刑法分则中，凡是由故意构成的犯罪，刑法分则条文均未排除间接故意。"[2]"诈骗故意的意志因素既可以是希望结果发生，也可以是放任结果发生。换言之，诈骗罪可以由间接故意构成。"[3]一般来讲，保险诈骗罪作为诈骗罪的特别法，如果诈骗罪的故意包括直接

---

[1] 《刑法》第 198 条规定的五种保险诈骗情形，一是投保人故意虚构保险标的，骗取保险金的行为；二是投保人、被保险人或者受益人对发生的保险事故编造虚假的原因或者夸大损失的程度，骗取保险金的行为；三是投保人、被保险人或者受益人编造未曾发生的保险事故，骗取保险金的行为；四是投保人、被保险人故意造成财产损失的保险事故，骗取保险金的行为；五是投保人、受益人故意造成被保险人死亡、伤残或者疾病，骗取保险金的行为。

[2] 张明楷：《刑法学》（第 4 版），法律出版社 2011 年版，第 246 页。

[3] 张明楷：《诈骗罪与金融诈骗罪研究》，清华大学出版社 2006 年版，第 276 页。

故意和间接故意两种,只要刑法有关保险诈骗罪的特别规定没有排除行为人间接故意的欺诈行为。那么,间接故意就可以成为保险诈骗罪的主观形态。但具体分析保险诈骗罪的五种情形(前三种为故意编造保险事故,后两种为故意制造保险事故),从认识内容来看,行为人均主观上认识到保险诈骗犯罪结果发生的必然性与可能性。就行为人的意志因素而言,行为人均表现为以非法占有保险金为目的,明知自己的行为会发生某种危害社会的结果,仍出于希望这种结果发生的心理而实施骗保行为追求非法利益。[1]可见,保险诈骗犯的一系列行为,包括行为人选择犯罪手段、决定行为方式和具体实施犯罪的全部活动过程,都是在行为人直接追求非法利益的心理态度驱使下进行的,行为人的这种心理态度只有一个,直接指向获取非法利益,并不存在其他的心理状态。[2]因此,保险诈骗罪之主观方面,虽然法律规定未明确排除间接故意,但从行为人主观心理状态来看,并不符合间接故意的特点。本书倾向于刑法学界通说,认为保险诈骗罪必须具有非法占有目的,而犯罪目的仅存在于直接故意犯罪之中,所以,保险诈骗犯罪的故意形态仅为直接故意,不包括间接故意。[3]

(3) 索赔欺诈与保险诈骗罪之区别比较。

从上述分析来看,索赔欺诈行为与保险诈骗罪在构成要件方面是一致的。可见,索赔欺诈行为之罪与非罪不是对立关系,而是特殊与一般的关系。所谓索赔欺诈罪与非罪的界限,实际上只是一般索赔欺诈行为达到什么标准构成保险诈骗罪的问题。依

---

[1] 陈建清:"我国犯罪构成体系完善探略",载《法律科学》2003年第4期。
[2] 张利兆:《保险诈骗罪研究》,中国检察出版社2007年版,第128页。
[3] 张明楷:《诈骗罪与金融诈骗罪研究》,清华大学出版社2006年版,第276页。

照我国《刑法》第 198 条之规定，只有行为人骗取保险金数额达到刑法中数额较大的客观标准的才成立保险诈骗罪。这也就意味着，保险欺诈罪与非罪区别的关键点在于骗取保险金之数额是否达到较大的标准，如果达到这个标准，则行为人的行为由刑法进行调整。而对于那些骗取保险金数额较小，犯罪情节轻微、社会危害性小的保险欺诈行为，则可适用《保险法》的规定处理。

3. 索赔欺诈的法律后果

立法将索赔欺诈的法律后果分为三个层次：一是刑事法律后果。索赔欺诈的刑事法律后果规定在《刑法》第 198 条。[1]二是行政法律后果。索赔欺诈的行政法律后果规定在《保险法》第 176 条。[2]三是民事法律后果。索赔欺诈的民事法律后果规定在《保险法》第 27 条，总共可分为四种情形："①未发生保险事故，被保险人或者受益人谎称发生了保险事故，向保险人提出赔偿或者给付保险金请求的，保险人有权解除合同，并不退还保险费。②投保人、被保险人故意制造保险事故的，保险人有权解除合同，不承担赔偿或者给付保险金的责任。除本法第 43 条规定外，不退还保险费。③保险事故发生后，投保人、被保险人或者受益人以伪造、变造的有关证明、资料或者其他证据，编造虚假的事故原因或者夸大损失程度的，保险人对其虚报的部分不承担赔偿或者给付保险金的责任。④被保险人或者受益人有前三款规定行为之一，致使保险人支付保险金或者

---

〔1〕 我国《保险法》第 176 条规定，投保人、被保险人或者受益人有下列行为之一，进行保险诈骗活动，尚不构成犯罪的，依法给予行政处罚：①投保人故意虚构保险标的，骗取保险金的；②编造未曾发生的保险事故，或者编造虚假的事故原因或者夸大损失程度，骗取保险金的；③故意造成保险事故，骗取保险金的。

〔2〕 我国《保险法》第 176 条规定，投保人、被保险人或者受益人有下列行为之一，进行保险诈骗活动，尚不构成犯罪的，依法给予行政处罚：①投保人故意虚构保险标的，骗取保险金的；②编造未曾发生的保险事故，或者编造虚假的事故原因或者夸大损失程度，骗取保险金的；③故意造成保险事故，骗取保险金的。

支出费用的,应当退回或者赔偿。"[1]

4. 保险诈骗罪与不可抗辩条款适用关系辨析

这里需要讨论的问题是,《保险法》第 16 条的不可抗辩条款能否阻却保险诈骗罪成立？依照我国《保险法》第 16 条第 3 款[2]之规定,即便保险合同存在保险欺诈情形,但如果二年期间一旦经过则保险人便不能对该合同的有效性提出争议,也即合同确定有效。问题在于,如果保险欺诈数额达到入刑的较大标准,那么,是否可以构成刑法上的保险诈骗罪呢？对于这种存在抗辩事由的刑民交叉案件该如何处理呢？

从追溯不可抗辩条款的历史来看,不可抗辩条款最初是保险公司作为一种市场竞争策略自愿加入人寿保单中的保险条款,是保险公司为树立形象,增加社会公众对保险公司信任的手段。不可抗辩条款在实质上属于保险人对投保人权利的一种放弃。但后来当不可抗辩条款作为一项原则为立法所确立,其目的则在于保护投保人和被保险人长期缴纳保险费所产生的信赖利益,防止保险人在保险事故发生后可能会寻找一些细微的瑕疵来否定合同效力并拒绝赔付保险金。[3]可见,保险法基于保险人与投保方地位不对等的实际,设计不可抗辩条款对投保方进行倾斜性保护。而《刑法》设立第 198 条是为了维护我国保险业的正常市场秩序,打击社会危害性较大的犯罪分子以非法占有保

---

[1] 参见《保险法》第 27 条。

[2] 《保险法》第 16 条第 3 款规定,因投保人违反如实告知义务,保险人享有合同解除权的,自合同成立之日起超过 2 年不行使的,保险人不得解除合同。发生保险事故的,保险人应当承担赔偿或者给付保险金的责任。

[3] Erin Wessling, Contracts——Applying the Plain Language to Incontestability Clauses Kersten v. Minnesota mutual life insuranceCO., 608 N. W. 2D 869 (MINN. 2000), William Mitchell Law Review, 2000, v. 27, p. 1256. 转引孙宏涛:"我国《保险法》中不可抗辩条款完善之研究——以《保险法》第 16 条第 3 款为中心",载《政治与法律》2015 年第 7 期。

险金为目的，直接侵犯了保险人的财产权，间接侵害其他投保成员的合法权益。因此，刑法规范的调整目的明显不同于保险法。对于发生在保险法与刑法之间的不同责任竞合，可以同时追究，只是在保险法上不可抗辩条款的存在，阻却了经过二年期间的违约行为所产生的法律责任。但不影响刑法上的评价，因为从刑法独立性来说，刑法有自己独立的行为规范和特定的调整对象。不可否认，一般而言，在民商法上完全合法的行为，阻却犯罪的成立。[1]然而，即便刑法上保险诈骗罪评价的投保人违反如实告知义务的行为，在经过二年期间之后，合同效力得以确认，保险人丧失抗辩权，但并不意味着，保险人无权抗辩就能成为投保人违约行为在法律上合法化的理由。因此，在认定行为人索赔欺诈的行为是否构成诈骗罪问题上，不能因为不可抗辩条款的阻却而否认诈骗罪的成立。[2]

然而，不可否认的是，《保险法》第16条规定的不可抗辩条款，与我国《刑法》第198条规定的保险诈骗罪之间存在的冲突本质，对于同一项法律行为，在刑法上被认定为犯罪行为，但在民商法上却是合法行为，这显然有悖于一国法律体系的自洽性要求。[3]要解决这其中的法律适用冲突，其根源在于刑法所评价的索赔欺诈行为，属于不可抗辩保护范围。如果将索赔诈行为列为不可抗辩条款的法定例外情形，也就同时消除了这种法律适用冲突。

5. 不可抗辩条款排除索赔欺诈的正当性分析

尽管从制度产生的背景来看，不可抗辩条款是作为一种提高保险产品竞争力的营销策略，保险公司将之自愿写入合同之

---

[1] 张明楷：《诈骗罪与金融诈骗罪研究》，清华大学出版社2006年版，第757页。

[2] 张明楷：《刑法学》（第4版），法律出版社2011年版，第897页。

[3] 李青武："我国《保险法》不可争辩条款制度：问题与对策"，载《保险研究》2013年第6期。

中进行自我约束，从而向消费者表示缔约诚意的消费激励措施。但保险公司这一自发行为与保护消费者合法权益的理念是存在一定关联性的。也即，保险公司通过放弃自身的一部分权利，从而来提升保险产品的吸引力，增加保险消费者的获利可预期性以及受益人的利益保障，因此，这是保险公司与保险消费者之间利益博弈的结果。[1]也正是为了巩固这一博弈成果，一些国家和地区的保险法立法中的不可抗辩条款豁免索赔欺诈行为。例如，大陆法系的韩国、日本以及我国台湾地区的保险法立法，就并未将索赔欺诈列为法定例外情形。[2]美国有些法院也主张不可抗辩条款的豁免。法院主张豁免的正当性依据是，"保险公司在不可抗辩期间内有机会去发现保险合同缔约以及履行过程中存在的任何欺诈行为，并且有权利在此期间内寻求法律救济。"[3]如果说，在保险合同中引入不可抗辩条款，是出于加强消费者权益保护的考虑，那么，豁免索赔欺诈的不可抗辩条款在实践中的表现，应当是差强人意的。因为这项消费激励措施不仅吸引了一般的投保大众，对一些别有用心的投机分子也是颇具诱惑力，并且在很大程度上纵容了索赔欺诈的发生，损害了广大投保人利益。

（1）不可抗辩条款排除索赔欺诈的依据。

本书主张不可抗辩条款排除索赔欺诈的正当性依据有以下方面：一是保险费收取的数额，是依据大数法则测算出危险事故发生的自然概率，与保险人承担的危险之间成对价平衡关系。

---

〔1〕 李青武、于海纯："论美国不可争议条款规制投保欺诈的制度构成及其正当性"，载《比较法研究》2014年第1期。

〔2〕 张怡超："论我国《保险法》中不可抗辩条款及其适用"，载《河北法学》2012年第11期。

〔3〕 李青武、于海纯："论美国不可争议条款规制投保欺诈的制度构成及其正当性"，载《比较法研究》2014年第1期。

而保险人测算危险事故发生的概然率,很大程度上是依靠投保方对保险标的(物)进行如实告知获取的信息。如果投保方并未履行如实告知义务,且告知的信息具有主观欺诈的故意,势必将破坏这种对价平衡关系。二是投机分子利用不可抗辩条款漏洞,进行保险索赔欺诈活动,而保险公司所支付的欺诈保险金,必然将导致保险公司的经营成本大大增加,而这部分增加的经营成本,保险人将通过提高保险产品价格的方式转嫁到全体投保人身上,致使一部分善意投保人因收益率的降低退出保险市场,最终导致保险市场规模的萎缩。[1]

(2) 作者观点陈述。

综上所述,笔者认为立法将保险索赔欺诈行为作为法定除外情形予以排除适用,不仅可以避免《保险法》第 16 条与《刑法》第 198 条之间存在的法律适用冲突,同时在一定程度上也有利于降低保险索赔欺诈行为发生的概率。而这与本书于第二章第一节"保险人解除权与撤销权竞合问题",以及第四章第三节"不可抗辩"两部分内容的论证结论又是互相呼应的。

(三) 被保险人年龄申报不实的情形分析

以被保险人的生存或死亡为给付保险金条件的人寿保险中,其主要风险因素是死亡率。而死亡率又与被保险人年龄息息相关,一般而言,被保险人年龄越大死亡率越高,反之则越低。因此,被保险人年龄真实性对于维持保险费及保险人所承担危险之间的对价平衡性关系重大。

1. 被保险人年龄不实之类型评述

在德国保险法上,对于被保险人年龄告知不实之情形,仅仅在投保人故意违反告知义务,以及保险人知晓被保险人隐瞒实际年龄时不会与其订立保险合同的情形下,保险人才有权解

---

[1] 参见孙宏涛:《德国保险合同法》,中国法制出版社 2012 年版,第 38 页。

除保险合同。我国《保险法》第32条规定，保险人享有合同解除权之情形也仅限于被保险人真实年龄不符合合同约定的年龄限制。两者虽文字表述不同，但法理相通。且相比之下，我国保险法对被保险人年龄申报不实之情形，规定更为详尽。依据我国《保险法》第32条规定，被保险人年龄不实之情形，分为不符合合同约定的年龄限制、投保人支付的保险费少于应付保险费以及投保人支付的保险费多于应付保险费三类情形。而德国保险法将后两类情形未作区分，其法律后果统一规定为"保险人应根据投保人缴纳的保险费以及被保险人的实际年龄确定赔付的保险金数额。"可见，我国《保险法》第32条之规定对被保险人之保护更为周延，实值赞赏。

（1）不符合合同约定的年龄限制。

被保险人真实年龄不符合合同约定的年龄限制又可细分为真实年龄已超过承保年龄上限和真实年龄未达到承保年龄下限两种情形。

第一，真实年龄已超过承保年龄上限。在人寿保险中，保险事故发生率即指被保险人之死亡率或生存率，一般而言，死亡率与被保险人年龄成正相关关系。当被保险人年龄增长到一定上限，其死亡率之高，必然导致投保人保险费之上涨，而保险费之上涨则会导致投保群体数量之减少，分担风险之群体数量减少又会使得保险费产生新一轮的上涨，如此循环，最终破坏投保人所缴纳之保险费与保险人所承担危险之间的对价平衡关系，导致保险人承保之不经济。倘若被保险人年龄申报不实，而真实年龄已超过保险人所定之最高年龄承保上限，破坏投保人与保险人之间的对价平衡关系，使得保险合同欠缺主要条款要件，依通常之情形应认定保险合同不成立。例如，我国台湾地区"保险法"第122条第1款规定："被保险人年龄不实，而其真实年龄已超过保险人所定保险年龄限度者,其契约无效。"[1]然依该条项之法律效果,纵是被保险人在对于年龄不实之情事毫不知情,且按时缴付保险费之情形下,发生保险事故后,保险人仍可主张契约无效而不须给付保险金,此结果似乎对于被保险人过于严苛且不利。[2]因此,依据我国《保险法》第32条第1款[3]规定,即便被保险人真实年龄不符合合同约定的年龄限制的,在保险人行使解除权之前,保险合同依然有效。保险人因被保险人年龄不实行使合同解除权的,适用《保险法》第16条第3款[4]之有关期间规定。[5]对此,有学者认为,"一般而言,被保险人年龄误报不应属于不可抗辩条款的范围。"[6]"可抗辩条款的存在可能会造成被保险人对权利的滥用,蓄意通过欺诈性手段获得保单,然后只要其想方设法熬过可抗辩期间就可以高枕无忧了。"[7]

然而,与台湾地区"保险法"相比,我国保险法通过设计不可抗辩条款,避免保险人于保险事故发生时主张合同不成立而逃避承担保险金给付责任,督促保险人尽快进行调查核实,

---

[1] 参见台湾地区"保险法"第122条第1款。

[2] 江朝国:《保险法逐条释义》(第4卷 人身保险),元照出版有限公司2015年,第627页。

[3] 《保险法》第32条第1款规定,投保人申报的被保险人年龄不真实,并且其真实年龄不符合合同约定的年龄限制的,保险人可以解除合同,并按照合同约定退还保险单的现金价值。保险人行使合同解除权,适用本法第16条第3款、第6款的规定。

[4] 《保险法》第16条第3款,前款规定的合同解除权,保险人合同解除权,自知道有解除事由之日起,超过30日不行使而消灭。自合同成立之日起超过2年的,保险人不得解除合同;发生保险事故的,保险人应当承担赔偿或者给付保险金的责任。

[5] 参见《保险法》第16条第3款。

[6] 李玉泉:《保险法》(第2版),法律出版社2003年版,第338页。

[7] 王林清:《保险法理论与司法适用:新保险法实施以来热点问题研究》,法律出版社2013年版,第159页。

早日主张或放弃保险合同解除权，结束保险合同之不确定状态，对于被保险人之利益保护更为周延。况且，《保险法》第 32 条规定之"被保险人年龄申报不实"，投保人之主观状态仅为善意或过失，并不存在严重的欺诈性误导性陈述。因此，此处设计不可抗辩条款以保护被保险人对于保险合同效力的信赖利益是合理的。

第二，真实年龄未达到承保年龄下限。被保险人之真实年龄未达到承保年龄下限的，依据《保险法》第 16 条第 3 款规定："保险人自知道有解除事由之日起三十日内享有合同解除权，但该合同解除权自合同成立之日起超过二年的，保险人不得解除合同。"[1]需要注意的是，如果被保险人真实年龄在保险人行使解除权之前达到合同约定年龄范围，则自达到日起保险人合同解除权消灭。当然，在保险合同成立之两年内，保险人知道有解除事由的也可以选择不解除保险合同，而是与投保人协商将合同推迟到约定年龄范围时生效，已缴纳保费也可协商解决。[2]

(2) 投保人支付的保险费少于应付保险费。

投保人支付的保险费少于应付保险费之情形，《保险法》第 32 条第 2 款规定："投保人申报的被保险人年龄不真实，致使投保人支付的保险费少于应付保险费的，保险人有权更正并要求投保人补交保险费，或者在给付保险金时按照实付保险费与应付保险费的比例支付。"[3]

(3) 投保人支付的保险费多于应付保险费。

投保人支付保险费多于应付保险费之情形，《保险法》第

---

[1] 参见《保险法》第 16 条第 3 款。
[2] 王林清：《保险法理论与司法适用：新保险法实施以来热点问题研究》，法律出版社 2013 年版，第 387 页。
[3] 参见《保险法》第 32 条第 2 款。

32 条第 3 款规定:"投保人申报的被保险人年龄不真实,致使投保人支付的保险费多于应付保险费的,保险人应当将多收的保险费退还投保人。"[1]

2. 保险法第 32 条与第 16 条之关系讨论

(1) 二者之适用关系。

《保险法》第 32 条并未明确投保人之主观要件,仅从文意来看,似乎投保人申报被保险人年龄不真实之主观恶意或善意,皆有适用余地。然而,被保险人年龄亦属于《保险法》第 16 条规定之"如实告知义务"的范围。那么,第 32 条与第 16 条是何关系呢?

意大利保险法中,投保人不正确申明和不告知行为之主观状态分为两类:一是带有恶意或重大过失的不正确申明和不告知;二是没有恶意欺诈或重大过失的不正确申明和不告知。《意大利民法典》第 1892 条规定:"在投保人有恶意或重大过失时,发生保险人不同意或在了解事实真相时将不给予同样条件的投保人的不正确申明和不告知,是撤销契约的原因。"[2]如果投保人在行为过程中没有恶意或重大过失,则申明的不正确或不告知不是契约被撤销的原因,但是,保险人自知道申明不正确或不告知之日起的 3 个月内,得通过给被保险人通知而终止契约。(《意大利民法典》第 1893 条)[3]契约撤销和终止的区别在于,保险人是否对在发出撤销或终止契约的意思表示之前发生的灾害承担保险金责任。契约一经撤销,便溯及既往的消灭,保险人对于异议权期间(3 个月)届满前灾害发生不承担支付保险金责任,但有权主张直至保险人行使撤销权之前的保险期内的保险

---

[1] 参见《保险法》第 32 条第 3 款。
[2] 费安玲、丁玫译:《意大利民法典》,中国政法大学出版社 1997 年版,第 477 页。
[3] 费安玲、丁玫译:《意大利民法典》,中国政法大学出版社 1997 年版,第 477 页。

费。灾害在保险人发出终止契约的意思表示之前发生,保险人要承担一定数额的保险金责任。[1]

我国保险法与意大利保险法较为相似。被保险人年龄申报不真实,以投保人或被保险人是否具有主观可非难性,可大致分为两类:一类是投保人或被保险人没有故意或重大过失的年龄申报不实,如户籍资料发生错误、年龄计算方法不同等。另一类年龄申报不真实则系投保人或被保险人主观上具有可归责之过错。这里的过错排除了过失构成义务违反的可能性,限定于故意或重大过失之情形。第32条之适用范围为年龄申报不实不可归责于善意投保人或被保险人之情形,也即第一类。而第16条则适用于投保人或被保险人基于故意或重大过失之主观可非难性,致使年龄申报不真实之情形,即第二类。

(2)法律效果之探讨。

依照现行《保险法》第32条之规定,当投保人申报被保险人年龄不真实,来自投保人或被保险人之可归责过错行为(故意或重大过失),足以影响保险人决定是否同意承保或者提高保险费率的,保险人有权解除合同。其中,投保人故意申报被保险人年龄不真实的,保险人对于合同解除前发生的保险事故,不承担赔偿或者给付保险金的责任,并不退还保险费。[2]投保人因重大过失申报被保险人年龄不真实的,对保险事故的发生有严重影响的,保险人对于合同解除前发生的保险事故,不承担赔偿或者给付保险金的责任,但应当退还保险费。[3]从法律适用效果来看,该条并未笼统的规定违反年龄不实告知义务的

---

[1] 保险人支付的保险金要根据约定的保险费和如果知道保险标的的真实情况将会实施的标准之间的差额比例给付减少。

[2] 参见《保险法》第32条第4款。

[3] 参见《保险法》第32条第5款。

法律效果，而是对主观过错程度加以区别并异于后果，且就因重大过失未履行告知义务苛责之责任轻于故意，仅从条文内部之法律责任分配来看并无不合理之效果。但投保人因重大过失申报被保险人年龄不真实的，其法律效果为应当退还保险费。而当投保人因善意（或过失）申报被保险人年龄不真实的，其法律效果之一却为按照合同约定退还保险单的现金价值[1]。重大过失与善意（或过失）之间法律责任轻重失衡，造成不可归责者之法律责任重于可归责者之情形。故如上文所述建议一致，对于投保人因重大过失申报被保险人年龄不实的，采取比例给付原则，以替代现在的全有全无原则，一则有利于与前述之投保人如实告知义务情形统一法律后果，二则有助于协调并形成投保人申报被保险人年龄不实情形的内部法律效果层次。

（四）效力中止的保险合同超过复效期之情形分析

效力中止[2]是《保险法》创设的概念，学理上有时也称为保险合同效力的中断，我国台湾地区学者一般将效力中止称之为效力停止停止效力或停效。[3]保险为有偿契约，保险人对于危险之承担，以保险费为其对价，故保险费未为给付者，契约效力不发生。[4]我国《保险法》第36条第1款[5]确立了保

---

[1] 参见《保险法》第32条第1款。

[2] 保险合同效力中止，是指保险合同的关系虽仍存在，但合同效力处于暂停状态，合同当事人双方不负对待给付义务的情形。樊启荣：《保险契约告知义务制度论》，中国政法大学出版社2004年版，第169页。

[3] 刘振："保险合同复效制度适用研究——以《最高人民法院关于适用〈中华人民共和国保险法〉若干问题的解释（三）》第8条为中心展开"，载《法律适用》2016年第2期。

[4] 桂裕编著：《保险法论》，三民书局股份有限公司1981年版，第129页。

[5] 《保险法》第36条第1款，合同约定分期支付保险费，投保人支付首期保险费后，除合同另有约定外，投保人自保险人催告之日起超过30日未支付当期保险费，或者超过约定的期限60日未支付当期保险费的，合同效力中止，或者由保险人按照合同约定的条件减少保险金额。

险合同效力中止制度。我国《保险法》第 37 条第 1 款[1]确立了保险合同复效制度[2]。

保险合同效力中止是保险合同复效的前提。保险合同效力中止后，因投保人未履行给付保险费义务，合同因欠缺有效要件，处于效力待定状态，投保人不通过补交保险费补正合同法律效力，保险合同就确定地归于无效。保险合同复效制度允许投保人通过补交保险费消除合同效力瑕疵，使效力待定的合同变为确定有效的合同。因此，效力中止并不必然产生保险合同复效的结果。

依一般合同之规则，根据《合同法》第 94 条第 3 款规定，双务合同中立于对价关系的债务人在履行期届满时未履行债务，债权人向其发出履行催告并确定一个宽限期，债务人在该宽限期届满时仍未履行的，债权人有权解除合同。照此条文，投保人逾期未缴纳保险费，在宽限期内仍未补交保险费的，保险人有权解除合同。保险合同作为一种特殊的民商事合同，《保险法》第 36 条、第 37 条特别规定延期给付保险费之效果而排除民法一般规则适用，通过限制保险人合同解除权，给予投保人宽限期补交保险费的机会以促成交易，既保护投保人的合法权益，也有利于保险人维持既有保险业务。

1. 保险合同复效制度的性质分析

（1）保险合同复效的法律性质。

关于复效后保险合同的性质，学界存有争议，主要有以下

---

[1]《保险法》第 37 条第 1 款，合同效力依照本法第 36 条规定中止的，经保险人与投保人协商并达成协议，在投保人补交保险费后，合同效力恢复。但是，自合同效力中止之日起满 2 年双方未达成协议的，保险人有权解除合同。

[2] 保险合同复效，是指导致保险合同效力中止的事由消除后，经过一定的程序，被中止的合同效力即行恢复。王林清：《保险法理论与司法适用：新保险法实施以来热点问题研究》，法律出版社 2013 年版，第 548 页。

三种观点：①复效后的保险合同是新合同。[1]②复效后的保险合同是原保险合同的继续。[2]③复效后的保险合同是特殊合同。[3]

　　复效后保险合同的性质为何？关键在于复效前后合同关系是否保持同一性，如不具有此种同一性，则不称其为保险合同的变更，而属于合同的更改。我国《合同法》对于合同的变更和合同的更改未作区分，没有确立合同更改制度。《合同法》所谓的合同，仅指狭义的合同变更，即专指合同内容变更，不包括合同主体的变更。[4]合同主体的变更被称为合同的转让。[5]保险合同作为一种特殊的民商事合同，在无特殊规定的情形下，也应遵循一般民事规则，即保险合同的变更也应指狭义的变更。依照传统民法理论，合同的变更分为债的要素变更和非要素变

---

　　[1]　美国少数法院的观点认为，尽管复效合同的被保险人与原被保险人是同一个人，但该被保险人的风险已经经过保险人重新筛选，大多数投保人对被保险人的情况又有新的陈述，如果将这些陈述作为复效合同的内容，则复效合同是一个新的合同。梁鹏："保险合同复效制度比较研究"，载《环球法律评论》2011年第5期。

　　[2]　依据美国多数判例所持的观点，一张寿险保单按照保单复效条款恢复效力属于原保险合同的继续。陈欣：《保险法》，北京大学出版社2000年版，第116页。德国学说亦认为，保险合同效力中止后复效，本质上仍属原合同的继续，而不是订立新合同。孙宏涛：《德国保险合同法》，中国法制出版社2012年版，第30-31页。

　　[3]　韩国通说认为，复效的性质为以恢复失效旧合同的效力为目的而签订的特殊合同。崔吉子、黄平：《韩国保险法》，北京大学出版社2013年版，第90页。复效合同是一种特殊的合同组合体，即原合同内容与新告知内容的组合。特殊性表现在两个方面，一方面，复效合同在条款、费率、保障范围等方面均遵循依照原合同进行处理的原则，这也是复效制度的宗旨所在；另一方面，投保人新的告知事项明显带有新条款的色彩，并且，我国许多复效保险合同明确约定，复效申请书中的新内容属于复效合同的内容。梁鹏："保险合同复效制度比较研究"，载《环球法律评论》2011年第5期。

　　[4]　韩世远：《合同法总论》，法律出版社2004年版，第525页。
　　[5]　崔建远：《合同法》（第5版），法律出版社2010年版，第205页。

更两类,[1]如果复效合同与原合同使用了相同条款,或者仅对非要素条款进行了变更,如当事人住所或地址变更、保险期限的变更、保险费交付方式变更等。这种情况应该认定复效合同是原保险合同的继续。但是,如果保险合同重要部分发生变更,导致合同关系失去同一性,这种情况下的所谓"合同复效"就不再是原保险合同的继续,而应视为新保险合同的订立。何谓重要部分变更?结合现代民法理论,本书认为应指合同主体的变更。那么,在利他人身保险合同中,使得复效保险合同产生更改效力之主体变更具体是指被保险人还是投保人呢?保险契约以存在保险利益为其生效要件,但所谓保险利益之存在与否并非是指要保人,而是指被保险人对保险标的(物)是否具有保险利益而定。[2]人身保险合同是以被保险人的身体或者寿命为保险标的,[3]若于保险合同有效期间内,被保险人发生变更,必然引起保险标的的变更。而人身保险标的的变更无外乎两种情形:一是从有变无;二是由 A 变更为 B。第一种情形,导致保险合同因保险利益之丧失而归于无效。第二种情形,除非在保险合同订立之时,即将被保险人之继承人或保险利益受让人以约定和法定方式包括于被保险人范围之内,[4][5]否则因不同的保险利益而订立的合同完全是一个新的保险合同,而新的保

---

　　〔1〕　所谓债的要素变更,是指给付发生重要部分的变更,导致合同关系失去同一性。对于重要部分,应依当事人的意思和一般交易观念加以确定。如为债的要素变更,不再属于合同变更,而为合同的更改。非要素的变更未使合同关系失去同一性,当然为合同的变更。崔建远:《合同法》(第 5 版),法律出版社 2010 年版,第 204 页。
　　〔2〕　江朝国:《保险法基础理论》,中国政法大学出版社 2002 年版,第 171 页。
　　〔3〕　参见《保险法》第 12 条第 3 款。
　　〔4〕　例如,在团体保险中被保险人变更并不发生保险合同更改结果。通常在团体保险中,因被保险人离职或入职发生主体变更是经常的事,一般在保险条款中有被保险人发生变更的规定,即以约定的方式将保险利益受让人包括于被保险人范围之内。
　　〔5〕　江朝国:《保险法基础理论》,中国政法大学出版社 2002 年版,第 174 页。

险利益承受人为了保障其利益必须另定保险合同。可见，在这两种情形下，保险合同标的的变更将导致保险合同无效或成为完全不同的新合同，[1]所以，除法定或合同另有约定外，保险合同的变更不包括被保险人的变更。而投保人作为保险合同当事人，当事人的变更实质上是保险合同的转让，亦不属于我国《合同法》上狭义的合同变更。因此，在利他人身保险合同中，除将保险利益受让人以约定和法定方式包括于被保险人范围之内的情形，投保人或被保险人之主体变更产生合同更改的效力，此时可以认定复效合同为新合同。除此之外，复效后的保险合同应是原保险合同的继续，经过双方当事人协商并达成协议的条款变更，应属是对合同非要素条款的变更。

（2）保险合同复效的适用范围。

保险合同复效的适用范围，即保险法上的中止和复效制度适用于何种保险合同。对此，虽各国立法例规定不尽相同，但有一个共同点，即一般都适用于保险期限较长，保险费须分期支付的险种中。[2]立法例大致可以分为三种：第一种立法例的复效保险合同适用范围最为广泛，包括人身保险合同和财产保险合同中所有以分期付款方式交付保险费的合同，一般规定在保险法的总则、通则部分。例如，《德国保险合同法》在总则部分第三节保险费中规定了迟延支付后续保费，保险合同复效适用范围不仅适用于人身保险，也包括财产保险合同，尤其是长期保险或者高额保险的财产保险合同，分期交付保险费的交付方式屡见不鲜。[3]再如，《意大利民法典》在第二十节保险之第

---

[1] 参见彭虹、豆景俊主编：《保险法》，中山大学出版社2003年版，第103页。

[2] 彭虹、豆景俊主编：《保险法》，中山大学出版社2003年版，第105页。

[3] 王林清：《保险法理论与司法适用：新保险法实施以来热点问题研究》，法律出版社2013年版，第551页。

一分节一般规定中规定了保险合同的中止。以及《韩国商法典》在第一章通则第 650 条、650 条之 2 规定了保险费的终止和复效。第二种立法例规定保险合同复效的适用范围为人寿保险。如我国台湾地区"保险法"是在第四章人身保险之第一节人寿保险中规定了保险合同的中止与复效制度。第三种立法例规定保险合同复效的适用范围为人身保险。如我国《保险法》在第二章保险合同之第二节人身保险合同中规定了保险合同中止和复效制度。

人身保险，尤其是人寿保险皆为长期继续性合同，且大抵皆以分期方式支付保险费，在保险期间投保人可能因资力发生困难或其他因素而不愿继续交付到期之保险费，保险合同复效制度乃为保护投保人或被保险人而设，在于避免因一期保费未付而丧失之前所缴纳保费产生之利益。[1]而在财产保险中，通常以一次性交付保险费为原则，且财产保险支付之保险费仅为保险人承担风险之对价，不具有储蓄性质。投保人迟延支付或拒绝支付保险费，保险人可通过诉讼的方式予以追讨。因此，财产保险设立复效制度似无必要。但财产保险中亦存在长期保险或者高额保险的财产保险合同，以及分期交付保险费的情形，从投保人的角度来看，恢复保单效力可能更加有利，至少复效保单的手续一般比重新订立保险更为便捷，而保险人也能从巩固已有业务的角度获益。可见，将保单中止和复效制度适用于财产保险合同中，对于投保人和保险人来讲会是双赢的选择。

（3）保险合同复效的条件。

保险合同于保险费到期应予缴纳时，投保人给付保险费迟延履行，经保险人催告逾三十日后，或者超过约定的期限六十

---

〔1〕 参见江朝国：《保险法基础理论》，中国政法大学出版社 2002 年版，第 220-222 页。

日未支付当期保险费的,合同效力当然中止,唯效力中止并不必然产生保险合同复效的结果。此时投保人如欲恢复合同效力,须具备以下条件:

1)投保人在法定期限内提出复效请求。

根据我国《保险法》第37条,保险合同效力中止后,合同处于效力待定的状态,投保人若想补正合同效力,应当在法定期限内向保险人作出申请合同复效的意思表示,保险人经审核后来决定是否同意恢复保险效力。那么,何谓法定期限呢? 也即投保人提出复效申请的期限。对此,各国规定的期限长短不同。例如,《意大利民法典》第1901条规定,投保人提出复效申请的期限为在保险费或分期付款之日起满六个月。[1]《德国保险合同法》第38条规定,投保人提出复效申请的期限为保险期间届满前。我国台湾地区"保险法"第116条规定,投保人提出复效申请的期限为自停止效力之日起不得低于二年,并不得迟于保险期间之届满日。[2]我国《保险法》第37条规定,保险合同效力中止之日起二年内,投保人可以申请合同复效,在此期间内,保险人不得解除保险合同。但如果超过该二年期间,双方仍然未达成协议的,保险人有权解除合同。[3]此时超过复效申请期限仅构成保险人解除合同的事由,并非像意大利保险法上所规定的合同产生法律上当然解除的效果。如保险人尚未行使合同解除权,双方达成复效协议的,投保人在补交保险费后,仍可请求补正合同效力,使得原保险合同得以继续。例如,《法国保险合同法》

---

[1] 参见《意大利民法典》第1901条规定,如果保险人在保险费或分期付款之日起满6个月没有再获取保险费的行为,则契约产生法律上的当然解除。费安玲、丁玫译:《意大利民法典》,中国政法大学出版社1997年版,第479页。

[2] 参见我国台湾地区"保险法"第116条第5款规定,保险契约所定申请恢复效力之期限,自停止效力之日起不得低于2年,并不得迟于保险期间之届满日。

[3] 参见《保险法》第37条第1款。

第 L113-3 条第 4 款规定："对于那些保险人没有解除的合同，如果投保人向保险人或保险人指定的代理人补交了保险费或者补交了分期付款的剩余保险费，则保险合同的效力可以恢复。"〔1〕

2）保险标的（物）符合投保条件。

第一，申请保险合同复效时，保险标的是否必须符合投保条件？我国《保险法》对于投保人和被保险人在申请保险合同复效时，保险标的是否必须符合投保条件并未规定。但在保险实务中，保险人为了避免身体健康状况不好的被保险人所可能做出的逆向选择，寿险保单通常规定，被保险人必须生存并具有符合保险人标准的投保条件，保险人才准许保单复效。〔2〕例如，某保险公司《简易人身保险条款》（甲种）第1条规定："凡年满16周岁到65周岁，身体健康，能正常劳动和正常工作，即符合全勤劳动工作条件的人可以投保简易人身保险。对于效力中止的保险合同，投保人要求复效时，被保险人还必须符合《简易人身保险条款》第1条对被保险人的年龄和身体状况的要求，否则不能请求复效。"〔3〕一些法院保险案件审理指导文件中对此也有提及，如《关于审理保险纠纷案件的指导意见》〔4〕中规定："投保人或被保险人、受益人请求保险合同复效时应当符合投保条件，一次性补交保险合同中止前未交纳的保险费和利息，以及中止期间应当交纳的保险费和利息，当事人另有约定的除外。"〔5〕根据我国《保险法司法解释（三）》

---

〔1〕 但该条款并不适用于人寿保险合同，参见《法国保险合同法》第 L113-3 条第 5 款之规定。

〔2〕 陈欣：《保险法》，北京大学出版社 2000 年版，第 117 页。

〔3〕 王林清：《保险法理论与司法适用：新保险法实施以来热点问题研究》，法律出版社 2013 年版，第 555 页。

〔4〕《北京市高级人民法院关于审理保险纠纷案件若干问题的指导意见》（2004 年 12 月 20 日市高级人民法院审判委员会第 138 次会议通过）。

〔5〕 刘振宇主编：《人身保险法律实务解析》，法律出版社 2012 年版，第 147 页。

第 8 条规定，保险人只有在被保险人的危险程度在中止期间显著增加时，[1]保险人才有权拒绝恢复合同效力。可见，我国保险法虽要求投保人申请合同复效时，被保险人需符合一定的条件，但并未要求被保险人复效时须符合合同订立之时具备的投保条件。而在合同复效时，被保险人需要符合的条件是在合同效力中止期间被保险人的危险不能达到显著增加的程度。此处被保险人危险程度显著增加的认定标准应当与《保险法》第 52 条规定的财产标的物之危险程度显著增加的认定标准相同，以确保《保险法》法律条文内容在理解和适用上的统一性。

第二，人身保险合同效力中止后复效时，投保人或被保险人是否应负告知义务？对此，各国规定不尽一致。德国学说认为，保险合同效力中止后复效，保险人不得要求投保人重新履行告知义务。[2]韩国保险法则规定，拟复效保险合同的投保人，须告知从失效至行使要约之间发生的重要事项。[3]我国《保险法》及司法解释虽未如第 52 条之明确规定，在财产保险中保险标的的危险程度显著增加的，被保险人应当按照合同约定及时履行告知义务，但《保险法司法解释（三）》第 8 条将被保险人的危险程度在中止期间显著增加作为保险人拒绝恢复效力的唯一事由，应当与 52 条一致需要及时履行如实告知义务。告知内容应为合同中止期间导致被保险人危险程度显著增加事项。其中，危险程度显著增加事项是指足以影响保险人决定是否同

---

[1] 参见《保险法司法解释（三）》第 8 条。
[2] 德国学说认为，保险合同效力中止后复效，本质上仍属原合同的继续，而不是订立新合同，因此投保人无须再履行告知义务，保险人也不得要求投保人重新履行告知义务。孙宏涛：《德国保险合同法》，中国法制出版社 2012 年版，第 30-31 页。
[3] 崔吉子、黄平：《韩国保险法》，北京大学出版社 2013 年版，第 92 页。

意承保或者提高保险费率。[1]告知事项之抗辩期间应当自合同复效时起开始计算。对于订立合同时已告知的内容，合同复效时无须重复告知，已告知事项之抗辩期间应当自保险合同订立时开始计算。

3）投保人补交保险费。

第一，投保人补交保险费之范围。投保人迟延交付保险费使得保险合同欠缺生效要件，处于效力待定的状态。为了补正合同效力，投保人需补交保险费。关于补交保险费的范围，多数国家均规定，投保人申请合同复效时，不仅应当交付所欠缴保险费，还应当支付相应的利息。[2]例如，《德国保险合同法》第38条规定，投保人迟延支付后续保费包括保险费本金及利息。韩国亦有类似规定。一些学者也主张，"为了防止危险逆选择，避免趁投保人当被保险人身体情况好时拖欠保险费，而有疾病时才补交保险费的情况出现，在其补交的保险费中应包含中止效力期间的保险费及其孳息。"[3]我国《保险法》第37条虽未规定投保人补交保险费包括利息，但《保险法司法解释（三）》第8条第3款规定，"保险人要求投保人补交相应利息的，人民法院应予支持。"且在实务当中，通常保险合同均有要求投保人补交合同效力中止期间保险费及利息的条款。

第二，第三人代缴保险费之分析。保险合同因投保人迟延支付保险费而中止。实务中，投保人迟延给付保险费或拒绝支付保险费的原因有很多，可能是投保人缺乏继续支付的资力，也可能是投保人不愿意继续支付保险费。那么，在投保

---

[1] 参见《保险法》第16条第2款。

[2] 王林清：《保险法理论与司法适用：新保险法实施以来热点问题研究》，法律出版社2013年版，第555页。

[3] 徐卫东主编：《保险法学》（第2版），科学出版社2004年版，第160页。

人怠于申请合同复效的情形下，第三人是否可以代为履行支付义务？

其一，保险合同内部第三人。保险合同内部第三人指被保险人和受益人。对于被保险人和受益人是否可以代为履行支付义务？有的学者意见认为，"保险合同的双方当事人为保险人与投保人，申请复效的适格主体只能是作为保险合同一方当事人的投保人，被保险人、受益人不享有申请复效权。"[1]我国《保险法》及司法解释对此尚未做出明确规定。其他国家或地区立法例。①我国台湾地区。我国台湾地区"保险法"第115条规定："利害关系人，均得代要保人交付保险费。"[2]依学者通说见解认为此处所谓之"利害关系人"，系指保单之受益人、受让人及要保人之债权人、继承人、家属等，凡因保险契约之存在而直接或间接可能受益之人均属之。[3]②韩国。《韩国商法典》第639条第3款规定："投保人负有支付保险费的义务。但当投保人被宣告破产或未及时支付保险费时，若该他人不放弃合同权利，该他人亦应承担支付保险费的义务。"[4]③德国。《德国保险合同法》第34条第1款规定："保险人应得到期之保险费，为第三人利益之保险或其他保险人基于保险合同应得之给付，被保险人、受益人以及抵押权人均可以代为履行，保险

---

[1] 刘振："保险合同复效制度适用研究——以《最高人民法院关于适用〈中华人民共和国保险法〉若干问题的解释（三）》第8条为中心展开"，载《法律适用》2016年第2期。

[2] 参见台湾地区"保险法"第115条。

[3] 江朝国：《保险法论文集》（1），瑞兴图书股份有限公司1997年版，第83-84页。

[4] 《韩国保险法》第650条第3款规定，为特定他人投保的情形，投保人迟延支付保险费时，保险人亦须催告该他人在一定期间内交付保险费，未经催告，不得解除或终止合同。崔吉子、黄平：《韩国保险法》，北京大学出版社2013年版，第262页。

人不得依德国《民法典》的规定加以拒绝。"[1]④法国。《法国保险合同法》第 L132-19 条规定:"任何相关利益者都可以代替投保人缴纳保险费。"[2]其中的相关者自然包括被保险人和受益人。

　　通过对立法例的考察,可以发现多数国家或地区均允许被保险人代为缴纳保险费。从投保人购买人身保险之目的来看,一般是为了保障被保险人(受益人)晚年生活,或是为了保障被保险人死亡之后其遗属的生活。[3]而设立复效制度之目的则是对于被保险人来讲,保险合同复效较之重新订立保险合同更为有利。首先,由于被保险人年龄逐年增大,重新订立保险合同一般规定较高的费率和更为严格的核保条件,且如果彼时被保险人已经超过了投保年龄的最高限制则失去订约机会。其次,重新订立的保险合同一般在经过两年之后才会产生现金价值,因此对于被保险人而言,复效比重新订立保险合同更为有利。[4]可见,无论从投保人购买保险之目的,抑或是保险复效制度设立之初衷来讲,均是以对被保险人(受益人)利益保护为出发点。那么,在投保人缺乏继续支付保费能力时,理应由与保险合同存续具有直接利害关系的被保险人(受益人)代缴保险费。即

---

　　[1]《德国保险合同法》第 206 条第 3 款规定,如果因投保人延期支付保费导致保险人终止疾病费用保险合同或长期护理保险合同,则被保险人有权宣告保险合同继续有效并指定新投保人,在保险合同复效之日起新投保人应继续交纳保费。保险人应以书面形式将保险合同的终止情况及本款第一句规定的权利通知被保险人。当被保险人知晓上述权利之日起 2 个月后如未行使上述权利,则该权利归于消灭。孙宏涛:《德国保险合同法》,中国法制出版社 2012 年版,第 109 页。
　　[2] 孙宏涛译:"法国保险合同法",载宋志华主编:《保险法评论》(第 5 卷),法律出版社 2013 年版,第 308 页。
　　[3] 刘宗荣:《新保险法:保险契约法的理论与实务》,中国人民大学出版社 2009 年版,第 65 页。
　　[4] 姬文娟:"论我国保险合同复效制度中的若干问题",载《上海保险》2008 年第 1 期。

便是投保人不愿意继续支付保险费,甚至是不愿意维持保险合同效力,也应当允许被保险人按照《保险法》第 37 条第 2 款之规定向投保人返还保险单的现金价值,以及向保险人补交欠缴保险费,使得保险合同得以继续。

其二,保险合同外部第三人。保险合同外部第三人,包括无利害关系第三人(即与保险合同存续不存在利害关系的第三人)和利害关系第三人(即与保险合同存续有间接利害关系的第三人,如被保险人的继承人、债权人、近亲属等)。那么,在投保人因故怠于补交保费的情形之下,保险合同外部第三人是否可以代缴保费?我国现行保险法中,未设明文加以规范。而从民法一般法的相关规定来看,我国《合同法》仅于第 65 条规定了第三人代为履行制度。结合我国民法理论可知,债由第三人清偿也导致债的消灭,但当事人另有约定或依债的性质须债务人亲自清偿的,以及当第三人清偿有害于债权人利益时,第三人不得作为清偿人。[1]依照该条文,除当事人另有约定或依债的性质须债务人亲自清偿之外,任何第三人均可成为债务履行之主体。具体到保险法中,由保险合同之外部第三人履行缴费义务,对于合同之内外主体似乎均无实质性利益损害,故应应允。但第三人代为履行,债权人是否可以拒绝第三人履行呢?如将《欧洲合同法原则》第 7:106 条第 1 款[2]适用于保险法,则得出如下结论,除非保险合同约定须由投保人亲自履行之外,

---

[1] 张俊浩主编:《民法学原理》(修订版),中国政法大学出版社 1997 年版,第 625 页。

[2] 《欧洲合同法原则》第 7:106 条第 1 款规定,(一)除非合同要求亲自履行,如有下列情形,债权人不得拒绝由第三人提交的履行:①该第三人经债务人的同意而行为;或者②该第三人对履行拥有合法的利益,而债务人已没能力履行或者情况表明在履行期到来时他将不会履行。韩世远译:"欧洲合同法原则",载梁慧星主编:《民商法论丛》(第 12 卷),法律出版社 1999 年版,第 856 页。

以下两种情形保险人不得拒绝第三人支付保险费：一是第三人（包括利害关系第三人及无利害关系第三人）获得投保人同意，可以代为缴纳保险费；二是在投保人并未支付保险费，或者情况表明投保人显然不会如期履行缴纳保费义务的情况下，利害关系第三人可不经投保人同意，代为缴纳保险费。[1]

此处需要补充二点：一是行为人代替投保人支付保费，并不能当然地认定投保人同意行为人取代其在保险合同中的法律地位，只有在投保人明确表示同意变更投保主体，将保险单转移给行为人，并及时通知保险人的情形下，行为人才可取代投保人成为保险合同之新投保人。而在以死亡为给付保险金条件的合同中，投保人主体之变更还须征得被保险人的书面同意，否则保险合同转让无效。二是根据我国《保险法》第37条规定，自合同效力中止之日起满二年双方未达成协议的，保险人解除合同的，应当按照合同约定退还保险单的现金价值。至于，行为人取代投保人之当事人地位后，是否应按照合同约定向投保人支付保险单的现金价值，则为内部法律关系，不影响行为人取得保险合同上之法律地位。

通过上述分析，可得出以下结论，除保险合同对缴费主体有要求亲自履行的约定外，以下两种情形保险人不得拒绝第三人支付保险费：一是第三人（包括利害关系第三人及无利害关系第三人）获得投保人同意，可以代为缴纳保险费；二是在投保人已没能力履行或者情况表明在履行期到来时投保人将不会

---

[1] 《欧洲保险合同法原则（PEICL）》第5：105条，保险人不得拒绝第三方支付保险费，但第三方支付仅以下列情形为限：(a) 第三方支付获得保单持有人同意；或者 (b) 第三方对承保之维持存续具有合理利益，且保单持有人并未支付保险费或者其显然不会按期支付保险费。欧洲保险合同法重述项目组："欧洲保险合同法原则"，韩永强译，载梁慧星主编：《民商法论丛》（第57卷），法律出版社2015年版，第726页。

履行的情况下,利害关系第三人可不经投保人同意,代为缴纳保险费。然而,行为人虽可代替投保人支付保费,但并不能当然地取代投保人在保险合同中的法律地位。行为人只有在征得投保人以及被保险人(以死亡为给付保险金条件的合同)的同意,投保人将保险单转移给行为人,并及时通知保险人的情形下,才可取代原投保人成为新的合同当事人。至于行为人能否征得投保人以及被保险人(以死亡为给付保险金条件的合同)的同意,进而取代投保人之合同地位,则为其内部关系,法律不宜介入。

4) 投保人与保险人就保险复效达成协议。

在保险合同复效条件上,根据保险人对于合同复效的控制权大小,依次可以划分为四种模式。

第一,同意模式。在同意模式下,保险人对于保险合同的复效拥有决定权。韩国保险法即采此立法模式。《韩国商法典》第650条之2规定[1],对于复效要约,保险人须为承诺。复效承诺准用《韩国商法典》第638条之2的规定[2](有关承诺与否的通知义务(第1款),承诺拟制(第2款),承诺前担保的规定(第3款))。[3]与之相类似的还有日本的复效制

---

[1]《韩国商法典》第650条之2规定,依第650条第2款的规定,已终止保险合同,但未支付终止返还金时,投保人在一定的期间内向保险人支付迟延保险费加约定利息后可以请求该合同的复效。在此情形下,准用第638条之二的规定。

[2]《韩国商法典》第638条之2规定,①无其他约定时,保险人应自收到投保人填写的投保要约书和相当于全部或部分保险费的金钱之日起30日内,想对方做出承诺与否的通知。但人身保险合同的被保险人需要体检的,该期间自接受体检之日起计算。②在第1款规定的期间内,保险人怠于作出承诺与否的通知的,视为承诺。③在保险人收到投保人填写的投保要约书和相当于全部或部分保险费的金钱之后,在作出承诺之前,发生保险合同规定的保险事故,如无拒绝要约的正当理由,保险人应当承担保险合同规定的责任。但人身保险合同的被保险人应当体检而未体检的除外。

[3] 崔吉子、黄平:《韩国保险法》,北京大学出版社2013年版,第92页。

度。[1]

　　第二，可保模式。在可保模式下，如果投保人能够向保险人提交被保险人仍具备可保性的证明，则保险人不得拒绝投保人申请保险合同复效的要求。采取这种模式的国家主要是美国[2]和加拿大[3]。

　　第三，宽松的可保模式。在宽松的可保模式下，中止期间划分为两个时段：前一时段采取自动复效主义；[4]后一时段采取可保主义。[5]我国台湾地区采此立法模式。[6]

　　第四，自动复效模式。在自动复效模式下，投保人提出复

---

　　〔1〕 在日本，保险法并未明确规定复效制度，但保险合同中通常规定有复效条款，由复效条款约定保险合同复效须经保险人同意。引自梁鹏："保险合同复效制度比较研究"，载《环球法律评论》2011 年第 5 期，第 103 页。

　　〔2〕 纽约州《保险法》第 3203 条规定，除退保金耗竭或展期保险满期外，在保单失效后 3 年内，投保人可以申请保单复效。投保人必须递交复效申请书，提交令保险人满意的证明……保险合同才能复效。梁鹏："保险合同复效制度比较研究"，载《环球法律评论》2011 年第 5 期。

　　〔3〕 加拿大《魁北克民法典》第 2431 条第 1 款则规定，个人生命保险因不支付保险费被解除的，如在解除之日起 2 年内保单持有人申请恢复其效力，并证实被保险人仍符合被解除合同所要求的成为被保险人的条件的，保险人应恢复个人生命保险合同的效力。在此等情形，保单持有人应补交超期保险费，返还他依保单取得的预付款，连同其按不高于政府相关条例规定的利率确定的利息。梁鹏："保险合同复效制度比较研究"，载《环球法律评论》2011 年第 5 期。

　　〔4〕 前一时段采取自动复效主义，只要投保人提出复效申请并补缴保险费及利息，无须提交可保证明，保险合同自动复效。引自梁鹏：《保险合同复效制度比较研究》，载《环球法律评论》2011 年第 5 期。

　　〔5〕 后一时段采取可保主义，须由投保人提出符合要求的可保证明，保险合同方能复效。引自梁鹏："保险合同复效制度比较研究"，载《环球法律评论》2011 年第 5 期。

　　〔6〕 我国台湾地区"保险法"第 116 条第 3 款的规定，第 1 项停止效力之保险契约，于停止效力之日起 6 个月内清偿保险费，保险契约约定之利息及其他费用后，翌日上午零时起，开始恢复其效力。要保人于停止效力之日起 6 个月后申请恢复效力者，保险人得于要保人申请恢复效力之日起 5 日内要求要保人提供被保险人之可保证明，除被保险人之危险程度有重大变化已达拒绝承保外，保险人不得拒绝其恢复效力。

效申请时,无须提供可保证明,只需补交保险费及利息,并尚未发生保险事故,保险合同即可自动复效。德国采此立法模式。[1]

我国《保险法》第 37 条规定,保险合同复效须以保险人与投保人达成协议为要件。从表面上看来,将是否能够复效委诸当事人的协议,似乎颇为公平合理,究其实际,并不符合保险合同复效的立法宗旨。[2]将达成协议作为复效要件,其目的在于防止被保险人的危险逆选择,使得保险人对于承保标的(物)的危险进行重新评估。但是,一般来讲人的身体状况发生变化需要经历长时间才能显现出来,尤其是慢性病属于病程长且通常情况下发展缓慢的疾病,而依现有的医学技术很难准确诊断出病因最初发生的时间点以及详细的病情变化过程。即便被保险人病情在合同中止期间显现或恶化,而这种变化在合同订立之初便已经进行危险评估,属于保险人的危险承保范围,且投保人对此危险已支付对价。虽然,保险合同效力中止,可作为保险人免于承担保险责任的事由。但是,至少在投保人申请保险合同复效时,被保险人身体发生的这种变化不应成为保险人拒绝合同复效的借口。因此,《保险法司法解释(三)》第 8 条,虽较之《保险法》第 37 条,对保险人的合同复效控制权进行了限制,[3]但是对被保险人利益之保护仍有失公平之处。

---

[1]《德国保险合同法》第 38 条规定,①如果投保人未及时缴纳第 2 期及以后之保险费,则保险人可以书面方式通知投保人应在两周以上的给付期限内交纳剩余保险费,……③在上述期限届满后,只要投保人仍未缴纳保险费本金及利息,保险人可以不经事先通知而终止保险合同。……如果投保人在保险合同终止后或在上述给付期限届满后 1 个月内支付了保险费本金及利息,若保险事故尚未发生的,则可排除终止合同之效力。孙宏涛:《德国保险合同法》,中国法制出版社 2012 年版,第 70-71 页。

[2] 徐卫东主编:《保险法学》(第 2 版),科学出版社 2004 年版,第 160 页。

[3] 即除被保险人的危险程度在中止期间显著增加外,保险人不得拒绝合同恢复效力。

从上述四种复效条件模式来看，同意模式赋予保险人决定合同复效决定权，可能会导致保险人权利滥用，损害投保人和被保险人合法权益的现象发生。而可保模式中保险人对于合同复效虽无绝对的控制权，但需要证明被保险人具备可保性，而这种可保性的判断标准几乎与保险合同订立之初的投保条件相当。在自动复效模式下，容易导致投保人危险逆选择，即投保人在被保险人身体情况好时拖欠保险费，而有疾病时才补交保险费。德国保险法采用自动复效模式，但规定投保人补交保险费后保险合同复效时点为在保险合同终止后或在上述给付期限届满后 1 个月内，且需符合保险事故尚未发生的条件。在投保人补交保险费的时点与保险合同复效的时点之间留出空当期，规定在此期间发生保险事故的，保险人不承担保险责任。这一空档期通常被称为观察期或免责期。观察期的约定在一定程度上控制投保人危险逆选择的可能性，是保险人常用的控制风险措施之一。而根据我国《保险法司法解释（三）》第 8 条第 3 款规定，投保人补交保险费后保险合同复效时点为补交保险费之日恢复效力。投保人补交保险费的时点与保险合同复效的时点之间采用的是无缝对接立法模式，不存在观察期，如效仿德国保险法采用自动复效模式，则容易导致投保人危险逆选择的结果。相比之下，宽松的可保模式较为合理。前一阶段距保险合同效力中止时间较短，被保险人身体状况发生变化之可能性较小，相应地投保人逆选择之可能性较低的考虑[1]，故采用自动复效模式。而后一阶段，因距保险合同效力中止时间相对较长，被保险人发生危险之概率增大，导致投保人逆选择可

---

[1] 梁鹏：“保险合同复效制度比较研究”，载《环球法律评论》2011 年第 5 期。

能性风险加大所致，采取可保模式较为合理。[1]从整体上来看，宽松的可保模式能够相对公平的平衡双方当事人利益。

实际上，无论是德国采用的自动复效模式，还是我国台湾地区采用的宽松可保模式，即便在防止投保人危险逆选择的方式不同，但模式的基本原理是彼此相通的。详言之，德国虽采用自动复效模式，但在投保人补交保险费的时点与保险合同复效的时间之间留出观察期，以期间方式控制投保人的逆选择风险。而我国台湾地区"保险法"则对于距保险合同效力中止时间相对较长的复效申请，设置可保条件来控制投保人逆向选择风险。比较之下，宽松的可保模式对于投保人的逆选择风险控制更加有力。此外，由于我国现行保险法对于保险合同复效时点为补交保险费之日恢复效力，不存在空档期，因此，建议采用宽松的可保模式与我国现行法律规定更为协调。

（五）违反安全维护义务情形分析

《保险法》第 51 条[2]规定被保险人的安全维护义务，但无论是违反义务的范围，还是法律后果，都规定的过于笼统和模糊。由于安全维护义务属于双方约定的范畴，保险人在制定保险合同条款时，无不以其自身利益为出发点，尽量扩张被保险人安全维护义务的范围，再于其违反约定义务时，极尽主张免除保险责任承担，损害投保人和被保险人的利益。因而，我国《保险法》亟须对此作出相应的明确回应。下文将围绕安全维护

---

[1] 梁鹏："保险合同复效制度比较研究"，载《环球法律评论》2011 年第 5 期。

[2] 《保险法》第 51 条规定，被保险人应当遵守国家有关消防、安全、生产操作、劳动保护等方面的规定，维护保险标的的安全。保险人可以按照合同约定对保险标的的安全状况进行检查，及时向投保人、被保险人提出消除不安全因素和隐患的书面建议。投保人、被保险人未按照约定履行其对保险标的的安全应尽责任的，保险人有权要求增加保险费或者解除合同。保险人为维护保险标的的安全，经被保险人同意，可以采取安全预防措施。

义务的范围限定以及法律后果两个方面进行重点论述。

1. 安全维护义务的范围限定

《保险法》第 51 条概括性地规定，被保险人应当遵守"国家有关消防、安全、生产操作、劳动保护"等方面的规定，维护保险标的的安全。[1]但国家有关于此之规定烦冗复杂、何其之多，社会大众一般情况下很难全面了解。从公允的角度来讲，现行法律对义务人施加过分的注意义务，其承担的责任过于严苛。因此，《保险法》应当对安全维护义务的约定范围进行必要的限定。依照《保险法》第 16 条第 2 款之规定，投保人履行如实告知义务以重要事实为限，且这种重要事实的判断标准以足以影响保险人决定是否同意承保或者提高保险费率的[2]为据。对照之下，此处被保险人的安全维护义务亦可采用重要性的标准限制。安全维护义务之规范目的，即赋予保险人于保险期间内控制承保危险变动，故被保险人履行之义务必须对保险标的（物）所涉及危险程度之变动具有重要性影响，若保险合同中所约定之安全维护义务事项与所涉危险毫无干系，[3]即不具有重要性之实质性要求，理应免除被保险人的相应义务。而且，即便义务人违反安全维护义务确实引起风险实质性增加，但如果不在合同约定范围之内，保险人仍旧需要承担相应的保险金给付责任。[4]综上，本书建议对被保险人的安全维护义务范围进

---

[1] 参见《保险法》第 51 条。

[2] 参见《保险法》第 16 条第 2 款。

[3] 参见蔡大顺：“论保险法上安全防范义务构成与责任的完善”，载中国保险行业协会编：《保险法理论与实践》，法律出版社 2016 年版，第 191 页。

[4] 参见《欧洲保险合同法原则（PEICL）》第 4：201 条，如果风险合同包括所保风险增加条款，则此条款仅在风险实质增加，且风险属于合同具体指明的风险时才具有效力。欧洲保险合同法重述项目组：“欧洲保险合同法原则”，韩永强译，载梁慧星主编：《民商法论丛》（第 57 卷），法律出版社 2015 年版，第 724 页。

行三项限定：一是被保险人承担的安全维护义务应具有重要性标准；二是被保险人承担的安全维护义务应当与避免标的物遭受保险事故危险之间具有关联性；三是被保险人承担安全维护义务的范围，应以保险合同约定的范围为准。

2. 违反安全维护义务的法律后果重构

通过比较法研究，我国《保险法》虽于第51条第3款[1]对违反安全维护义务的法律后果作出了规定，但规定的过于简单，在未详加区分被保险人主观状态的前提下，一律赋予保险人合同解除权，其法律后果对被保险人过于严苛，有进一步改进和完善之必要性。

（1）违反安全维护义务与保险事故发生有因果关系。

由于被保险人未按照约定履行其对保险标的的安全维护责任，致使保险事故发生的结果，保险人是否可以一律免于承担保险责任？通过对其他国家或地区的立法例考察，发现除我国台湾地区"保险法"[2]与大陆《保险法》采相同立法方式之外，大多数国家对违反安全维护义务的法律后果采取较为宽容的态度，并未一律赋予保险人拒绝承担保险责任的权利，而是在详加区分义务人主观过错程度的基础上，规定不同的法律后果。具体而言，仅在义务人故意违反的情形下，才免除保险人的赔偿责任。在重大过失情形下，保险人应当根据投保人的过错程度相应减少保险金数额，即采取比例给付原则，同时将一般过错

---

[1] 《保险法》第51条第3款规定，投保人、被保险人未按照约定履行其对保险标的的安全应尽责任的，保险人有要求增加保险费或者解除合同的权利。

[2] 我国台湾地区"保险法"第98条规定，①要保人或被保险人，对于保险标的物未尽约定保护责任所致之损失，保险人不负赔偿责任。②危险事故发生后，经鉴定系因要保人或被保险人未尽合理方法保护标的物，因而增加之损失，保险人不负赔偿责任。

情形予以排除。例如,《欧洲保险合同法原则（PEICL）》[1]《意大利民法典》[2]《德国保险合同法》等。其中,《德国保险合同法》第 82 条第 3 款规定,当投保人故意违反本条第 1 款和第 2 款规定的附随义务时,保险人可以拒绝承担保险责任。当投保人基于重大过失违反上述义务时,保险人应根据投保人的过错程度,相应地减少保险金数额；投保人应就其不存在重大过失承担举证责任。[3]不难看出,这种对违反安全维护义务的法律后果进行细化的做法,为义务人合法权益提供更加周延之保障。基于此,我国《保险法》可通过借鉴弃旧从新,根据义务人主观过错程度予以不同的法律效果,赋予保险人不同的法律救济权利。详言之,排除义务人一般过错法律后果,将投保人的主观过错限制在故意和重大过失的限度内,在故意的情形下,保险人不承担保险金赔偿责任。因重大过失违反义务的情形,保险人应按照比例给付原则进行赔付。在一般过错情形下,违反安全维护义务之危险增加,"足以影响保险人决定是否同意承保

---

　　[1]　《欧洲保险合同法原则（PEICL）》第 4：101 条：预防措施是指保险合同中要求保单持有人或者被保险人在保险事故发生前实施或者不实施某行为的条款；经当事人约定,该条款可以是保险人承担赔付责任的条件,也可以不是。第 4：103 条①保险合同可以规定对预防措施之违反可以使保险人部分或者全部免责,但此规定仅在保单持有人或者被保险人以造成损失之故意或者明知可能会造成损失却置之不顾而违反其义务之情形下具有效力。②保险合同可以明确规定保险金按照保单持有人或者被保险人的过错而减少,但保单持有人或者被保险人有权就过失违反预防措施而导致的损失获得保险金。欧洲保险合同法重述项目组："欧洲保险合同法原则",韩永强译,载梁慧星主编：《民商法论丛》（第 57 卷）,法律出版社 2015 年版,第 723-724 页。

　　[2]　《意大利民法典》第 1914 条第 1 款之规定,被保险人应当在可能的限度内避免或减少损害。第 1915 条规定,被保险人恶意不履行通知义务或救助义务,丧失赔偿请求权。如果被保险人因过错而未履行上述义务,保险人有权根据因此所受损失的情况减少损害赔偿金。费安玲、丁玫译,《意大利民法典》,中国政法大学出版社 1997 年版,第 482-483 页。

　　[3]　孙宏涛：《德国保险合同法》,中国法制出版社 2012 年版,第 79 页。

或者提高保险费率的[1]，保险人可以增加保险费或将增加风险列为除外条款或降低保险金赔付比例等，如双方无法达成协议，保险人有权终止保险合同。

(2) 违反安全维护义务与保险事故发生无因果关系。

在保险事故的发生与投保人违反安全维护义务之间不存在因果关系的情形下，保险人是否应当承担保险责任？对此，《德国保险合同法》第82条第4款作出了规定，"如果投保人违反附随义务的行为与保险事故发生以及保险人责任范围并无直接关联，则保险人仍应承担保险责任，但投保人故意违反上述义务的情形下除外。"[2]可见，在无因果关系的情况下，被保险人虽违反安全维护义务，但并未打破保险合同的对价平衡，因此，保险人依然需要承担保险责任。

综上所述，《保险法》第51条的法律后果，可在区分被保险人主观过错的基础上，针对不同情形规定相应的救济权利。具体而言，当被保险人故意违反义务时，保险人可以免于承担保险责任。当被保险人因重大过失违反义务时，保险人应根据被保险人的过失按照比例原则确定其承担的保险责任。当投保人因一般过失或无过错未履行义务，确实达到足以影响保险人决定是否同意承保或者提高保险费率的实质性标准，且双方当事人就承保风险无法达成新的协议（增加保险费、将增加风险设置为责任除外条款、降低赔付比例），最终也可以选择终止保险合同。

(六) 违反危险增加的通知义务情形分析

基于保险法最大诚信原则和对价平衡原则，保险合同在订立之时，保险人根据投保人告知的保险标的状况进行风险评估，

---

[1] 参见《保险法》第16条第2款。
[2] 孙宏涛：《德国保险合同法》，中国法制出版社2012年版，第79页。

进而计算投保人所需支付保险费数额。保险合同成立后,双方当事人根据合同内容履行相关权利义务。然保险合同为继续性合同,在保险合同期间不排除保险标的物危险因素发生变化,当危险增加足以影响原保险合同之对价平衡时,则应重新审视合同内容作出及时调整。因此,合同内容变更之首要条件即为被保险人的危险增加通知义务。

1. 危险程度显著增加的认定标准

与2002年《保险法》相比,我国现行《保险法》第52条将危险程度增加修订为危险显著增加时,被保险人才承担通知义务,进一步限制了保险人的合同解除权。但对于危险程度显著增加之认定标准,我国现行保险立法尚付之阙如。学界通说认为应当具备三大特征：重要性、持续性、不可预见性。

(1) 重要性。

保险合同订立后,虽然保险标的之危险状况有所改变,但如果未破坏双方当事人订立保险合同的对价平衡关系,被保险人则无通知的必要。反之,被保险人则需要对保险标的危险状况的改变及时通知保险人。因此,危险状况的改变必须达到破坏保险合同对价平衡关系时,才可称之为显著增加,也即达到重要性之标准。而如何具体界定此处之破坏保险合同对价平衡关系呢？通过对大陆法系国家或地区立法例之考察,发现多采足以影响保险人决定是否同意承保或者提高保险费率之类似表达。譬如,《意大利民法典》对于重要性的界定为,保险人会作出不同意保险或在增加保险费的条件下同意保险的决定[1]。

---

[1]《意大利民法典》第1898条第1款,在情况发生新变化并在契约缔结时为保险人所了解时,保险人会作出不同意保险或在增加保险费的条件下同意保险的决定,则投保人有义务将风险增大的变化立即通知保险人。费安玲、丁玫译：《意大利民法典》,中国政法大学出版社1997年版,第478页。

《日本保险法》中基于危险增加的告知事项是指,保险合同规定的保险费不足以满足以该危险为计算基础计算出的保险费状态的。[1]并且,我国现行《保险法》第16条第2款中关于投保人履行如实告知义务之重要事实判断标准亦以足以影响保险人决定是否同意承保或者提高保险费率为据。[2]因此,对于此处危险增加之重要性标准界定标准不妨与《保险法》第16条第2款保持一致。

(2)持续性。

危险增加除具有重要性以外,在保险合同订立后,危险状况的改变必须继续不变地持续一段期间,[3]否则若危险状况改变之后立即促使保险事故之发生,则属保险事故发生之促成,其效果应当依有关保险事故发生规定定之,或危险状况只是在短时间内改变,之后便恢复原状,则非这里所说的危险增加情形。[4]

(3)不可预见性。

除重要性及持续性外,危险增加的内涵还必须具有不可预见性。[5]关于危险增加之不可预见性,樊启荣和孙宏涛两位先

---

[1] 沙银华:《日本保险经典判例评释》(修订版),法律出版社2011年版,第197页。

[2] 参见《保险法》第16条第2款。

[3] 孙宏涛:"我国《保险法》中危险增加通知义务完善之研究——以《保险法》第16条第3款为中心",载《政治与法律》2016年第6期。

[4] 江朝国:《保险法基础理论》,中国政法大学出版社2002年版,第242页。

[5] 孙宏涛:"我国《保险法》中危险增加通知义务完善之研究——以《保险法》第16条第3款为中心",载《政治与法律》2016年第6期。因情势变更而破坏了原本保险合同形成的对价平衡关系,且该危险增加的状况又属于承保风险性质允许的范围之内,保险人未能在缔约之初对其评价。徐卫东、高宇:"论我国保险法上危险增加的类型化与危险增加的通知义务",载《吉林大学社会科学学报》2002年第2期。也即危险状况之改变须订立合同之时未曾预料而未予以估计者,若其危险状况已经计算在内,则不影响对价平衡原则,故不属于此处所述之危险增加。参见江朝国:《保险法基础理论》,中国政法大学出版社2002年版,第244页

生主张应将不可预见性称为未曾估价性。[1]本书认为,危险程度显著增加之不可预见性包括两个要素,即不可预见和未被估价。不可预见应解释为保险人对于个案承保标的之危险增加情形不可预见,而非对于这一类型险种所遭遇之全部危险情形。首先,类型险种所能遭遇的危险增加情形,保险人固然可通过专业风险管理进行预知和了解,但不代表所有承保的个案都会遭遇类型险种所可能遭遇的全部危险。因此,对于个案所要遭遇的危险状况,立法仍然需要被保险人就危险显著增加之情形通知保险人。其次,正是因为个案所遭遇特定危险之差异,危险增加之不可预见,这才导致保险人在缔约之时未予估算。因此,不可预见和未被估价是危险程度显著增加之不可预见性的两个方面,两种学说分别从不同方面阐释了危险增加的实质要义。

2. 危险程度显著增加的类型化分析

当抽象——一般概念及其逻辑体系不足以掌握某生活现象或意义脉络的多样表现形态时,首先会想到的辅助思考形式是类型。[2]目前,我国保险立法尚未对危险增加的不同情形详加区分,而对违反危险增加通知义务规定了相同的法律后果,这

---

〔1〕 樊启荣和孙宏涛两位先生主张应将不可预见性称为未曾估价性,主要基于以下考虑,不可预见性这一表述容易让读者产生误解,认为增加的危险是双方当事人未曾预见或不可预见的。事实上,保险人作为专业的风险分散者具备雄厚的经济实力和极强的风险管理能力,其对许多险种中危险增加的情形都是可以预见的。只不过在订立保险合同的时候,保险人并未将上述危险增加的事实作为算定保险费率的基础,因此,将不可预见性表述为未被估价性更为合理,也更容易为读者所理解。孙宏涛:"我国《保险法》中危险增加通知义务完善之研究——以《保险法》第 16 条第 3 款为中心",载《政治与法律》2016 年第 6 期。

〔2〕 [德]卡尔·拉伦茨:《法学方法论》,陈爱娥译,商务印书馆 2003 年版,第 337 页。

与保险法要求的最大诚信原则不符。[1]

（1）主观危险增加与客观危险增加。

本书通过考察大陆法系国家（地区）的相关立法，进行比较法研究。①依照我国台湾地区"保险法"第59条，该条款将主观危险增加定义为由于要保人或被保险人之行为所致，客观危险增加定义为不由于要保人或被保险人之行为所致者。[2]对于危险增加之情形，保险人可提议另定保险费或终止契约，但对于因主观危险增加而终止契约之情形，保险人如有损失，可向要保人或被保险人请求赔偿。[3]②依照《韩国商法》第652条、第653条之规定，韩国保险法将主观危险增加定义为因投保人、被保险人或受益人的故意或重大过失导致保险事故发生的危险显著变更或增加。[4][5]客观危险增加定义为投保人或被

---

[1] 应当看到的是，我国学术界已经对于危险程度"显著增加"类型化进行研究，一方面可以更加合理地区分不同情形下危险增加之义务及法律后果，另一方面则为我国现行《保险法》第52条的完善奠定法理基础和提供立法支持。参见孙宏涛："我国《保险法》中危险增加通知义务完善之研究——以《保险法》第16条第3款为中心"，载《政治与法律》2016年第6期。

[2] 我国台湾地区"保险法"第59条规定，要保人对于保险契约内所载增加危险之情形应通知者，应于知悉后通知保险人。危险增加，由于要保人或被保险人之行为所致，其危险达于应增加保险费或终止契约之程度者，要保人或被保险人应先通知保险人。危险增加，不由于要保人或被保险人之行为所致者，要保人或被保险人应于知悉后十日内通知保险人。危险减少时，被保险人得请求保险人重新核定保费。

[3] 我国台湾地区"保险法"第60条第1款，保险遇有前条情形，得终止契约，或提议另定保险费。要保人对于另定保险费不同意者，其契约即为终止。但因前条第2款情形终止契约时，保险人如有损失，并得请求赔偿。

[4] 《韩国商法》第652条规定，①保险期间，投保人或被保险人得知保险事故发生的显著变更或增加的，应立刻通知保险人。怠于通知的，保险人自得知该事实之日起1月内，可终止合同。②保险人自收到第1款的通知之日起1个月内，可请求增加保险费或终止合同。崔吉子、黄平：《韩国保险法》，北京大学出版社2013年版，第263页。

[5] 孙宏涛："我国《保险法》中危险增加通知义务完善之研究——以《保险法》第16条第3款为中心"，载《政治与法律》2016年第6期。

保险人得知保险事故发生的显著变更或增加〔1〕。韩国保险法虽区分危险增加的主客观原因，但这种区分在法律后果上并未体现出来，统一赋予保险人增加保险费或终止合同两种权利。③《德国保险合同法》第23条将主观危险增加定义为投保人未经保险人许可自己实施了或允许第三人实施了增加承保风险的行为，客观危险增加定义为非基于投保人的原因导致承保风险增加。〔2〕〔3〕对于主观危险增加之情形（包括故意和重大过失两种情形），保险人可以不经事先通知而终止合同。对于客观危险增加以及投保人违反义务主观状态是一般过失之情形，保险人可以事先通知投保人并在1个月后终止保险合同。〔4〕

从文义解释来看，我国台湾地区"保险法"在区分主客观危险增加时，仅以该危险状况是否由要保人或被保险人之行为

---

〔1〕《韩国商法》第653条规定，保险期间，因投保人、被保险人或受益人的故意或重大过失导致保险事故发生的危险显著变更或增加的，保险人自得知该事实之日起1个月内，可请求增加保险费或终止合同。崔吉子、黄平：《韩国保险法》，北京大学出版社2013年版，第263页。

〔2〕《德国保险合同法》第23条规定，①在与保险人订立合同后，未经保险人许可的情况下，投保人不能实施增加承保风险的行为或允许第三人实施增加承保风险的行为。②如果投保人未经保险人许可自己实施了或允许第三人实施了增加承保风险的行为后发现上述事实就应当立即向保险人通知承保风险增加的事实。③在投保人与保险人订立合同后，如果由于非基于投保人的原因导致承保风险增加，投保人必须在其知晓上述事实后立即将上述情况通知保险人。孙宏涛：《德国保险合同法》，中国法制出版社2012年版，第67页。

〔3〕孙宏涛："我国《保险法》中危险增加通知义务完善之研究——以《保险法》第16条第3款为中心"，载《政治与法律》2016年第6期。

〔4〕《德国保险合同法》第24条，①如果投保人违反了本法第23条第1款规定的义务，保险人可以不经实现通知而终止合同。如果投保人违反义务的主观状态是一般过失，则保险人可以事先通知投保人并在1个月后终止保险合同。②在出现第23条第3款规定的承保风险增加的事实后，保险人可以事先通知投保人并在1个月后终止保险合同。③如果保险人在发现承保风险增加的事实后并未在1个月内按照本条第1款和第2款的规定行使终止合同的权利或保险标的已回复到危险增加前状态的，上述终止权消灭。孙宏涛：《德国保险合同法》，中国法制出版社2012年版，第67-68页。

所致为标准,忽视了对行为人主观心理状态的考量。如若危险状况虽非由投保人或被保险人行为所致,但其于知悉后于法律上或事实上本应当消除该状况,应为而不为,依法仍将之归于客观危险增加情形,课以较轻之义务,显属不当,违背了保险合同最大诚信原则之本质。[1]相较之下,韩国、德国保险法将行为人主观心理状态和客观行为结合起来作以考量更为可取。而且在危险状况非由行为人所致,行为人当为而不为的情形下,主观心理状态之考量因素显得更为重要。因此,本书主张在区分主客观危险增加时,不仅要考察被保险人行为的客观方面,还要依其主观心理状态来确定,即以主观主义为主,客观主义为辅。以是否可归责于被保险人之事由为标准,当被保险人在主观上具有可归责事由,且其行为(包括积极作为或消极不作为)违反危险增加通知义务,则属于主观危险增加。反之,当保险标的物危险之增加不可归责于被保险人主观过错,则应属于客观危险增加。

(2)约定危险增加与未约定危险增加。

按照是否以书面约定为标准,可将危险增加之情形分为约定危险增加和未约定危险增加。[2]其中,约定危险增加,是指危险增加的类型,属于保险合同记载之危险增加。未约定危险增加,是指所增加危险的类型,不属于保险合同记载之危险增加,但是该危险会增加保险事故发生的概率。[3]对于双方当事人在保险合同中约定之情形是否均为危险增加之显著情形,需

---

[1] 参见江朝国:《保险法基础理论》,中国政法大学出版社2002年版,第245-246页。

[2] 徐卫东、高宇:"论我国保险法上危险增加的类型化与危险增加的通知义务",载《吉林大学社会科学学报》2002年第2期。

[3] 刘宗荣:《新保险法:保险契约法的理论与实务》,中国人民大学出版社2009年版,第146页。

被保险人履行告知义务？对此，学者之间的观点存在分歧。如有学者持肯定意见，[1]但也有学者持反对意见。[2]

　　肯定意见的合理之处在于，保险合同所载危险增加之情形，如系双方当事人间约定，依照约定优于法定的原则，即便约定事项不具有危险增加的实质性，但当事人主观上视为重要，即为重要，这是契约自由选择的结果。然而肯定意见却忽略了保险合同的特殊性，也就是保险合同为定式合同的本质，定式合同最主要的特征在于其条款的不可协商性，[3]即所谓"要么接受，要么走开（take it or leave it）"。[4]此外，保险人无论是在经济上或法律均处于较强的地位，为规定己方风险及责任，更倾向于在保险合同中预先拟定反映其单独意志的合同条款强加于被保险人。被保险人哪里还能享受得到与保险人讨价还价的机会和乐趣呢？因此，在保险合同中，契约自由原则受到一定程度的限制，让经济地位悬殊的两方当事人谈契约意思自治，结果只能是当事人自愿的虚假性。所以，本书认为，从最大诚信原则及实质公平的角度来看，反对意见更加有助于保护处于

---

　　〔1〕 肯定意见认为，依当事人约定而列为重要危险增加，纵然客观上不属于重要危险的增加，也在其内。引自刘宗荣：《新保险法：保险契约法的理论与实务》，中国人民大学出版社2009年版，第146页。

　　〔2〕 反对意见认为，保险合同中，约定对特定事项应负通知义务，包括：一是该特定事项从实际上来说确已致重要危险增加的标准，同时双方又在合同中约定明示……二是合同中虽约定该事项发生须负危险增加的通知义务，但该危险增加不属于重要危险增加。此时，令当事人对此负担危险增加的通知义务，不合该义务设定的本旨，反给保险人推卸责任提供了理由……因此，不能赋予合同中对特定事项须负危险增加通知义务的约定以绝对效力。引自徐卫东、高宇："论我国保险法上危险增加的类型化与危险增加的通知义务"，载《吉林大学社会科学学报》2002年第2期。

　　〔3〕 即定式合同的使用者预先将自己的意志表示为文字，与之缔结合同的对方当事人只能对之表示全部接受或全部不接受，而无与之就合同的个别条款进行协商的余地。引自李永军：《合同法》（第3版），法律出版社2010年版，第216页。

　　〔4〕 李永军：《合同法》（第3版），法律出版社2010年版，第216页。

弱势地位的被保险人利益。针对保险合同中约定的危险显著增加情形，应进行实质性审查，审查标准应以危险程度显著增加认定的三个特征（重要性、持续性、不可预见性）为据。如果约定之危险增加情形，符合显著增加认定的三个特征，则被保险人应及时通知保险人。在被保险人违反危险增加通知义务时，应当承担相对不利的法律后果。[1]反之，则应免除被保险人之通知义务。例如，《德国保险合同法》第 27 条关于危险非实质性增加的表述。[2]

3. 危险增加通知义务之免除

一方面，当保险标的的危险程度达成显著增加标准时，被保险人应当及时通知保险人，[3]以便保险人明了其所承保标的物危险之现状，并即时采取措施，以恢复保险合同对价平衡之关系。另一方面，若被保险人违反通知义务，则法律苛责不利后果以示惩罚，此乃一般原则，然亦有例外，即危险显著增加之情形被保险人无须通知者。[4]依我国台湾地区"保险立法"[5]来看，有以下几种情形。

（1）损害之发生不影响保险人之负担者。

通知义务产生的前提是所增加之危险打破了原对价平衡的

---

[1] 孙宏涛："我国《保险法》中危险增加通知义务完善之研究——以《保险法》第 16 条第 3 款为中心"，载《政治与法律》2016 年第 6 期。

[2] 如果承保风险并未实质性增加，或者基于当时的具体情况可以推定增加的危险也应当属于保险合同的承保范围时，投保人的危险增加通知义务不予适用。引自孙宏涛：《德国保险合同法》，中国法制出版社 2012 年版，第 68 页。

[3] 徐卫东、高宇："论我国保险法上危险增加的类型化与危险增加的通知义务"，载《吉林大学社会科学学报》2002 年第 2 期。

[4] 江朝国：《保险法基础理论》，中国政法大学出版社 2002 年版，第 248 页。

[5] 我国台湾地区"保险法"第 61 条，危险增加如有左列情形之一时，不适用第 59 条之规定，①损害之发生不影响保险人之负担者。②为防护保险人之利益者。③为履行道德上之义务者。

关系，故而要求被保险人及时告知，有利于保险人适时作出调整。也就是说，只有增加之危险加重保险人负担时，被保险才负有通知义务。如若增加之危险未加重保险人负担，对价平衡之状态仍在持续，则被保险人无须通知。那么，如何判断危险增加会加重保险人负担呢？根据我国现行《保险法》第52条之规定，危险程度显著增加时则加重保险人负担的界限。反面推之，则危险增加未达到显著程度，被保险人当然无须通知。可见，我国台湾地区规定，"危险增加不影响保险人者"为免除通知义务之要件，与我国现行《保险法》第52条要求危险增加达显著程度之要件是一个硬币的正反两面。

（2）为避免或减轻损害之必要行为者。[1]

危险增加通知义务之必要性理由，在于危险增加情况之产生容易导致保险事故之发生，而使保险人蒙受和其所受对价不平衡之不利，故被保险人应将之通知保险人，使其得终止契约或提高保险费。[2]但如果被保险人出于善意，于保险标的物遭遇危险时，采取某种行为而导致危险显著增加之情形，譬如将汽车驶离火灾现场，却不慎发生刮擦或碰撞，行为人出于善意，虽结果仍无法避免或者反而使得保险标的物造成损害之发生，但仍然应当免除其危险增加通知义务，以鼓励保险利益主体于遭遇保险事故发生或发生之虞时，尽量设法避免损害的发生或

---

〔1〕 此处以为避免或减轻损害之必要行为者代替台湾地区"保险法"中之为防护保险人之利益者，原因在于，若坚持以危险增加为防护保险人之利益者为免除通知义务之要件，则于判断是否为防护保险人利益时，除了须探讨当事人主观上是否具有为保险人而为之动机外，更需解释何谓保险人之利益……因此，为解决此问题除了依法律解释方式外，以为避免或减轻损害之必要行为者代替为防护保险人之利益者，以符合本款之保险法理。江朝国：《保险法基础理论》，中国政法大学出版社2002年版，第250-251页。

〔2〕 江朝国：《保险法基础理论》，中国政法大学出版社2002年版，第249页。

扩大。此法理与我国现行《保险法》第 57 条第 2 款[1]之立法理由有相通之处。

(3) 为履行道德上之义务者。

一般情况下，保险承保之危险皆为非因故意行为所致且并不一定会发生，如保险事故之发生系被保险人故意行为而导致，保险人则不承担保险责任。但也有例外情形，如我国《保险法》第 52 条第 1 款[2]规定的自杀条款，自杀一直被作为除外责任对待，因为承认保险人对自杀的保险责任，可能有助于道德危险的发展。[3]但现行立法对自杀行为有条件给付保险金的理由之一在于体现人文主义关怀，履行道德上的义务。[4]

关于危险增加通知义务之免除，除了台湾地区"保险法"61 条仅适用于危险增加通知义务免除的上述三种情形之外，还有第 62 条规定三种免除通知义务之情形："一、为他方所知者；二、依通常注意为他方所应知，或无法诿为不知者；三、一方

---

[1] 《保险法》第 57 条第 2 款规定，保险事故发生后，被保险人为防止或者减少保险标的的损失所支付的必要的、合理的费用，由保险人承担；保险人所承担的费用数额在保险标的损失赔偿金额以外另行计算，最高不超过保险金额的数额。

[2] 《保险法》第 44 条第 1 款规定，以被保险人死亡为给付保险金条件的合同，自合同成立或者合同效力恢复之日起 2 年内，被保险人自杀的，保险人不承担给付保险金的责任。如果自杀发生在 2 年以后，保险人则承担给付保险金的责任。以被保险人死亡为给付保险金条件的合同，自合同成立或者合同效力恢复之日起 2 年内，被保险人自杀的，保险人不承担给付保险金的责任。如果自杀发生在 2 年以后，保险人则承担给付保险金的责任。

[3] 韩长印、韩永强编著：《保险法新论》，中国政法大学出版社 2010 年版，第 154 页。

[4] 诚如江朝国先生所言，为履行道德上之义务而产生之危险增加或保险事故皆由保险人承担，此原则落实于保险法，一方面有助于鼓励人类道德感之发挥，另一方面亦凸显出保险制度除了斤斤计较于保险赔偿和保险费之危险控制之对价平衡之外，仍具有道德性之本质。引自江朝国：《保险法基础理论》，中国政法大学出版社 2002 年版，第 251 页。

对于他方经声明不必通知者。"[1]

4. 违反危险增加通知义务的法律后果[2]

从保险法最大诚信原则和对价平衡原则的角度出发,若被保险人违反危险增加通知之法定义务,则应对其苛责相应之不利法律后果。但我国《保险法》第52条规定之法律后果过于简单,仍然有进一步完善的必要和空间。

具体而言,本书认为,对于被保险人违反危险增加通知义务的法律后果,可依被保险人主观过错程度加以区分:①被保险人故意不履行通知义务的,保险人有权解除合同。对于合同解除前发生的保险事故,不承担赔偿或者给付保险金的责任,并不退还保险费(这里的保险费应当是整个期间的保险费)。②被保险人因重大过失未履行危险增加通知义务,足以影响保险人决定是否同意承保或提高保险费率的,保险人有权解除保险合同。对于合同解除权前发生保险事故的,保险人应当根据被保险人的过错程度按照比例给付原则承担相应的保险责任,并退还剩余期间保险费。③被保险人因一般过失或无过错而违反危险增加通知义务,保险人无权解除保险合同。发生保险事故的,保险人应当承担赔偿或者给付保险金的责任。但如果被保险人未履行危险增加通知义务,足以影响保险人决定是否同意承保或提高保险费率的,保险人有以下顺位的救济途径:双方就保险合同条款重新进行协商(增加保险费、将增加风险设

---

[1] 江朝国:《保险法基础理论》,中国政法大学出版社2002年版,第252页。

[2] 需要说明的是,此处探讨之危险程度显著增加并已发生保险事故的情形,是指原保险合同危险状况因某特定情事之发生而变换至另一新状况,且此新状况继续不变地持续一段时间后,发生保险事故。而若原危险状况改变之后立即促使保险事故之发生,则属保险事故发生之促成,其效果依有关保险事故发生之规定定之,而非此所谓之危险增加。引自江朝国:《保险法基础理论》,中国政法大学出版社2002年版,第242页。

置为责任除外条款、降低赔付比例）；终止保险合同。

《保险法》第 52 条第 1 款赋予了双方当事人约定增加保险费或者解除合同的权利。但是，对于被保险人因一般过失或无过错而违反危险增加通知义务的情形，保险人两种救济权利的行使顺序应当予以限制。如果赋予当事人约定选择的权利，那么这种选择的权利必然旁落于保险人一方，被保险人几乎没有商量的余地。尽管被保险人在理论上仍是自由的，但其选择常常被限制在同意或不同。[1]因此引发的问题在于契约自由导致契约非正义。详言之，创设情势变更原则之目的在于避免非正义之结局，[2]保险法上危险增加通知义务之法理基础正是在于情势变更原则之引用，唯于因情势变更而致使契约双方当事人之对价有显然不平衡之情形，才得以适用之。[3]而我国《保险法》第 52 条第 1 款之规定，为避免情势变更所造成的非正义结局，实则却造成另一个非正义。即情势变更之发生不可归责于保险人和被保险人，立法表面上赋予双方约定的权利，实质上却给予保险人增加保险费或者解除合同两种权利救济，而被保险人虽无过错可言，结果则要承受情势变更所带来的全部不利益。因此，为公允起见，限制契约自由就显得十分迫切。具体做法是，限制保险人的选择权，保险人必须先与被保险人进行协商（增加保险费、将增加风险设置为责任除外条款、降低赔付比例），在协商未果的前提下，保险人才可以终止保险合同。

---

[1] [英] P. S. 阿狄亚：《合同法导论》（第 5 版），赵旭东等译，法律出版社 2002 年版，第 15 页。

[2] 即当事人订立合同时所依据的客观条件已经发生了变更，而当事人在缔约时没有预见而且变更的发生系不可归责与当事人的事由，如果法律再强迫当事人按照契约的规定去履行将导致极不公正的结果时，就使得契约自由背离了其核心——契约正义。李永军：《民法总论》（第 2 版），法律出版社 2009 年版，第 58 页。

[3] 江朝国：《保险法基础理论》，中国政法大学出版社 2002 年版，第 241 页。

第二节　论约定解除

约定解除，是指根据一方或双方当事人的意思表示，保留合同解除权的解除。[1]《合同法》第93条[2]以及《保险法》第15条规定了约定解除情形。因约定解除与法定解除在法律效果方面是相同的，其区别主要在于解除权之发生原因，故下面所要讨论的仅为约定解除之条件及范围。至于约定解除其余问题，因其具有灵活性，以及内容的任意性之特点，故实难作统一解释，应属于契约自由的范畴。[3]

一、约定解除条件与法定解除条件之适用关系

依我国《保险法》第15条之规定，保险合同可根据当事人的合意予以保留合同解除权，也即当事人可在合同中约定解除权产生的条件。但这是否意味着约定解除可以排除适用法律规定的解除权产生条件呢？这涉及约定解除条件与法定解除条件的关系问题。

（一）合同法上学说观点梳理

从合同法理论来看，对此问题主要存有以下观点：一是约定解除条件排斥法定解除条件说，即约定优于法定。[4]二是，法定

---

[1] 韩世远：《合同法总论》，法律出版社2004年版，第590页。
[2]《合同法》第93条第2款规定，当事人可以约定一方解除合同的条件。解除合同的条件成就时，解除权人可以解除合同。
[3] 参见李永军：《民法总论》（第2版），法律出版社2009年版，第542页。
[4] 约定解除条件排斥法定解除条件说，合同约定的解除条件合法有效，且已经排斥了法定解除条件的适用，因为按照意思自治原则的要求，当事人的约定处于优先的地位。引自崔建远主编：《合同法》（第5版），法律出版社2010年版，第246页。

解除条件大于约定解除条件说,即法定优于约定。[1]三是折中说,即在不违反强制性规定,排除导致不公正、不适当的法律后果的前提下,有约定依约定,无约定依法定。[2]

(二) 保险法上适用关系简述

对于保险法中约定解除条件与法定解除条件的关系问题,邹海林先生认为应当坚持以下原则:"第一,准确区分《保险法》上的强制性规范,确认评价强制性规范的标准以及此等规范所具有的干预或取代当事人的意思表示的法律效力;第二,充分尊重保险合同的条款,除强制性规范外,《保险法》的规定不应当成为司法实务乃至保险实务评价或认识保险合同的权利义务关系的法律适用基准,当事人在保险合同中表达的意思,其地位优于《保险法》上的规范;第三,除强制性规范外,《保险法》上的规范仅具有补充当事人的意思表示的作用,当事人在保险合同中没有意思表示或者意思表示不明,才有适用《保险法》规范的余地。"[3]邹海林先生观点,实际上与合同法的折中说是一致,可简单地概括为,在不违反强制性规定的大前提下,有约定依约定,无约定依法定。

(三) 作者观点陈述

契约自由是私法自治在合同法上的体现,保险契约为一私

---

[1] 法定解除条件大于约定解除条件说,即任何时候法定解除条件都可以适用,否则,法律规定解除条件便失去了意义。意思自治原则不是至高无上的,而是受到公序良俗原则等强制性规定限制的。引自崔建远:"合同解除的疑问与释答",载《法学》2005年第9期。

[2] 折中说,其要点包括:①在约定的解除条件已经涵盖了全部解除条件的情况下,只要这些约定不违反法律、行政法规的强制性规定,不会导致极不公正的后果,约定的解除条件排斥法定解除条件。②在约定的解除条件没有涵盖全部解除条件的情况下,在未涵盖的领域,应当适用法定解除条件。③如果约定的解除权产生的条件,尤其是排除法定解除权的约定,将造成极不适当的后果,或者违反了强制性规定,则此类约定无效。引自崔建远主编:《合同法》(第5版),法律出版社2010年版,第246页。

[3] 宋志华主编:《保险法评论》(第5卷),法律出版社2013年版,第6页。

法契约,应有契约自由原则之适用,并应严守缔约之内容。[1]然保险合同为标准定式合同,保险合同条款多由保险人单方拟定,保险人不免利用其在专业上或法律上的优势地位,在保险合同中预先拟定反映其单独意志的合同条款强加于投保人。这些合同条款中不乏不公平条款和免责条款,这些条款的存在不仅背弃了契约正义,而且打破了合同双方当事人之间的利益平衡。尤其是其中对投保人、被保险人强迫接受的苛刻的免责条款,造成了合同双方当事人之间利益上的矛盾和冲突。[2]因此,如依第一种约定解除条件排斥法定解除条件说,在保险合同中完全不受监管的适用约定优于法定原则,必然会导致保险人以约定的方式排除任意性规范的适用来达到利己目的,使得保险人与投保人之间的利益失衡。

按照是否允许人们根据自己的意志来适用,可以将保险法定解除条件分为强行性规范和任意性规范两类。[3]其中,强行性规范不允许人们按照自己的意志不适用或改变法律规范的内容而行为,这意味着人们不能自行约定,只能无条件的绝对地遵守这种法律规范。[4][5]因此,对于强行性法定解除条件而言,法定解除条件大于约定解除条件说是成立的。

---

〔1〕 江朝国:《保险法逐条释义》(第4卷 人身保险),元照出版有限公司2015年,第548页。

〔2〕 正如阿狄亚指出,标准格式合同的一个极其普遍和令人讨厌的特征是一个"免责条款"的存在,实际上通常规定组织在任何情况下都没有责任。[英]P.S.阿狄亚:《合同法导论》(第5版),赵旭东等译,法律出版社2002年版,第16页。

〔3〕 参见舒国滢主编:《法理学导论》,北京大学出版社2006年版,第108页。

〔4〕 参见舒国滢主编:《法理学导论》,北京大学出版社2006年版,第108页。

〔5〕 例如,《保险法》第15条所确立的保险人不得随意解除合同原则,如果允许保险人在合同中不加限制的适用约定优于法定规则,势必会导致保险人借助单方拟定合同条款的便利,规避《保险法》对其产生的不利法律后果,从而使得立法平衡保险人与投保人利益关系的目的落空。参见王子晏:"保险合同解除权的规范性质和法律适用",载《社会科学家》2012年第12期。

任意性法律规范，则允许人们在一定的限度内按照自己的意志来选择是否适用法律规范所规定的内容。[1]按照传统的民法理论，任意性规范对当事人仅有指导性的意义，当事人可以根据自己的约定排除任意性规范的适用。[2]依通常之情形，保险合同作为私法契约的范畴，应当给予当事人自由约定的空间和权利。例如，韩国《商法》对保险合同仅作了简单的原则性规定，签订保险合同时，当事人可以通过协商确定《商法》未作规定的内容，只要保险合同无韩国《商法》第663条（禁止对投保人等不利的变更）的限制性规定时，约定条款优先适用，在无合同约定时才依照《商法》的有关规定。[3]尽管如此规定单方面强化了保险人的地位，然而正是这些合同补充了韩国保险法，并使之现代化、合理化。[4]有学者也主张，保险合同作为一种民商事合同，从促进交易的角度来讲，对于保险合同约定解除的问题上，不易作过多的强制性规范。

笔者认为，如果是一般民商事合同，对于双方当事人合同约定事项，的确是不易作过多的干涉，应当充分尊重当事人自由意思表示。但保险合同实则不同，这种天然的不平等格式合同，必然会在一定程度上限制投保人的自由意思表示，故有必要对双方约定的解除条件进行适度的监管。并且，鉴于目前我国保险业市场的成熟度和自治性尚有待于提高，与韩国保险业相比较，一方面我国的信用制度有待完善，另一方面我国保险业发展相对滞后。故此，对于保险合同应当适用法定解除条件优先于约定解除条件的原则，但如果保险合同约定的内容，并

---

[1] 参见舒国滢主编：《法理学导论》，北京大学出版社2006年版，第108页。
[2] 李永军：《合同法》（第3版），法律出版社2010年版，第232页。
[3] 崔吉子、黄平：《韩国保险法》，北京大学出版社2013年版，第12—13页。
[4] 崔吉子、黄平：《韩国保险法》，北京大学出版社2013年版，第13页。

不违反法律强制性规定，或者是有悖于保险立法之公平公正，则应当确认约定内容的效力。一言以蔽之，法定解除条件优于约定解除条件，但当约定解除条件不违反强制性规定，且不会导致不公正后果的，则约定解除条件有效。[1]

二、保险合同中约定解除之范围界定

对于合同法上之约定解除范围，一般认为约定解除乃是契约自由在合同解除制度上的反映。只要不违反公序良俗以及第三人的利益，当事人既然可以依照契约自由的原则订立合同，当然也可以依照契约自由的原则解除合同，法律自无干涉的必要。[2]那么，合同法上约定解除之范围是否同样适用于保险法呢？

保险合同属于一种格式合同，与合同当事人之地位平等不同，保险合同中的当事人地位是失衡的，并且保险人处于绝对地优势地位。保险立法之目的即在于尽量平衡这种失衡关系，立法所做的这种努力集中体现在对保险人合同解除权的限制上，即从解除权涉及的各个环节进行监管。例如，解除权的行使条件、行使期间、行使法律效果等。因此，保险法上之约定解除范围，还应有别于合同法。即在尊重当事人私法自治的同时，其契约自由的权利还应在法定的界限内适当行使。下文将从《保险法》第15条切入，进而对整个保险合同约定解除的范围进行阐述。

虽然我国《保险法》在第15条前半段规定，投保人和保险人可以对保险合同进行约定解除。但对于保险合同约定解除的范围，保险立法及司法解释却惜字如金，尚未作出明确规定，

---

[1] 此处可资借鉴立法例。我国台湾地区"保险法"第54条，本法之强制规定，不得以契约变更之；但有利于被保险人者，不在此限。

[2] 李永军：《合同法》（第3版），法律出版社2010年版，第542页。

致使理论和实务上存在意见分歧。[1]笔者认为，保险合同约定解除范围应以《保险法》第 15 条为准，根据该条文的法律规范性质来界定投保人和保险人可以约定解除条件的范围。关于《保险法》第 15 条的性质界定极具争议。有强行性规范说任意性规范说[2]，也有开辟第三条道路的半强制性规范说。[3][4]按照半强制性规范分析来看，对于投保人而言，《保险法》第 15 条属于任意性规范。对于保险人来讲，《保险法》第 15 条则属于强制性规范。这与我国《保险法》规定投保人享有任意解除权，保险人享有法定解除权的立法目的相吻合。如按照任意性规范说来分析，保险人可以在合同中任意约定解除保险合同条件，那么，保险法所规定的保险人法定解除条件将不可避免地被架空和规避，最终将导致保险法对于投保人权利的倾斜性立法保护目的落空。而投保人享有保险合同的任意解除权，作为一种权利，投保人可以行使也可以选择放弃，是私法自治的

---

〔1〕 例如，有观点认为，保险人可以在合同中约定解除合同的规定是指保险人可以在合同约定某些事项，这些事项类似于合同法中附解除条件所指的解除条件，这些解除条件应当是合理的，而不应该是任意的。刘振宇主编：《人身保险法律实务解析》，法律出版社 2012 年版，第 479 页；周玉华：《保险合同法总论》，中国检察出版社 2000 年版，第 233 页。而也有观点则认为，只要当事人双方的约定不违反法律的强制性规定以及公序良俗，当事人可以于合同中任意约定解除保险合同的条件。李寒劲："保险人法定解除权制度研究"，武汉大学 2009 年博士学位论文。

〔2〕 例如徐卫东先生、高湘宇先生主张，《保险法》第 15 条属于任意性规范。"

〔3〕 所谓半强制性规范，是指其效力内容，对较强一方而言，具有其必须遵守的最低标准意义上的强行性规范因素，而在另一方的立场上，也有其获得利益的最低标准内的任意性因素。徐卫东、高湘宇："论保险法上的半强行性规范——保险精神与技术的一般原理"，载《中国商法年刊》2007 年第 0 期。

〔4〕 王子晏先生在其《保险合同解除权的规范性质和法律适用》一文中认为，《保险法》第 15 条的规定，其强制的对象主要是指向保险人一方而非双方，它对法律关系中较弱的更容易受到损害的一方提供最低限度保护的规定是强制性的，因此它属于半强制性规范。王子晏："保险合同解除权的规范性质和法律适用"，载《社会科学家》2012 年第 12 期。

应有之义,只要双方约定合同解除条件不违反法律强行性规范,不违反诚实信用原则、公平原则,保险法就尊重当事人关于解除保险合同的约定,不应对此做过多的干涉,因此,强行性规范说并不可取。

本书采用折中说。但正如上文所述,由于保险人对于垄断地位的滥用,以约定的方式排除任意性规范的适用来达到利己目的,使得许多学者对于任意性规范的控制作用和条件加以重新认识,他们认为,对于任意规范效力的排除要符合任意法本旨上所作的正义的要求,同时,应符合法律与公平始得为之。[1]因此,笔者认为在保险法中,当约定违背法律公平公正时,即可认定无效,而非必须达到极大不公正的程度。此项限定的实质是,确定保险立法中的任意性规范,对于保险合同约定的指引作用,即将约定的范围限制在现行法律辐射范围之内,包括对于任意性规范效力的排除,皆须符合法律上的公平正义始得为之。综上,保险合同可约定解除的范围,以投保人和保险人为分界线,对于投保人的任意解除行使条件,可以允许当事人约定以其他规范来替代,除非这种约定有悖于法律上的公平、公正。对于保险人的法定解除权行使条件,应适用法定优于约定,法定解除条件不会因当事人有明示的或相反的约定就不适用。例如,投保人违反如实告知义务、被保险人违反安全维护义务等情形。因此,如果保险人以约定的方式,增加或者是变相增加其解除权行使情形的,应否定其效力。此外,保险合同可约定解除的范围还包括保险合同解除期间、解除方式以及解除后果等。从保护保险消费者的角度而言,保险法上关于解除期间的规定应该是保护消费者权益的底线。但如果约定的内容,能为消费者提供更高的保障水准,则应当确认其效力。

---

〔1〕 李永军:《合同法》(第 3 版),法律出版社 2010 年版,第 232 页。

例如，保险人自愿缩短其法定解除权行使期间等。至于保险合同解除的方式以及法律后果，当事人应当参照《保险法》相关规定，在约定不违反强制性规定，符合保险立法之公平公正的，且有利于对投保方利益的保护，应当认定双方约定的效力。

通过以上分析，不难发现保险合同虽作为私法契约的范畴，但其解除条件、期间、方式以及法律后果等并非以任意性规范为主。可以说，保险法立法对于保险消费者提供的仅是最低保障水平，对保险人提出的则是最低要求的行为规范。因此，保险法关于保险合同解除权问题的有关规定，应当是强制性规范居多。具体到保险合同约定解除范围问题，一般应当以法定优于约定为准，但如果排除法定解除的约定，既不违反强制性规定，符合保险立法之公平公正，且有利于对投保方利益保护的，则约定有效。

本章小结

本章重点是对投保人和保险人的保险合同解除权行使条件展开系统的分析。首先，从投保方内部的合同解除权利益分配情况来看，我国现行保险法赋予投保人任意解除权，不仅损害了被保险人的合理信赖利益，而且从比较法上来看，未加任何约束，失之过宽，有加以限制的必要。本章基于对价和信赖规则两大理论基石，主张对投保人合同解除权的行使条件进行限制。基于保险合同是否存在对价关系，可将其分为两类：①存在对价的保险合同，否定投保人有行使解除权的权利；②反之，对于赠与型保险合同，基于对信赖利益的保护，适当地对投保人的解除权设置一个生效期限，从而给予被保险人赎买合同的机会。对于受益人利益的保护则采取后置原则，即在保险事故发生后，受益人的保险金请求权优先于投保人现金价值返还请求权，以此来限制投保人的保险合同解除权。其次，从投保方外部关系，即投保方主体与保险人主体之间的合同解除权利益分配情况来看，保险人解除权有进一步限缩的空间。本章在有益借鉴其他国家或地区立法例的基础上，结合我国《保险法》现行之相关法律规定，逐一项对保险人法定解除权条件的改进与细化提出建议。约定解除部分，以理清法定解除条件与约定解除条件的关系为切入点，根据《保险法》第 15 条的性质，得出下述结论：对于投保人的任意解除条件，可以允许当事人约定以其他规范来替代，除非这种约定有悖于法律上的公平、公正；对于保险人的法定解除权，一般情况下应适用"法定优于约定"的原则，然有原则必有例外，如果排除法定解除条件的约定有利于投保方，法律则不应否定其效力。

第四章
保险合同解除权的行使及法律效果研究

合同具备约定或法定解除条件，仅为合同解除之前提，并不当然地发生合同解除的法律效果。欲使保险合同解除，还必须经过合同解除之法定程序。

第一节 保险合同解除权的行使方式分析

一、合同解除权的行使方式简介

我国保险法及司法解释对保险合同的解除方式没有做出规定。一般合同解除权行使的方式主要有三种：一是通知解除模式。[1]采取通知解除模式的立法例，如我国台湾地区"民法"第258条第1款[2]、《德国民法典》第349条[3]、《联合国国际货物销售合同公约》第26条[4]等。通知解除模式对解除权

---

[1] 通知解除是指当具备合同解除条件时，有解除权的一方当事人将解除合同的意思通知对方，合同自到达对方时即发生解除效果。
[2] 我国台湾地区"民法"第258条第1款，解除权之行使，应向他方当事人以意思表示为之。
[3] 《德国民法典》第349条，"解除合同，应以意思表示向另一方当事人为之。
[4] 《联合国国际货物销售合同公约》第26条，宣告合同无效的声明，必须向另一方当事人发出通知方始有效。

人是一种极其便捷而有效的救济措施,是否行使解除权,仅仅取决于其自身的意思表示。但是也存在着一定的弊病,即易生解除权行使的随意,在一定程度上会助长当事人动辄解除合同,最终造成对方当事人的重大损失。[1]二是自动解除模式。[2]采取自动解除模式的立法例,例如《日本商法典》第525条。[3]自动解除模式突出了商事合同追求效率价值,突出经济与便利的特点,但在实践当中,因自动解除模式无须通知相对方便可发生合同解除的效果,很容易造成当事人之间的误会。[4]三是司法解除模式。[5]采取司法解除模式的立法例,如《法国民法典》第1184条第3款[6]。司法解除模式虽有助于控制解除权行使的肆意,但却不利于解除权人运用解除权达到解消合同效力,及时从合同中解脱以避免更大损失的目的,解除权之功能发挥大打折扣。[7]

二、保险合同解除权的行使方式分析

根据《合同法》第96条[8]之规定,我国合同解除方式采取通知解除模式。通常在保险法没有特别规定的情形下,可依照或类比合同法规范适用。即在保险合同中,投保人(保险人)

---

[1] 郝磊:"合同解除权制度研究",中国政法大学2005年博士学位论文。
[2] 自动解除是指当具备合同解除条件时,合同依法即可发生解除效果。
[3] 《日本商法典》第525条,当解除条件具备时,合同当然、自动解除,无须当事人的意思表示。
[4] 李晓钰:"合同解除制度研究",西南政法大学2014年博士学位论文。
[5] 司法解除是指合同解除权的行使以诉讼的行使为必要,最终必须由国家司法机关进行裁决。
[6] 《法国民法典》第1184条第3款规定,解除契约,应向法院提出请求,法院得视情形给予被告一个期限。
[7] 郝磊:"合同解除权制度研究",中国政法大学2005年博士学位论文。
[8] 我国《合同法》第96条规定,当事人一方主张解除合同的,应当通知对方,合同自通知到达对方时解除。

行使合同解除权，需向保险人（投保人）发出解除的意思表示方式，该解除的意思表示到达保险人（投保人）时发生保险合同解除的效力。相对方对保险合同解除有异议的，可以请求人民法院或者仲裁机构确认解除合同的效力。此为不涉及第三人利益保险合同解除方式。然而，当投保人与受益人非为同一人时，因保险合同项下权利义务的主体关系更为复杂，使得投保人（保险人）作为当事人的法律地位具有特殊性。因此，对于利他保险合同解除权行使的方式有专门加以规范的必要。详言之，即对于不存在对价关系的赠与和履行法定义务的利他保险合同，投保人行使合同解除权的，应当向保险人发出解除合同的意思表示。保险人自收到该解约通知后应及时通知被保险人，并自保险人收到解约通知时起算经过一个月后，发生解除合同效力。被保险人在一个月期间内，如果在该通知日解除该保险合同发生效力之前，将保险人应向投保人支付的金额支付给保险人，保险人自收到被保险人赎买金额时，保险合同解除不发生效力。此处，保险赎买金的流向是：被保险人──→保险人──→投保人。那么，被保险人是否可以直接向投保人支付退保金额，再由投保人撤回解除合同的意思表示呢？保险赎买的设计以保险人为中心，虽然看似有些烦琐，但在具体操作层面上，却可省去许多不必要的误解和麻烦。如，投保人已从被保险人处取得保险赎买金，虽表面应允撤回，然实则未向保险人为撤回之意思表示。保险人对此全然不知，如期向投保人支付保单现金价值，造成投保人双重得利，被保险人利益受损的局面。因此，为避免节外生枝，由无直接利害关系的保险人居中裁判更为妥当。况且，解除权具有形成权之特性，受权利行使不得撤回的特殊限制。虽这一原则不一定要无例外的适用，但为避免投保人行使合同解除权，使得保险人面临不确定状态的不利影响，投保人解除权的行使应当遵循不可撤回性原则。再者，保险赎买的设计以保险人为中心，虽然有学者认为，将会拖累无辜的保险人，对其苛以了极高的额外义务和成本支出。[1]但从巩固已有保险业务的角度出发，尽力维系保险合同效力也符合保险人的意愿，也构成促使保险人承担居中裁判义务的经济动因。

第二节 保险合同解除权的行使期间分析

合同解除权属于典型的形成权。[2]基于此，各国法律在规定合同解除权的同时，均为合同解除权设置行使期限限制，目的就是要督促解除权的及时行使，使合同关系得到尽快的确定和稳定，从而保护交易秩序。[3]依大陆法系民法理论，形成权的特性即在于不受诉讼时效的约束，在形成效果上也排斥附加条件，所以对形成权的限制，最根本是指形成权的消灭，而除斥期间，则是对形成权消灭的规定。[4]保险人解除权作为形成权一种，受消灭时效的限制，这不仅是符合法理，而且也是各国立法中的通识。[5]除斥期间的规定，使得解除权仅存在于特

---

[1] 董庶、王静："试论利他保险合同的投保人任意解除权"，载《法律适用》2013年第2期。

[2] 解除权的权利主体具有依单方面意思表示干预他人之法律关系的法律权力。既然他人必须接受权利主体行使形成权行为的事实，因此必须保护他免受不公平结果的损害。[德]迪特尔·梅迪库斯：《德国民法总论》，邵建东译，法律出版社2013年版，第79页。

[3] 王利明：《合同法新问题研究》（修订版），中国社会科学出版社2011年版，第565—566页。

[4] 王萍："以形成权限制法理研究不可抗辩条款"，载《中国政法大学学报》2015年第1期。

[5] 王萍："以形成权限制法理研究不可抗辩条款"，载《中国政法大学学报》2015年第1期。

定的时间，要求权利主体必须于期间内行使解除权，否则期间一经届满，解除权即告消灭，期间届满以后再行使解除权，其行使行为当然不发生效力，相对人也无须再提出抗辩。[1]

总体而言，我国《保险法》对于权利主体行使合同解除权之期间的规定并不完备，有的作出了明确规定，如第16条规定违反如实告知义务、第32条规定投保人年龄申报不实等情形。有的则尚付之阙如。例如，第27条规定的谎报或故意制造保险事故、第37条规定的效力中止的保险合同超过复效期等。对于这种法律上的空白，到底是法律的漏洞，尚有待立法完善，还是可以通过一般法的适用予以解决，或者是立法者另有深意的沉默呢？本节将以该问题为切入点，进而对整体保险法解除权期间问题展开体系性的分析论述。

一、投保人解除权的行使期间分析

（一）案例简述

该案例案情大致如下："甲与乙在婚姻关系存续期间，1998年甲以乙为被保险人向保险公司投保鸿寿养老金保险，保额10万元，年交5400元，保险期10年，受益人：法定。合同约定：在合同有效期内被保险人身故的，公司按约定给付身故保险金；合同成立后，投保人要求解除本合同的，本合同自保险公司接到解除合同申请书时终止，投保人已交足二年以上保险费的，保险公司退还合同的现金价值。投保人甲与被保险人乙于1999年离婚，随后乙与丙再婚。2006年，被保险人乙因患肝癌身故，次年甲退保。原告丙理赔时发生纠纷，后以保险公司为被告，甲

---

[1] [德]迪特尔·梅迪库斯：《德国民法总论》，邵建东译，法律出版社2013年版，第89页。

为第三人诉至法院。"[1]

(二) 案例评析

上述案例,表面上是投保人合同解除权与受益人保险金请求权之间冲突问题,实则关键问题在于,投保人行使合同解除权的期间问题。我国《保险法》第15条只规定投保人行使保险合同解除权以保险合同成立为权利行使起点,却并未明确其权利行使的结点。依据特别法无规定适用一般法的法理,在保险法未规定投保人解除权行使期间的情形下,应当适用合同法相关规定。依照我国《合同法》第95条规定,"在法律没有规定或者当事人没有约定解除权行使期限前提下,须保险人催告投保人解除保险合同,经保险人催告后投保人在合理期限内不行使合同解除权的,该权利消灭。"[2]然而,保险合同的有效存续率直接与利润率挂钩,对于保险公司之重要性等同于生命线。在实务中,保险事故发生前,保险人主动催告解除合同情形极为罕见,往往是在保险事故发生后,权利人请求保险金赔付时,保险人才会积极援引抗辩规则主张解除合同。[3]但如若没有保险人的催告,解除权的行使期间仍然不能确定。由此可见,教条地适用合同法一般规定并不能合理地解决该问题。

从比较法的视角,投保人解除权行使期间,大致有三种立法例:第一种是将投保人任意解除权行使期限应当限定为保险事故发生之前。如《韩国商法》第649条第1款[4]。第二种是

---

[1] 该案例引自舒展:"从投保人的合同解除权看'享有保险金请求权的人'的权利保护",载《亚太经济时报》2008年11月16日,第A12版。

[2] 参见《合同法》第95条。

[3] 刘学生:"论不可抗辩规则——我国《保险法》第16条第3款之解析",载谢宪主编:《保险法评论》(第3卷),法律出版社2010年版,第159页。

[4] 《韩国商法》第649条第1款规定,投保人有权在保险事故发生之前任意终止全部或部分保险合同。

投保人可以在保险合同整个存续期间均可以行使合同解除权。如《日本保险法》规定,投保人可以在任何时候解除保险合同。第三种是对投保人行使合同解除权期限作出具体规定。如《德国保险合同法》规定,投保人可以在保险合同签订之日起的14日内行使任意解除权。但在人寿保险中投保人解除权的行使期限为30日。

我国《最高人民法院关于适用〈中华人民共和国保险法若干问题的解释(三)〉》(征求意见稿)第29条第1款[1],虽然对投保人行使任意解除权进行了期间限制。但遗憾的是,该条文在正式公布的《保险法司法解释(三)》中未予通过。笔者认为,首先,该条文将投保人任意解除权行使期间限定于保险合同成立后至保险事故发生时,是合理的。虽然保险事故的发生并不必然导致保险合同终止,然而保险事故作为一个重要时间节点,对于保险合同具有重要意义。除当事人另有约定外,以保险事故发生为分界线,在保险事故发生前,保险合同上的财产利益表现为保单现金价值,权属于投保人。而在保险事故发生时,保险合同进入赔付阶段,标志着保险人开始履行合同主义务,保险合同上的财产利益转变为保险金,此时,受益人享有保险金请求权。例如,《欧洲保险合同法原则(PEICL)》第11:101条第2款规定,在保险合同是为他人之利益而订立之情形,在保险事故已经发生时,投保人不得解除保险合同,该他人有权获得保险金。[2]因此保险事故的发生也是投保人获得

---

[1] 我国《最高人民法院关于适用〈中华人民共和国保险法〉若干问题的解释(三)》(征求意见稿)第29条第1款,保险事故发生后,投保人要求解除相对应部分的保险合同并退还保险单现金价值的,人民法院不予支持。

[2] 参见《欧洲保险合同法原则(PEICL)》第11:101条,①在保险合同是为保单持有人之外的他人之利益而订立之情形,如果保险事故发生,则该他人有权获得保险金。②保单持有人有权撤销上述保险,但下列情形时除外:(a)保单已经规

退还现金价值或保费和被保险人（或人身险受益人）获得保险金的分界线。[1]其次，受益人的受益权从保险事故发生前的一种期待地位，在保险事故发生后转变为现实的财产权。从"有权利必有救济"的原则出发，既然受益人的保险金请求权作为一种权利，就应与投保人解除权一样受到法律的保护。如果任由投保人行使合同解除权，则必然会损害受益人债权。再次，从利他保险合同订立的原因来看，并非全部基于无偿赠与，履行对待给付义务有之，履行法定义务亦有之。对于投保人与第三人之间存在对价关系的保险合同，从诚实信用的角度来看，应当限制投保人的解除权。即便是出于赠与目的订立的保险合同，也一般认为在保险事故发生时即视为财产权利发生转移。最后，综上所述，笔者主张，应对投保人任意解除权的行使期限进行限制，即自保险合同成立后至保险事故发生之前。

二、保险人解除权的行使期间分析

（一）比较法上的研究

为避免有不法之保险人，知有瑕疵而故不声张，无事则收保险费以自肥，有事则以违约为卸责，即不能令被保险人之权益，长期处于不确定之状态中，[2]故保险人合同解除权的行使应受期间的限制。从比较法上看，许多国家和地区的保险立法都规定了保险人行使解除权之期间，但由于各国立法传统不一，

（接上页）定不得撤销；或者（b）保险事故已经发生。欧洲保险合同法重述项目组："欧洲保险合同法原则"，韩永强译，载梁慧星主编：《民商法论丛》（第57卷），法律出版社2015年版，第730页。

[1] 杨德齐："论保险合同解除权制度的体系建构：兼评《保险法》司法解释三（征求意见稿）的解除权条款"，载《保险研究》2015年第2期。

[2] 桂裕编著：《保险法论》，三民书局股份有限公司1981年版，第200页。

故在立法表述及所采用的立法模式上略有不同,[1]大致可分为以下两种类型:一是单一期间限制模式。顾名思义,该模式是指采用单一期间限制保险人解除权。[2][3]二是双重期间限制模式。该模式是指采用短长结合的两种期间以限制保险人解除权,第一种是以保险人知道解除事由为起算点,为一般除斥期间。第二种是以保险合同订立或成立之日为起算点,为特殊的除斥期间,也称为不可抗辩期间。[4]该模式主要为大陆法系保险立法所采用。例如,《日本保险法》第28条[5]规定,保险人行使解除权的除斥期间为1个月,不可抗辩期间为5年。《韩国商法》第651条[6]规定,保险人行使解除权的除斥期间为1个

---

[1] 宋永存:"论人身保险合同不可抗辩条款的适用限制及例外",载谢宪主编:《保险法评论》(第4卷),法律出版社2012年版,第85页。

[2] 以单一期间为标准的立法模式主要为英美法系保险法所采用,其条款表述为,保险契约除欠缴保费以外,自契约成立之日起,经过一定期间(通常为一年或两年)以后,即成为不可争。许宗生:"'不可争条款'初探",载《保险研究》1997年第4期。转引自宋永存:"论人身保险合同不可抗辩条款的适用限制及例外",载谢宪主编:《保险法评论》(第4卷),法律出版社2012年版,第85页。

[3] 比较而言,英美成文法上没有明确规定保险人知道有关事由后行使权利的短期期限,只设2年可抗辩期间可能会助长保险人的侥幸拖延心理。刘学生:"论不可抗辩规则——我国《保险法》第16条第3款之解析",载谢宪主编:《保险法评论》(第3卷),法律出版社2010年版,第162页。

[4] 两种期间:前者可谓一个主观期限,以保险人能够行使权利为前提,其督促行权意旨显然;后者可谓一个客观期限,无论保险人是否行使权力,期间一旦经过,解除权立即消灭不得行使,所谓不可抗辩即在此意义而言。刘学生:"论不可抗辩规则——我国《保险法》第16条第3款之解析",载谢宪主编:《保险法评论》(第3卷),法律出版社2010年版,第161页。

[5] 《日本保险法》第28条规定,保险人解除权,自保险人知道该款规定的解除原因之时起1个月不行使时消灭。从损害保险合同订立时开始经过5年的,同样消灭。沙银华:《日本保险经典判例评释》(修订版),法律出版社2011年版,第184页。

[6] 《韩国商法》第651条规定,保险人知道自得知该事实之日起1个月内或者合同签订之日起3年内,可终止合同。但签订保险合同时保险人已知该事实或因重大过失未能得知的除外。崔吉子、黄平:《韩国保险法》,北京大学出版社2013年版,第263页。

月,不可抗辩期间为 3 年。依照《德国保险合同法》第 21 条规定,保险人行使解除权的除斥期间为 1 个月,不可抗辩期间为 5 年,但如果投保人故意违反告知义务的情形下的不可抗辩期间则为 10 年。[1]上述国家保险立法之除斥期间虽长短不一,但均采用除斥期间+不可抗辩期间模式限定保险人合同解除权行使期间,即自保险人知道有解除事由之日起,超过一个月不行使解除权,解除权消灭。但如果保险人知道有解除事由的时间点已超过法律规定的不可抗辩期间,则保险人丧失解除权。

(二) 我国相关立法现状分析

1. 我国相关法律规定简述

通过考察立法例,多数国家和地区对于保险人解除权行使期限的规定,主要集中在投保人违反告知义务的情形。我国保险立法将此规定在我国《保险法》第二章保险合同的一般规定部分,与德国、日本以及我国台湾地区的立法模式相近。《保险法》第 16 条第 3 款规定:"投保人故意或者因重大过失未履行如实告知义务,保险人有权解除合同的,该解除权自保险人知道有解除事由之日起,超过三十日不行使而消灭。自合同成立之日起超过二年的,保险人不得解除合同。"[2]可见,我国保险法亦采用除斥期间+不可抗辩期间模式,设短期期限以督促权利行使,设长期期限以保护信赖利益,的确为贯彻最大诚信原则的如实告知义务制度与对价平衡之精巧架构,在我国民商立法中也属先进。[3]

---

[1] 《德国保险合同法》第 21 条规定,投保人违反如实告知义务,保险人可以解除保险合同。保险人行使解除权的除斥期间为 1 个月,当保险人知晓投保人违反告知义务时,不可抗辩期间为 5 年。但如果投保人故意违反告知义务的情形下的不可抗辩期间则为 10 年。孙宏涛:《德国保险合同法》,中国法制出版社 2012 年版,第 67 页。

[2] 参见《保险法》第 16 条第 3 款。

[3] 刘学生:"论不可抗辩规则——我国《保险法》第 16 条第 3 款之解析",载谢宪主编:《保险法评论》(第 3 卷),法律出版社 2010 年版,第 162 页。

2. 不可抗辩期间之相关问题分析

（1）不可抗辩期间之长短问题。

不可抗辩期间之功用，系利用时间以治疗"有病之权利"，促使保险人主张契约之瑕疵应于一定时期内为之，逾期则丧失其解除权或对抗权。[1]故而，不可抗辩期间，如果规定过长，将使被保险人的利益长期处于不确定的状态中，也无法实现解除权行使期间的制度功能。但如果规定过短，无异于使保险人法定解除权制度形同具文。[2]从比较法上来看，我国不可抗辩期间的短期除斥期间与他国一致，不同之处在于不可抗辩期间的规定，如韩国为3年、日本为5年、德国最长为10年，我国不可抗辩期间最短，为2年。为此，有部分学者提出异议，认为从预防道德危险的角度来看，针对投保人故意违反告知义务的情形，两年期间确实太短，为一些不良投保人的欺诈提供可乘之机，导致保险实务中引发诸多问题。

通过考察不可抗辩条款的发展历史，可以发现2年的可抗辩期限，最初确定于20世纪50年代之前，而且当时的不可抗辩条款的适用范围主要是以死亡为给付保险金的人寿保险。显然，2年的期限是依据当时的医学发展水平和医疗条件下确定的。但是，随着现代医学技术的快速发展，人类的寿命正在逐渐延长，而一些重大疾病的病情得到有效控制，至少是拖延了病情恶化的时间。也就是说，在当前医疗技术水平条件下，一些罹患重大疾病的投保人在2年内死亡的可能性大大低于20世纪50年代的概率。因而，考虑到医疗技术水平的发展对人类重大疾病的实质性影响，也应当相应地调整不可抗辩期间的长度，以免那些不良投保人利用短期的不可抗辩期间进行保险欺诈活动。对

---

[1] 桂裕编著：《保险法论》，三民书局股份有限公司1981年版，第198-199页。
[2] 姜南："保险合同法定解除制度研究"，西南财经大学2008年博士学位论文。

此，2017年10月1日起施行的《民法总则》做出了相应调整，该法第188条第1款[1]将民事权利的诉讼时效期间修订为3年，适当地延长了民法上的除斥期间。但《民法总则》作为一般法，《保险法》作为民法特别法，对于二者的适用关系，目前尚无法律作出明确规定。但从公共利益的角度来分析，将保险合同中的不可抗辩期间延长至3年，对于投保方主体更加有益。因此，在适用时可以采用3年的不可抗辩期间。但为了能够明确和统一适用，《保险法》第16条第3款也应当及时修订，相应地调整不可抗辩期间长度。[2]（但在《保险法》未做同步修正之前，下文对于有关期间的论述，仍以2年为准）

实质上，2009年我国修订《保险法》第16条在对国际上通行的不可抗辩规则进行移植和借鉴时，只是简单地引进了不可抗辩规则的单个法条，而忽略了不可抗辩规则的配套制度。因此，不可抗辩规则在我国本土所引发的"水土不服"问题，绝非仅因期间规定较短之故。譬如，虽然日本法律规定的不可抗辩期间是5年，但在保险实务中，生命保险公司一般都在保险条款中规定："保险合同从成立日开始经过两年以上（包含两年）的情况下，保险公司的解约权自动消灭。"[3]因此，本书认为我国不可抗辩规则的完善除有必要适当延长期间之外，同

---

[1]《民法总则》第188条，向人民法院请求保护民事权利的诉讼时效期间为三年。法律另有规定的，依照其规定。

[2] 虽然《民法总则》将除斥期间修订为"3年"，但《保险法》作为特别法目前尚未发生变更，故后文依旧以"2年"不可抗辩期间为准。

[3] 这里的不同之处在于，该规定中保险公司解约权自动消灭的前提是，保险合同保持两年的期限。换言之，被保险人必须在合同成立两年之后死亡的，才可认定保险合同是存在的，才能适用该规定。如果被保险人在两年之内死亡的，保险合同因被保险人死亡立即终止，保险人察觉投保人和被保险人有违反告知义务的情况时，即便已经超过两年，其消灭时效不适用该条款的规定，仍然适用保险法的5年消灭时效规定。参见沙银华：《日本保险经典判例评释》（修订版），法律出版社2011年版，第16页。

时还须要从适用条件及例外情形两方面着手（待后文另议）。

（2）不可辩期间之适用范围问题。

从不可辩规则之发展历史看，最初是仅适用于长期的人寿保险合同，后来逐渐扩展至保险期间相对较长的健康保险合同，并且其适用范围有继续扩展至财产保险领域之趋势。我国《保险法》第 16 条第 3 款规定于保险合同之一般规定部分，从体系上来看，应当适用于包括财产保险在内的所有保险合同。对此有不少学者提出异议，认为不可辩条款只能适用于人身保险合同。[1]应当说，学者的异议观点并非没有道理。实务中的财产保险多以短期合同为常态，而适用不可辩条款的前提是该保险合同至少应为 2 年以上的长期合同。如果保险合同有效存续期间短于不可辩期间，则会导致不可辩条款的虚化。但是，如果就此否认不可辩条款在财产保险中适用的必要性，也同样值得商榷。这种必要性至少体现在以下两个方面：一是基于防范保险人行使合同解除权逆选择现象的现实需要；二是财产保险合同并非全为短期合同，对于长期财产保险合同而言，同样产生信赖利益保护、权利尽快行使、法律关系稳定和举证责任减轻等不可辩规则要解决的问题。[2]综上所述，笔者认为可以对财产保险合同的不可辩期间长度进行相应调整，建议缩短为 1 年。而对于有效存续期间为 1 年或更短期间的保险合同，其不可辩期间可由当事人视具体情况自行约定。这样就使得不可辩条款，无论是在人身保险合同，还是财产保险合同，皆有适用之余地。

---

[1] 梁鹏："借鉴而来的错误"，载《中国保险报》2008 年 9 月 1 日。
[2] 刘学生："论不可辩规则——我国《保险法》第 16 条第 3 款之解析"，载谢宪主编：《保险法评论》（第 3 卷），法律出版社 2010 年版，第 167 页。

(3) 不可抗辩期间之起算点问题。

我国《保险法》第16条第3款将不可抗辩期间的起算点规定为合同成立之日。对此，有观点认为，不可抗辩期间应自保险合同生效之日起算。也有观点认为，如当合同成立之日和合同生效之日不一致时，以合同成立为起算点似有失公允，若以保险期间开始为起算点，更加符合双方当事人的预期。[1]

需要特别说明的是，这里对于不可抗辩期间的起算点的讨论，主要是针对《保险法》第16条规定的如实告知义务情形。至于其他保险人法定解除权情形的不可抗辩期间起算点问题，因各情形之间的存在差异性，需要具体问题具体分析，将在下文展开详细讨论。

设立不可抗辩期间之初衷，是为防止保险人以不知道解除事由为托词，怠于行使权利，使合同关系长期处于不确定状态，[2]损害投保人利益。故而，须在主观除斥期间（以保险人知道解除事由为起算点）的基础上，附加一个客观的特殊除斥期间（以保险合同成立之日为起算点）以作限制。不可抗辩期间既属客观期间，则其起算点应为一个客观事实，而具体在保险合同解除权问题上，这个客观事实即为保险人合同解除权产生的那个时间点。依通常之情形，依法成立的合同自其成立时便对当事人各方产生拘束力，即保险合同成立即生效，而保险责任期间也于合同成立之日起，同时开始。但由于保险合同必须具备特殊生效要件，当事人也可以对保险合同的生效进行特别约定，因此实务中保险合同的生效时间与成立时间并不完全一

---

[1] 王萍：“以形成权限制法理研究不可抗辩条款”，载《中国政法大学学报》2015年第1期。

[2] 刘学生：“论不可抗辩规则——我国《保险法》第16条第3款之解析"，载谢宪主编：《保险法评论》（第3卷），法律出版社2010年版，第167页。

致。[1] 除此之外，《保险法》对于保险人于何时开始承担保险责任，并无强制性规定，故亦属当事人自由约定事项。也就意味着，保险责任期间的开始，既可依当事人约定溯及至保险合同成立以前，亦可始于合同成立后之一定时期。[2] 可见，关于不可抗辩期间起算点的争议主要存在于合同成立、合同生效以及保险期间开始三个时间点上。

对于附加生效条件和期限的保险合同，设计不可抗辩期间起算点，以不同的时间点为准，必然会对保险合同双方当事人的权利义务产生差异性影响。如果不可抗辩期间的起算点以合同成立为准，也就意味着缩短了不可抗辩期间，有利于投保方主体。但假若不可抗辩期间的起算点以保险期间开始为起算点，就相当于变相地延长了不可抗辩期间，自然是对保险人较为有利。因此，客观公正地确定不可抗辩期间的起算点与投保人和保险人双方主体利益都是息息相关。

虽然关于不可抗辩期间起算点的争议主要集中在三个时间点上，但如果从保险合同类型来区分，则可归纳为二类保险合同。一类是一般保险合同，即保险合同的成立时间、生效时间和保险期间开始的时间点是一致。另一类是特殊保险合同，主要是指附加生效条件或期限的保险合同，这类保险合同的成立时间与生效时间或保险期间开始的时间点是存在先后顺序的。一般而言，当事人合同解除权于合同生效之后即可产生和行使。但在保险合同中，保险人合同解除权是法定解除权，并且保险责任的承担是在保险合同责任期间开始后。责任与权利相生相

---

[1] 韩长印、韩永强编著：《保险法新论》，中国政法大学出版社 2010 年版，第 105 页。

[2] 参见梁宇贤：《保险法新论》（修订新版），中国人民大学出版社 2004 年版，第 126 页。

伴，那么，保险人合同解除的权利必须于保险责任期间开始后方可产生和行使。因此，保险合同中，保险人合同解除权产生的时间点与保险合同责任期间开始的时间点密切相关。根据前文所述，客观不可抗辩期间的起算点，与保险人合同解除权产生的时间点、投保人或被保险人违反相关义务的时间点相一致的原则，对于一般保险合同，客观不可抗辩期间的起算点即为保险合同成立。对于特殊保险合同，客观不可抗辩期间的起算点即为保险责任期间开始。结合《保险法》第16条规定，依通常之情形，投保人如实告知义务的履行期为保险合同订立时，而保险人享有合同解除权的权利即始于合同成立之日。但假使双方当事人对于保险合同的生效条件或期限进行特殊约定时，虽然投保人违反如实告知义务的时间点在合同成立之时，但不可抗辩期间的起算点应为保险责任期间开始。简言之，权利客观产生的时间点，便是不可抗辩期间的起算点（特指"投保人违反如实告知义务"情形）。综上，《保险法》第16条第3款将不可抗辩期间的起算点规定为保险合同责任期间开始，更加公允，符合双方当事人的预期。

3. 我国相关立法现状分析及改进建议

关于保险人解除权行使期限问题，我国《保险法》有明确规定的包括：第16条规定违反如实告知义务、第32条规定投保人年龄申报不实以及第49条规定因保险标的转让导致危险程度显著增加三种。除此之外，第27条规定的谎报或故意制造保险事故、第37条规定的效力中止的保险合同超过复效期、第51条规定的违反安全维护义务以及第52条规定的违反危险增加的通知义务四种情形均未言明。立法未予言明的主要原因，在于解除权期间的起算点无法确定。无论是第27条、第37条、第51条，还是第52条，保险人解除事由均产生于合同成立之后，起算点难以确定,进而导致不可抗辩期间的无法确定。而就以上保险人解除事由,如若只规定主观除斥期间,于实务并无太大实意。况且,财产保险以及意外伤害等非寿险保险合同多以短期为常态,保险合同期限能维持 2 年以上的极少,故而立法者对该问题采取另有深意的沉默。但如若对以上情形不加以期间限制,则难以防范保险人行使合同解除权的逆选择现象,因此笔者更倾向于主张完善相关情形之期间限制。

对于保险人解除权中未予规定行使期限之情形,有学者提出两种补救方法:"一是参照其他已规定期限的条款进行逐条补充。[1]二是在《保险法》中统一规定。[2]"[3]对于第二种补救方法,即保险人解除权行使期限适用合同法的一般规定,似乎依然不具有可操作性。原因在于,无论投保人出于何种主观过错违反法定义务而致保险人解除权发生,其内心都是追求合同有效存续以获得保险保障之结果,[4]所以,指望投保人向保险人催告解除保险合同,同样不具有现实性和可期待性。相比之下,第一种方法较具可行性。例如,台湾地区"保险法"第 64 条第 2 款规定:"前项解除契约权,自保险人知有解除之原因后,经过一个月不行使而消减;或契约订立后经过二年,即有

---

〔1〕 例如,在第 27 条、第 37 条、第 51 条、第 52 条中分别补充规定保险人自知道或应当知道……之日起 N 日内,可以提出解除保险合同。引自杨德齐:"论保险合同解除权制度的体系建构:兼评《保险法》司法解释三(征求意见稿)的解除权条款",载《保险研究》2015 年第 2 期。

〔2〕 具体是指,本法没有规定或者当事人没有约定解除权行使期限的,适用《合同法》的相关规定。引自杨德齐:"论保险合同解除权制度的体系建构:兼评《保险法》司法解释三(征求意见稿)的解除权条款",载《保险研究》2015 年第 2 期。

〔3〕 引自杨德齐:"论保险合同解除权制度的体系建构:兼评《保险法》司法解释三(征求意见稿)的解除权条款",载《保险研究》2015 年第 2 期。

〔4〕 方芳:"保险合同解除权的时效与溯及力",载《西南政法大学学报》2006 年第 6 期。

可以解除之原因，亦不得解除契约。"[1]之后，该法第68条第2款规定了保险人基于投保人违背特约条款而产生的合同解除权行使期间，"第六十四条第三项之规定，于前项情形准用之。"[2]

依通常之情形，合同解除权应当在合理的时间内予以行使，但何为合理时间往往缺乏统一的标准。故对于保险人解除权之行使期间限制，须具体情况具体分析，并应视具体情形而定。

（1）谎报或故意制造保险事故之情形。

对于谎报保险事故的情形，保险人解除权产生的时间点为，投保人、被保险人或受益人向保险人正式提起请求赔偿或者给付保险金责任的时间点。而在故意制造保险事故情形下，虽然投保人或被保险人的着手点为制造保险事故，但只有其向保险人正式提起请求赔偿或者给付保险金责任的时间点才产生保险人解除权。因此，对于该情形的期间，可以在第27条中补充第3款，"前款规定的合同解除权，自保险人知道有解除事由之日起，超过三十日不行使而消灭。自向保险人提出赔偿或者给付保险金责任之日起超过二年（一年[3]）的，保险人不得解除合同。"

（2）保险合同效力中止超过复效期之情形。

在该情形下，保险合同效力已然中止，且是由于投保人怠于履行支付保险费义务所致，即便不予规定保险人合同解除权行使期限，对双方亦无实际的利益损害。况且，如若双方再能达成协议，回复合同效力，岂不更好。故本书认为，对于保险合同效力中止超过复效期的情形，不宜也无必要对保险人解除权行使期间加以限制。

---

[1] 参见台湾地区"保险法"第64条第2款。
[2] 参见台湾地区"保险法"第68条第2款。
[3] 对于非寿险保险合同的不可抗辩期间长度可进行相应调整，缩短为1年。

（3）违反安全维护义务之情形。

对于违反安全维护义务的情形，保险人解除权产生的时间点为，投保人、被保险人未按照约定履行其对保险标的的安全应尽责任的时间点。鉴于违反安全维护义务适用于财产保险，而实务中的财产保险多以短期合同为常态。如果不可抗辩期间规定期限过长，超过保险合同有效存续期间，则会虚化不可抗辩期间的规定。故而，笔者主张应对非寿险保险合同的不可抗辩期间长度进行相应调整，建议缩短为1年。对于有效存续期间为1年或更短期间的保险合同，其不可抗辩期间可由当事人视具体情况自行约定。综上所述，对于该情形的期间限制，可以在第51条中补充第4款，"前款规定的合同解除权，自保险人知道有解除事由之日起，超过30日不行使而消灭。自投保人、被保险人未按照约定履行其对保险标的的安全应尽责任之日起超过1年的，保险人不得解除合同。前款规定的不可抗辩期间不适用于期限短于1年的保险合同。"

（4）违反危险增加的通知义务之情形。

该情形的解除权行使期间限制，可参考第49条关于因保险标的转让导致危险程度显著增加的规定，即因保险标的的危险程度显著增加的，保险人自收到前款规定的通知之日或保险事故发生之日起30日内，可以按照合同约定增加保险费或者解除合同。因此处所设置之短期除斥期间为客观期间，故无必要加设不可抗辩期间。

三、保险合同解除权期间的特殊问题分析

（一）自杀条款的适用问题

自杀条款，是指被保险人于保险合同有效成立的一定期限内，有故意自杀行为，保险人对此所致死亡不负赔偿或给付保

险金责任的一种合同约定。我国《保险法》第 27 条规定，被保险人故意制造保险事故的，保险人有权解除合同，并不承担赔偿或给付保险金的责任。[1] 而被保险人自杀，则作为故意制造保险事故的例外情形进行处理，保险人并非一律不承担保险责任。保险人是否承担保险责任，取决于被保险人在保险合同成立后自杀的时间点。根据我国《保险法》第 44 条[2]规定，被保险人在保险合同成立或合同效力恢复之日起超过两年的，保险人应当承担保险责任。其中，合同效力恢复即指复效合同。对于保险合同复效后被保险人两年内自杀的，保险公司是否应当承担保险责任，2002 年修正的《保险法》并没有明确规定，2009 年修订的《保险法》于第 44 条明确规定复效保险合同同样适用，其立法目的主要是出于防范道德风险的考虑，防止被保险人以自杀为手段、以获取保险金为目的，而申请恢复保险合同的效力。[3]

（二）复效合同不可抗辩条款的适用问题

一般情况下，一方当事人故意向对方提供虚假情况或者在有说明义务时，故意隐瞒事实真相而违反说明义务，使对方在违背真实意思的情况下订立合同的，根据我国《合同法》第 54 条第 2 款之规定，受损害方有权请求人民法院或者仲裁机构变更或者撤销。但保险合同中的不可抗辩条款却是一般原则的例外。根据《保险法》第 16 条之规定，当保险合同经过二年期

---

[1] 参见《保险法》第 27 条。

[2] 我国《保险法》第 44 条规定，以被保险人死亡为给付保险金条件的合同，自合同成立或者合同效力恢复之日起 2 年内，被保险人自杀的，保险人不承担给付保险金的责任，但被保险人自杀时为无民事行为能力人的除外。保险人依照前款规定不承担给付保险金责任的，应当按照合同约定退还保险单的现金价值。

[3] 赵桥梁：″保险合同复效法律法规及相关司法解释之探讨″，载《上海保险》2016 年第 2 期。

间，即便投保人在向保险人履行告知义务时存在欺诈的故意或重大过失，合同的有效性也变成不可抗辩的事情了。尽管，从根本上来讲，该条款违反了合同法的一个基本原则：欺诈使合意无效（fraud vitiates consent），因为合同双方的一致同意是不能建立在欺诈的基础之上的。[1]但在保险法中，为了防止保险人滥用抗辩权，限制其以投保人违反如实告知义务为由解除保险合同，保险法对这一原则进行了修改，设计了不可抗辩条款，规定保险合同成立二年后，保险人不得以投保人违反如实告知义务拒绝承担保险责任。[2]

一般保险合同内容的抗辩期应自合同成立之日起计算，但对于复效合同中变更内容的抗辩期则不应类推适用，应自投保人补交保险费之日起计算，以控制投保人危险逆选择的风险。[3]

第三节 保险合同解除权的行使限制分析

前述之解除权行使条件、方式、期间，皆是保险合同常用为确定或限制危险之方法。但保险人往往通过控制保单条款规避责任，获得许多不合理的好处，致使善意投保人之正当利益受损，故法律更须进而寻求抵制之道，以使保险人这种过度而不合理的好处得到平衡。本节所述保险合同解除权行使限制的三种方法，即弃权、禁反言及不可抗辩条款，为保险法就控制

---

〔1〕 陈欣：《保险法》，北京大学出版社2000年版，第66页。

〔2〕 梁鹏："保险合同复效制度比较研究"，载《环球法律评论》2011年第5期。

〔3〕 理由有下述三点：①虽然未缴纳保费并不构成保险欺诈，或者是产生保险人合同解除权的重大过失情形，但要求保险公司在未收取任何保费的前提下承担相应的保险责任，显然有悖于对价平衡与公平原则。②在保险实务中，保险公司为了避免不可抗辩期间经过对其产生的不利影响，通常在不可抗辩条款之后附加了"未缴纳保费保留抗辩权"的限制。③复效后保险合同的性质是原保险合同的继续。

危险之方法，复加以控制。[1]

一、弃权与禁反言

保险法中弃权和禁反言是英美法系契约法上的重要法律理念和事务操作指引。弃权和禁反言规则的最初确立是为了修正和完善约因理论，对于一些不存在约因的赠与性允诺引用弃权和禁反言规则，以拘束赠与人信守其捐赠诺言。[2]后来随着保险行业的迅猛发展，保险人在经济上和法律上逐渐形成强大的优势地位，造成双方当事人缔约能力的不平等和缔约环境的不公正。为了限制保险人的不合理抗辩，保护处于弱势地位的被保险人利益，弃权与禁反言规则作为一种单维度的反抗辩机制被引入保险法。我国《保险法》第 16 条第 6 款[3]确立了禁止反言原则。关于弃权原则，我国《保险法司法解释（二）》第 7 条，对于在如实告知义务情形中的适用作出规定。[4]

（一）弃权（waiver）

1. 弃权的性质分析

弃权是随着英美法系国家判例的发展而由法官归纳出的一

---

[1] 参见桂裕编著：《保险法论》，三民书局股份有限公司 1981 年版，第 182 页。

[2] 参见吴文嫔：《第三人利益合同原理与制度论》，法律出版社 2009 年版，第 132 页。

[3] 《保险法》第 16 条第 6 款规定，保险人在合同订立时已经知道投保人未如实告知的情况的，保险人不得解除合同；发生保险事故的，保险人应当承担赔偿或者给付保险金的责任。

[4] 虽然我国保险立法引入了"弃权"和"禁反言"的制度，但是这种引入也只是"蜻蜓点水"式的引入，只能看到略微的痕迹。对于实践中大量出现的保险代理人在代理过程中对保险条款作出虚假或者错误陈述的现象不能起到切实的规制作用。详见，马更新：“论我国保险法上的如实告知义务——兼论保险法第 16 条立法的优点与不足”，载谢宪主编：《保险法评论》（第 4 卷），法律出版社 2012 年版，第 30 页。

项衡平法制度,对于弃权的概念并没有形成统一的界定。[1]对于弃权的定义,学者之间存有不同见解。具有代表性的观点,如梁鹏先生认为,"弃权是这样一种行为,保险人以明示或者默示的方式自愿而有意地放弃自己已经知晓的解除权或抗辩权。保险人放弃权利的行为可为单方行为,亦可为合意行为,可为有对价行为,亦可为无对价行为。"[2]而在弃权行为是否包括合意行为问题上,如王军先生持不同意见,"合同法上的弃权是指合同一方(债务人)对其履约条件的放弃。这种放弃既可以是书面表达的也可以是口头表达的。既可以是明示地表达的,也可以是行为默示地表达的。"[3]再者,对于弃权行为是否以对价行为为必要,也存在观点争议。[4]对于以上观点存在的分歧,下文分别论述。

(1) 弃权行为是否包括合意行为。

弃权,最直白的理解,即权利人对权利的放弃。那么,权利人对权利的放弃,是否需要与相对人达成合意呢?权利的本质是法律赋予当事人的支配力,尤其是对于相对人的支配力。[5]这种对权利的支配力主要表现为,实现权利内容的利益,只凭权利

---

〔1〕 王林清:《保险法理论与司法适用:新保险法实施以来热点问题研究》,法律出版社2013年版,第171页。

〔2〕 梁鹏:《保险人抗辩限制研究》,中国人民公安大学出版社2008年版,第235页。

〔3〕 王军编著:《美国合同法》,中国政法大学出版社1996年版,第279-280页。

〔4〕 如陈欣先生认为,弃权是指有意识的放弃一项已知的权利。它要求放弃权利的人了解自己拥有权利的这一事实,并且,是在了解这项权利的基础上放弃权利的。构成弃权不需要付款或其他对价。陈欣:《保险法》,北京大学出版社2000年版,第84页。但有观点则认为,弃权在本质上是双方当事人事后达成的新协议,约定一方放弃对另一方的一种或多种权利。既是一个协议,整个交易过程就必须要求双方有对价,亦即双方有交换的意图。黄勇、李之彦编著:《英美保险法经典案例评析》,中信出版社2007年版,第163页。

〔5〕 张俊浩主编:《民法学原理》(修订版),中国政法大学出版社1997年版,第74页。

人自己的意思就能实现，而无须义务人的积极行为相配合。[1]义务人所需承担的义务，是容忍、尊重和不干扰义务，具有消极性，表现为不作为。[2]因此，本书认为，弃权是权利人对于自身权利处分的权能，可以由行为人一方的意思表示构成的行为，应是一种单方行为，无须与相对人达成合意。需要与相对人达成合意，变更原合同关系的某项或某一部分内容，以限制保险人的合同解除权和抗辩权，应当属于合同变更的范畴。保险合同变更引起合同内容变化，已在我国《合同法》和《保险法》调整范围之内。弃权原则运用于以下场合："当保险人已经意识到其有理由解除保单，或者有理由抗辩被保险人保单项下的主张时，其通过代理人的行为（比如接受保险费），明示或默示地向被保险人传达其自愿放弃上述权利的意思。"[3]但是，目前在保险实务中也极少运用弃权原则进行裁判，较多的是以"保险活动当事人行使权利、履行义务应当遵循诚实信用原则，[4]作为裁判的法律依据。[5]

（2）弃权行为是否以对价行为为必要。

在保险法中，弃权行为可分为有对价的弃权和无对价的弃权两种情形。其中，无对价的弃权，是指弃权行为不需要相对方支付任何对价就具有法律拘束力。例如，被保险人要求延长提供损失通知和损失证明的期限，保险人同意的，保险人即放

---

[1] 张俊浩主编：《民法学原理》（修订版），中国政法大学出版社1997年版，第77页。

[2] 张俊浩主编：《民法学原理》（修订版），中国政法大学出版社1997年版，第77页。

[3] [美] 约翰·F. 道宾：《美国保险法》（第4版），梁鹏译，法律出版社2008年版，第212页。

[4] 参见《保险法》第5条。

[5] 参见王林清：《保险法理论与司法适用：新保险法实施以来热点问题研究》，法律出版社2013年版，第183页。

弃了以被保险人未在规定期限内提供损失通知和损失证明进行抗辩的权利，但被保险人并没有支付任何对价。[1]而对于有对价的弃权，则需要相对人支付对价，保险人才肯放弃权利，也就是说，这时的弃权需要对价才具有法律拘束力。例如，在财产保险中，投保人、被保险人未按照约定履行其对保险标的的安全应尽责任的，保险人有权要求增加保险费或者解除合同。[2]投保人或被保险人为使得保险合同效力得以继续，多余支付的保险费就是保险人放弃保险合同的对价。由此可见，在保险合同中，保险人之弃权行为并不以对价行为为必要。

综上所述，笔者认为，保险法中的弃权是指保险人明知其有对抗投保人或被保险人之权利，以明示或默示的方式为抛弃之意思表示，嗣后不得再行主张的单方行为。保险人放弃权利的行为可为有对价行为，亦可为无对价行为。

2. 弃权的构成要件

其一，保险合同依法成立并生效。保险人放弃的是合同项下的权利，自然应当以合同之有效成立为前提。其二，保险人必须知道（包括应当知道）其权利的存在。对于保险人之主观知悉程度为已知还是应知，各国立法例不尽相同。如德国认为保险人得知悉限于已知，瑞士和日本的立法则认为保险人得知悉不但包括已知还包括应知。[3]我国《保险法司法解释（二）》第7条[4]同样将保险人之主观知悉程度不仅限于知道，还包括

---

[1] 彭虹、豆景俊主编：《保险法》，中山大学出版社2003年版，第52页。
[2] 参见《保险法》第51条第3款。
[3] 王林清：《保险法理论与司法适用：新保险法实施以来热点问题研究》，法律出版社2013年版，第174页。
[4]《保险法司法解释（二）》第7条规定，保险人在保险合同成立后知道或者应当知道投保人未履行如实告知义务，仍然收取保险费，又依照保险法第16条第2款的规定主张解除合同的，人民法院不予支持。

应当知道。其三，保险人有弃权的意思表示。弃权会对权利人造成嗣后不得再行主张的不利法律后果，因此，保险人必须为真实的放弃权利的意思表示。[1]意思表示主要由（内心）意思+表示行为构成，前者内心的意思须由三要素构成，即保险人有想使自己的行为发生放弃权利的效果意思（效果意思）。保险人对于其行为所具有的意义是清醒理解的心态（表示意识），并且具有实施行为的意思（行为意思）。后者外在的表示行为就是发表内心意思的行为。[2]关于弃权表示行为的样态，具体可分为明示弃权和默示弃权两种。其中，明示弃权是指保险人使用直接语汇实施的表示行为。默示弃权是指相对人必须经过推理，才能了解保险人放弃权利的意思。在美国判例法上，如果保险人知道被保险人有违背约定义务的情形而仍然做出下列行为的，一般都被认为是默示弃权：①受领保险费的缴付；②要求投保人提出损失证明；③保险人明知投保人的损失证明有瑕疵而仍无条件地予以接受；④受领逾期的通知；⑤保险人不得一方面主张合同上的权利或采取只有依据合同才可以采取的行为另一方面又主张合同无效。[3]需要注意的是，认定默示弃权的一个先决条件是保险公司采取了积极的行动，如果它仅仅是保持沉默、没有任何作为，通常不能认为是弃权。[4]

---

〔1〕参见王林清：《保险法理论与司法适用：新保险法实施以来热点问题研究》，法律出版社 2013 年版，第 174 页。

〔2〕张俊浩主编：《民法学原理》（修订版），中国政法大学出版社 1997 年版，第 209-212 页。

〔3〕王林清：《保险法理论与司法适用：新保险法实施以来热点问题研究》，法律出版社 2013 年版，第 174-175 页。

〔4〕黄勇、李之彦编著：《英美保险法经典案例评析》，中信出版社 2007 年版，第 145 页。

（二）禁反言（estoppel）

1. 禁反言的概念界定

禁反言，又称为约定不得反悔。约定不得反悔原则是英美法系国家的一般契约理论，其基本内涵是"My word is my bond"——言行一致，不得出尔反尔。[1]约定不得翻供原则是由英国法官丹宁勋爵于1946年7月的"中央伦敦财产信托有限公司诉海伊·特利斯房产有限公司案中创立的。[2]该案的案情大体是："战争中很多人由于轰炸离开了伦敦，很多公寓都空了。一个街区中，很多公寓以一年二千五百磅的租金出租九百九十九年。发生战事后，房东为了留住房客同意租金减掉一半，只收一千二百五十英镑。战争结束后，房客回来了，房东不仅想从现在开始恢复二千五百磅的租金，还要求房客补交战争期间每年少交的一千二百五十英镑。"[3]在该案的判决中，丹宁法官说："我认为他不应该对公寓空着的那段时间回复原来的租金。……在每一个案件中，法庭认为某一承诺对于做出承诺的人是有约束力的，……他们不允许承诺的一方作出与其诺言不一致的行动。在这个意义上也仅仅在这个意义上，这种承诺才提出了禁止翻供的问题。"[4]后来，在《法律训诫》一书中，丹宁法官对约定不得翻供原则作出更为系统的阐述："这是一项公正平等的原则，它意味着，当一个人以他的言论或行为已经使另一个人相信，按照他的言论或行为办事是安全的——而且的确是按照他的言论或行为办了事——的事实，就不能允许这

---

〔1〕 张法连编著：《英美法律术语辞典》，上海外语教育出版社2014年版，第153页。

〔2〕 李永军："契约效力的根源及其正当化说明理论"，载《比较法研究》1998年第3期。

〔3〕 参见李永军：《合同法》（第3版），法律出版社2010年版，第169页。

〔4〕 [英] 丹宁勋爵：《法律的训诫》，群众出版社1985年版，第177页。

个人对他所说的话或所做的行为反悔,即使这样做对他是不公平的,也是如此。"[1]《牛津法律词典》将禁止反言定义为:"禁止一方当事人提出与先前所声明的或已做出的行为相矛盾的主张,尤其是当另一方当事人基于对保险人行为的信赖而事实上改变自己的处境,并因此造成损失。"[2]

2. 禁反言的构成要件

一般认为,禁止反言运用于保单存在下述情形的场合,即保险人意识到或应当意识到其有权基于被保险人不实陈述、违反保证或条件而享有抗辩或解除合同的权利,但保险人在被保险人尚未意识到其抗辩或解除合同的原因的情况下,以明示或默示的方式对被保险人表示其没有意识到被保险人的抗辩权或解除权,保单依然有效,并且,被保险人相信了保险人的表示,并因此造成损失。[3]具体禁反言原则的适用,须要满足以下要件:

①保险人方面须有关于保险合同上的有关重要事项,曾向投保人或被保险人为虚伪陈述或者欺诈行为。②保险人为虚伪陈述或者欺诈行为,目的在于取得投保人或被保险人的信赖。③投保人或被保险人尚未意识到保险人抗辩或解除合同的原因的情况下,对保险人的虚伪陈述或者欺诈行为,产生了合理信赖。要求被保险人在信赖保险人放弃权利时未意识到保险人解除合同或抗辩原因的理由在于,禁止反言是公平原则的表现,

---

[1] [英]丹宁勋爵:《法律的训诫》,群众出版社 1985 年版,第 195—196 页。

[2] Elizabeth A. Martin, Oxford Dictionary of Law, oxford university press, p181. estoppel: A rule of evidence or a rule of law that prevents a person from denying the truth of a statement he has made of from denying facts that he has alleged to exist. The denial must have been acted upon (probably to his disadvantage) by the preson who wishes to take advantage of the estopped or his position must have been altered as a result. See Elizabeth A. Martin A. MARTIN, Oxford Dictionary of Law, oxford university press, p181.

[3] [美]约翰·F. 道宾:《美国保险法》(第 4 版),梁鹏译,法律出版社 2008 年版,第 217 页。

因此被保险人要想获得公平,自己必须是清白的,即净手原则或清白原则,也就是说,如果当事人一方违反了衡平法原则,其不能在衡平法院寻求衡平法上的救济或者主张衡平法上的辩护理由。[1]④投保人或被保险人因信赖保险人的虚伪陈述或者欺诈行为而为某种行为,并因此造成损失。

(三)弃权与禁反言的限制

1. 公共利益

保险人或被保险人所放弃的保单项下的权利只能是其私人利益,而不涉及公共利益。如果权利与社会公共利益有关,则权利人无权放弃。例如,大多数州的法院都认为,保险人在保险利益这个问题上不能弃权,也不能以禁反言为理由禁止保险人提出保单持有人缺乏保险利益这种主张。[2]在这些法院的法官看来,如果是以维护公平为理由而容许被保险人或受益人绕过这一规则,这是对公共政策的严重冒犯,[3]会损害到其他被保险人的合法利益。

2. 口头证据规则

所谓口头证据规则(parol evidence rule),即双方当事人之口头约定经作成书面者,该书面称为契约之全部内容,不得以书面作成前之合意、附件或其他约定以变更、增补、否定或推翻书面规定。[4]根据口头证据规则,一旦最终书面合同达成,此前全部口头或书面洽谈和协议被认为完全融入书面合同之中,

---

[1] [美]约翰·F. 道宾:《美国保险法》(第4版),梁鹏译,法律出版社2008年版,第217页。

[2] [美]小罗伯特·H. 杰瑞、道格拉斯·R. 里士满:《美国保险法精解》(第4版),李之彦译,北京大学出版社2009年版,第130页。

[3] [美]小罗伯特·H. 杰瑞、道格拉斯·R. 里士满:《美国保险法精解》(第4版),李之彦译,北京大学出版社2009年版,第131页。

[4] 施文森:"诚信原则与格式条款外之求偿",载《月旦法学杂志》2010年。

最终书面合同是双方当事人的合意的最终和完整的陈述。[1]

3. 关于事实的限制

由于事实具有客观性，不以合同当事人意志为转移，故不能通过双方合意改变客观事实。例如，在 Sternaman v. Metropolitan Life Ins. Co. (N.Y. 1902) 一案中，人寿保险保单中包含有一个条款，该条款规定，代表保险人进行医学检查的医生是被保险人的全权代理人。[2]这个条款的目的在于，通过放弃医生与保险人之间的事实代理关系，使被保险人承担医生在医学检查报告中造成的任何不实陈述责任。[3]法院认为该条款因违反公正政策而无效，进一步表达意见说："当事人不能通过协议改变自然规则或逻辑规则，不能改变建立的关系，以及不能建立的自然规则、法律规则或道德规则。"[4]

4. 关于承保范围的限制

多数规则认为，保险人弃权和禁反言都应限制在保单承保的危险范围之内，而不能创设额外的承保范围。换言之，弃权和禁反言不适用于保单起初没有规定的承保范围或保单中载明的免责条款。该规则被广泛适用。然而，源于少数案例规则的影响力也在增长。法院似乎也越来越愿意忽视这种差异，并使禁反言不仅能阻止对保单提供的承保范围的否认，而且能够创设保单并没有明确规定的保险范围。[5]

---

[1] 陈欣：《保险法》，北京大学出版社 2000 年版，第 177 页。

[2] [美] 约翰·F. 道宾：《美国保险法》（第 4 版），梁鹏译，法律出版社 2008 年版，第 216 页。

[3] [美] 约翰·F. 道宾：《美国保险法》（第 4 版），梁鹏译，法律出版社 2008 年版，第 216 页。

[4] [美] 约翰·F. 道宾：《美国保险法》（第 4 版），梁鹏译，法律出版社 2008 年版，第 216 页。

[5] [美] 肯尼斯·S. 亚伯拉罕：《美国保险法原理与实务》，韩长印、韩永强等译，中国政法大学出版社 2012 年版，第 77 页。

（四）弃权与禁反言的比较

弃权和禁反言是英美合同法中的两项重要原则，二者都可以作为抗辩的理由，都会导致某项相对人的权利的暂时性甚至是彻底地丧失，具有一定的相似性。[1]并且在英美法中，由于遵从菲尔德（Field）法官的理论，法官经常混淆弃权与禁反言之间的区别，菲尔德法官在 Clobe Mut. Life Ins. Co. v. Wolff（S. Ct. 1877）一案中指出："为避免过于严厉地执行保单中规定的条件，被保险人可以对保险公司主张弃权原则，这种弃权原则实际上仅仅是禁止反言原则的另一个代名词。"[2]而在我国保险法中，由于弃权和禁反言常常相伴相生，使得二者之间的区别非常模糊。例如，我国有些学者认为弃权是禁止反言的前提，而禁止反言是弃权的必然结果。[3]还有一种观点则认为，"在保险法中，弃权和禁反言是既相互区别又密切相关的两个概念，它们的主要区别在于：①性质和基础不同。弃权本质上是合同行为，其基础是双方之间的协议；而禁止反言本质上属于侵权的范畴，其基础是一项错误的陈述。②目的和效果不同。弃权是使放弃权利的一方的意图产生效力；而禁止反言被强制执行则使其不公平的意图无效。③适用的原则不同。弃权受口头证据原则的约束。但口头证据原则不适用于禁止反言。"[4]

虽然弃权和禁反言有共同的基础，两种原则的适用都可以阻止保险人以被保险人违反条件为由解除责任，但它们本质上

---

[1] 参见王林清：《保险法理论与司法适用：新保险法实施以来热点问题研究》，法律出版社2013年版，第176页。

[2] [美] 约翰·F. 道宾：《美国保险法》（第4版），梁鹏译，法律出版社2008年版，第211页。

[3] 贾林青：《保险法》，中国人民大学出版社2006年版，第92页。

[4] 陈欣：《保险法》，北京大学出版社2000年版，第177页。

是不同的。[1]因此，两种观点之比较，本书更倾向于后者。除上述区别点之外，本书增述如下三点：①以合约方式成立之弃权，如由保险人代理人为之者，代理人须有缔约之权限或表见代理权，其效力始及于保险人。禁止反言因非以合意方式为之，代理人从事保险业务时，有禁止反言之行为者，不论是否经保险人授权或禁止，均有拘束保险人之效力。[2]②弃权要求保险人或其代理人的有意识行动，但它并不要求被保险人以任何方式做出相应的反应。而禁止反言的构成要件之一，则必须要有投保人或被保险人因信赖保险人行为或言词而为某种行为，并因而受有损失。[3]③禁止反言要求，通过言辞或行动，向被保险人表示保险人将不因被保险人违反条件而解除责任。[4]禁止反言原则不依赖禁止反言人对保险人抗辩或解除合同的原因的知晓，是一个比弃权原则适用范围更广泛的原则。[5]

二、不可抗辩条款

（一）不可抗辩条款的含义

不可抗辩条款（Incontestable Clause）又称不可争议条款（Indisputable Clause），其含义目前尚无统一的表述。大陆学者一般倾向于对具体适用范围，即险种和事由两方面进行限定不

---

〔1〕 [英]约翰·伯茨：《现代保险法》，陈丽洁译，河南人民出版社1987年版，第176页。

〔2〕 施文森："诚信原则与格式条款外之求偿"，载《月旦法学杂志》2010年。

〔3〕 参见[英]约翰·伯茨：《现代保险法》，陈丽洁译，河南人民出版社1987年版，第176页。

〔4〕 谭春霖："论保险的最大诚信原则"，载《恩施职业技术学院学报（综合版）》2004年。

〔5〕 参见[英]约翰·伯茨：《现代保险法》，陈丽洁译，河南人民出版社1987年版，第176页。

可抗辩条款的含义。例如,不可抗辩条款是指自合同成立之日或复效之日起,经过一定期间(大多为两年),保险人对投保人违反告知义务的争辩权,不得行使。[1]"不可抗辩条款是指保险人在寿险契约成立后经过一定期间,不得对被保险人任何告知或隐瞒之事实提出抗辩,而主张解除契约。虽足以证明被保险人有故意违反告知义务之具体事实,保险人仍不能免除给付之责任。[2]而有些学者则认为,不可抗辩条款,其性质与除斥期间相等,意谓主张契约之瑕疵者,应于一定期间内为之(通常为两年,但亦有定为一年者),逾期则丧失其解除权或对抗权。[3]相比之下,我国台湾地区对不可抗辩条款采广义,与英美保险法上不可抗辩条款更为相近。[4]

(二)我国《保险法》中不可抗辩条款存在的问题

不可抗辩条款制度肇始于英美法系,自1848年英国伦敦人寿保险公司率先引入不可抗辩条款,距今已有169年的历史。[5] 2009年我国修订的《保险法》引进了不可抗辩条款,当时在是否引进的问题上,法律界及保险业界内产生了很大的争议,主要争

---

〔1〕 史学瀛、郭宏彬主编:《保险法前沿问题案例研究》,中国经济出版社2001年版,第8页。

〔2〕 袁宗蔚:《保险学:危险与保险》,首都经济贸易大学出版社2000年版,第657-658页。

〔3〕 桂裕编著:《保险法论》,三民书局股份有限公司1981年版,第198-199页。

〔4〕 Incontestability clause: a standard clause found in most life insurance policies is the "incontestability" clause, which provides that if a certain period of time passes from the inception of the policy to the death of the cestui que vie, usually two years, the validity of the policy cannot be contested by the insurer. see John F. Dobbyn:《Insurance Law》,法律出版社2001年版,p214.

〔5〕 参见李青武、于海纯:"论美国不可争议条款规制投保欺诈的制度构成及其正当性",载《比较法研究》2014年第1期。

议在于不可抗辩条款适用能否与司法内外部环境相匹配。[1]从近些年不可抗辩条款的实施效果看,应当说学者们之前的担心是具有前瞻性和预见性的。总体而言,不可抗辩条款本身及适用中存在的问题,主要有以下两个方面:

1. 引进单项条款缺乏配套制度支撑

目前,许多保险市场成熟的国家(地区)在保险立法上都规定了不可抗辩条款,但上述国家(地区)所规定的不可抗辩条款,并非仅为单个条文这么简单,除此之外,还规定了支撑该条款实施的配套制度。这种配套制度,具体是指不可抗辩条款适用的限制条件。对于不可抗辩规则适用的限制条件,除前述日本保险实务中将被保险人生存作为不可抗辩期间适用前提条件之外,许多国家(地区)的立法例还规定了该条款适用的例外情形。例如,我国澳门地区的《商法典》第1041条将投保人故意违反告知义务的情形排除适用不可抗辩条款。该条文规定:"如投保人之不声明或不正确声明能影响风险之评估,导致第974条[2]及975条[3]所规定之后果;然而,保险人仅得于订立合同之日起一年内或合同中所定之更短期限内行使因不声明或不正确声明而生之权利;如投保人之行为属故意,则不适用上款之规定"。除投保人故意违反告知义务情形之外,不可抗辩条款适用的例外情形还包括如下:①关于投保人未支付保险费的抗辩;②关于投保人对保险标的不具有保险利益的抗辩;

---

[1] 周刚:"保险法不可抗辩条款研究",载中国保险行业协会编:《保险法理论与实践》,法律出版社2016年版,第123页。

[2] 澳门地区的《商法典》第974条第1款规定,如投保人恶意不声明或不正确声明上条所指任一情况,则合同得撤销且保险人得请求返还已支付之赔偿款项。

[3] 澳门地区的《商法典》第974条第1款规定,如对风险之声明或不正确声明并非出于投保人之恶意,则保险人得自知悉该声明之日起两个月内提出解除合同或提议投保人支付新保险费,但合同之解除于通知后第15日生效。

③对不属于保险保障范围的事项；④关于保险合同是否有效成立之争。[1]但也有一些国家的立法规定投保人故意违反告知义务也可适用不可抗辩条款，只是延长了不可抗辩期间。如《德国保险合同法》第21条规定，如果投保人故意违反告知义务的情形下的不可抗辩期间则为10年。综上所述，保险立法例上，限制不可抗辩条款的适用有三种方式：一是将保险事故未发生作为不可抗辩期间适用前提条件；二是规定不可抗辩规则适用的例外情形；三是延长不可抗辩期间。如有些学者所批评的那样，我国保险法借鉴其他国家和地区的法的形式意义大于实质意义。[2]那么，对于不可抗辩条款的借鉴，可以说连形式上的完备都不具备，足见立法之仓促。

2. 保险市场发展滞后引发保险欺诈

保险法是一门实践性很强的学科。不可抗辩条款实施效果不佳，究其原因除与我国立法上欠缺相关配套制度支撑之外，还与我国保险市场契合度不高有关。我国保险市场目前仍处于培育阶段，尚未成熟度。其成熟度不高主要体现在以下方面：[3]一是国内信用体系建设不完善。信用体系建设的不完善，导致个人信用缺乏监督，最终使得保险公司承保面临很大的道德风险威胁；二是保险人核保调查能力不足。由于信用体系建设的滞后，致使各保险机构之间的信息交流不畅，对于信息资源不能实现共享。各保险公司只能单打独斗，依靠自身力量独自完成核保调查，一方面导致核保成本上升，另一方面则是凸显出保险人在核保调查方面的能力捉襟见肘。三是保险代理人员管理

---

[1] 孙宏涛：《德国保险合同法》，中国法制出版社2012年版，第38页。
[2] 邹海林："我国保险法的发展论——以保险合同法的发展为中心"，载宋志华主编：《保险法评论》（第5卷），法律出版社2013年版，第4页。
[3] 此处参见周刚："保险法不可抗辩条款研究"，载中国保险行业协会编：《保险法理论与实践》，法律出版社2016年版，第123-124页。

机制不完善。保险代理人和保险人之间的关系不是劳动关系，而是代理关系，使得保险代理人的职业保障问题未得到妥善安排，同时由于保险行业入职门槛较低，保险代理人的素质参差不齐，其收入完全依靠业务佣金，少数保险代理人在利益的驱使下，常常采取误导销售行为以促成保险合同的订立，导致引发保险纠纷案件频发。[1]

（三）不可抗辩条款适用的限制性分析

在我国保险实务中，不可抗辩条款适用中存在的突出性问题，即在于日益增加的保险欺诈问题。国外保险立法例对于该问题主要通过适用三种方式进行限制。而对于第三种方式（延长不可抗辩期间），我国于 2017 年 10 月 1 日起施行的《民法总则》已经将民事权利的诉讼时效期间进行调整，修订为三年，适当地延长了不可抗辩期间。故此处不做过多探讨，下面主要对其他两种限制不可抗辩条款适用的方式做进一步分析。

1. 不可抗辩期间发生保险事故的适用

在我国保险实务当中，存在投保人故意拖延履行保险事故通知义务，致使保险人二年解除权期限过期的现象。具体是指，如果被保险人在不可抗辩期间内死亡，投保人本应当及时通知保险人。但假使投保人在订立保险合同时有违反如实告知义务的事实，保险人则可根据我国《保险法》第 16 条第 3 款规定，解除保险合同，并拒绝承担相应的保险赔付责任。但如果投保人故意拖延保险索赔至不可抗辩期间经过，此时，保险人因期间经过，一则不得行使保险合同解除权，二则《保险法》作为《合同法》特殊法，亦不得适用《合同法》第 54 条规定的合同撤销权，则需要保险人对不可抗辩期间发生的保险事故承担相

---

[1] 周刚：“保险法不可抗辩条款研究”，载中国保险行业协会编：《保险法理论与实践》，法律出版社 2016 年版，第 124 页。

应的保险金赔付责任。由此引发保险实务中大量带病投保现象。带病投保等违反如实告知义务的投保行为，造成投保人与保险人之间关于保险标的物（的）信息处于不对称的状态。而受信息不对称影响，投保人与保险人之间的对价平衡关系也将被打破。一旦保险合同的对价处于不平衡的状态，小则损害其他投保大众的投保利益，大则危及整个保险业的良性发展。因此，本书也认为，应当对于将投保人（受益人）这种恶意规避的情形，排除在不可抗辩条款的适用范围外。针对这种现象，可参考日本保险实务之做法，以及英美乏力国家之立法例，结合我国《保险法》第16条第3款中自合同成立之日起超过二年的，保险人不得解除合同的规定，可对该条款进行限缩解释，即以在不可抗辩期间未发生保险事故为保险人理赔的前提条件，以遏制不合理现象的产生。

2. 不可抗辩条款适用的例外情形分析

我国《保险法》由于没有规定不可抗辩条款的例外情形而广受学界诟病。[1]归纳起来，学界关于不可抗辩条款适用例外情形的讨论，主要集中在以下几种具体情形：①关于投保人故意违反告知义务的抗辩；②关于投保人未支付保险费的抗辩；③关于投保人对保险标的不具有保险利益的抗辩；④对不属于保险保障范围的事项；⑤关于保险合同是否有效成立之争。[2]

虽然，无论是故意违反如实告知义务情形，还是《保险法》第27条规定的索赔欺诈行为，二者均包含投保人"欺诈"的因素在里面。但是，对于故意违反如实告知义务情形是否能一律列为不可抗辩条款适用的例外情形，则有待讨论。针对将索赔

---

〔1〕 王林清：《保险法理论与司法适用：新保险法实施以来热点问题研究》，法律出版社2013年版，第150页。

〔2〕 孙宏涛：《德国保险合同法》，中国法制出版社2012年版，第38页。

欺诈行为列为不可抗辩条款适用的例外情形的正当性，本书已经在第三章保险人法定解除权行使条件分析（谎报或故意制造保险事故的情形分析）部分，加以专门论述，故此处不再赘述。至于投保人故意违反如实告知义务，是否属于不可抗辩条款适用的例外情形？笔者认为，应当区分具体情况。如果投保人故意违反如实告知义务的行为构成严重保险欺诈，保险人则可不受不可抗辩条款的限制。反之，对于那些一般性的违反如实告知义务行为，则可适用不可抗辩条款。此处细化行为的原因在于，如果已将索赔欺诈以及不可抗辩期间发生保险事故作为适用的例外情形予以排除，再将一般性欺诈行为一并排除的话，一方面有些矫枉过正，另一方面势必将影响不可抗辩条款对保险消费者利益保障功能的发挥。这一点与英美法系较为类似，一般在英美法系中主张，保险合同中的欺诈性误述应当分为一般性欺诈误述和严重欺诈性误述两种，前者可以适用不可抗辩条款，而对于后者则不适用。[1]也就意味着，假使投保人故意违反如实告知义务的行为尚未构成欺诈，不存在严重的道德风险，则可适用不可抗辩条款。

至于其余四项都是关于保险合同效力问题，本书认为，鉴于目前我国保险行业普遍存在"核保以宽，理赔以严"的现象，已严重损害到保险消费者的合法权益。可以考虑，将关于保险合同效力审查的责任交由保险人承担，以避免保险销售员为提高保险业绩，不加甄别地与投保人订立保险合同，再于保险事故发生后，以此为借口推卸责任的现象发生。所以，从保护保险消费者利益的角度，本书认为否定该四项情形排除不可抗辩条款适用范围为宜。

---

〔1〕 张怡超："论我国《保险法》中不可抗辩条款及其适用"，载《河北法学》2012年第11期。

(三) 完善我国保险法中不可抗辩条款的建议

对于我国保险法中不可抗辩条款的完善，须标本兼治，在完善不可抗辩条款的配套制度的形式要素，同时则须着力改善我国保险市场大环境，提高不可抗辩条款与我国保险市场的契合度。完善不可抗辩条款配套制度的具体建议，有以下两点：一是在人寿保险合同中，明确规定不可抗辩期间发生保险事故的，不适用不可抗辩条款。二是明确规定不可抗辩条款适用的例外情形，即如果投保人故意违反如实告知义务的行为构成严重保险欺诈，则不适用不可抗辩条款。

第四节 保险合同解除权的法律效果分析

合同解除的法律效果主要涉及合同解除的溯及力、给付返还及损害赔偿等问题。其中，有无溯及力是合同解除法律效果最核心的问题。我国《合同法》第 97 条规定："合同解除后，尚未履行的，终止履行；已经履行的，根据履行情况和合同性质，当事人可以要求恢复原状、采取其他补救措施，并有权要求赔偿损失。"[1]该条文仅涉及合同解除后的给付返还及损害赔偿问题，而对于合同解除有无溯及力问题，法律尚未作出明确而系统的规定。同样，我国《保险法》对该问题也未予明确。对于保险合同来讲，合同解除的溯及力问题主要关系到保险费及现金价值返还问题。保险合同解除是溯及既往的消灭？还是仅向将来消灭？保险合同解除之后，已经交付的保险费该如何处理？已经形成保单现金价值的是否应当返还？保险合同解除是否影响保险人承担保险金给付责任？这些都是保险合同解除的效力问题，均需加以讨论。

---

[1] 参见《合同法》第 97 条。

一、合同解除溯及力分析

合同解除产生溯及效力问题，一般合同解除与溯及力关系包括合同解除有溯及力和合同解除无溯及力两种。其中，合同解除有溯及力是指解除使合同关系溯及既往地消灭，合同如同自始未成立。合同解除无溯及力是指合同解除的效力仅向将来发生，不影响合同解除之前法律关系的有效性。[1]学界对于合同解除的法律效果有三种学说：一是直接效果说，认为合同效力因解除而溯及既往地消灭，尚未履行的债务当然免除，已经履行的部分，因无法律上原因，而生不当得利返还之问题，其返还范围，不以现存利益为限，须负原状回复义务。[2]二是间接效果说，认为解除并不能消灭债之关系，仅有阻止其效力之作用，因之未履行者，则发生拒绝履行之抗辩权，已履行者，则发生新返还请求权。[3]三是折中说，认为对于尚未履行的债务自解除时归于消灭（与直接效果说相同），对于已经履行的债务并不消灭，而是发生新的返还债务（与间接效果说相同）。[4]

我国立法对于合同解除是否具有溯及力，目前尚未作出明确规定。我国学术界一般认为，非继续性合同的解除以溯及既往消灭为原则，继续性合同的解除原则上无溯及力，仅向将来发生效力，过去的合同关系不受影响。两类合同溯及力之不同的关键在于合同性质的差异，当非继续性合同被解除时能够恢

---

[1] 崔建远主编：《合同法》（第5版），法律出版社2010年版，第259页。

[2] 郑玉波：《民法债编总论》（修订2版），三民书局股份有限公司1991年版，第437页。

[3] 郑玉波：《民法债编总论》（修订2版），三民书局股份有限公司1991年版，第437页。

[4] 崔建远主编：《合同法》（第5版），法律出版社2010年版，第258页。

复原状,即所谓的给付能够返还给付人。而诸如以使用、收益标的物为目的的继续性合同,因受领方已经取得并消耗了标的物效益,在事实上不能返还,同时也就意味着无法恢复原状。[1]

二、保险合同解除溯及力

保险合同中,投保人给付保险费是保险人以承担一定期间内危险为对价,时间因素在保险合同履行上居于重要地位,符合继续性合同的特征,可见保险合同属于继续性合同。保险合同解除分为约定解除和法定解除两种。其中,在约定解除情形下,有无溯及力原则上取决于当事人的约定,应属于契约自由的范畴。保险合同法定解除情形之溯及力问题,从我国保险立法来看,保险合同的解除以不具有溯及力为原则。从其他保险立法例来看,亦不乏以保险合同解除不具有溯及力为原则的国家,如《日本保险法》第59条第1款规定:"生命保险合同的解除,仅对将来发生效力。"韩国《商法》第649条第3款规定,合同终止的,保险人只需返还相当于剩余保险期间内的保险费,即终止不具有溯及力。[2]例外之特殊情形为违约解除,即守约方解除合同后,合同效力应溯及既往的消灭。以下根据不同解除主体,就保险合同解除之溯及力与保险费返还具体问题进行分别论述。

(一)投保人解除合同溯及力

一般而言,投保人解除保险合同原则上无溯及力,仅向将来发生效力,保险人只需返还相当于剩余保险期间内的保险费即可。但在例外情形下,保险人应当返还全额保险费。

---

[1] 崔建远主编:《合同法》(第5版),法律出版社2010年版,第259-261页。
[2] 崔吉子、黄平:《韩国保险法》,北京大学出版社2013年版,第84页。

1. 犹豫期内解除保险合同

犹豫期，也称冷静期或反悔权，针对消费领域出现的新情况新问题，出于对弱势消费群体进行倾斜保护的理念，法律规定在合同成立后的一定期间内，消费者可以无条件退货。2014年3月15日，实施的《中华人民共和国消费者权益保护法》（以下简称《消费者权益保护法》）中新增犹豫期条款，2015年保监会《关于修改〈中华人民共和国保险法〉的决定（征求意见稿）》，将保险实务中[1]有关犹豫期约定的做法上升为法律规定，明确规定保险期间超过1年的人身保险合同应当约定犹豫期，期限不少于20日。[2]但是，从目前正式实施的立法来看，我国《保险法》及其司法解释尚无犹豫期有关规定，只是在保险实务当中为保护投保人利益而形成的惯例。一般情形下，投保人提出保险要求，经保险人同意承保时，保险合同即告成立，保险人应当及时向投保人签发保险单或者其他保险凭证。[3]而犹豫期间之起算点也是从投保人、被保险人签收保险单开始，可见，在犹豫期间内，保险合同业已成立并生效。保险合同有效成立也即意味着保险责任期间开始计算，在犹豫期

---

[1] "2000年7月25日保监会发布的《关于规范人身保险经营行为有关问题的通知》指出，犹豫期是从投保人、被保险人收到保单并书面签收日起10日内的一段时期。在犹豫期内，投保人可以无条件解除保险合同，但应退还保单，保险公司除扣除不超过10元的成本费以外，应退还全部保费并不得对此收取其他任何费用。"，法律教育网，http://www.chinalawedu.com/news/，访问日期：2017年3月26日。

[2] 《国务院法制办公室关于修改〈中华人民共和国保险法〉的决定（征求意见稿）公开征求意见的通知》，载http://www.rcgus.com/laibei666/1552557.html，访问日期：2017年5月9日。《关于修改〈中华人民共和国保险法〉的决定（征求意见稿）》，三、增加一条，作为第48条，保险期间超过1年的人身保险合同，应当约定犹豫期。投保人在犹豫期内有权解除保险合同，保险人应当及时退还全部保险费。犹豫期自投保人签收保险单之日起算，不得少于20日。

[3] 参见《保险法》第13条。

间内如若发生保险事故,保险人则需承担保险责任。依通常理解,保险费是保险人承担危险之对价,投保人如欲解除合同,则需支付自保险责任开始之日起至合同解除之日止期间内的保险费。而在犹豫期内,鉴于保险合同之附和性及专业性特点,投保人解除保险合同,保险人退还全部保险费,解除是有溯及效力的。当然,犹豫期过后,投保人再行解除保险合同,如无合同约定,保险人退还的只是保单现金价值(现金价值)或保险合同剩余期间保费(财产保险),解除不具有溯及力,仅向将来发生效力。

2. 保险人未交付保险格式条款及未履行说明义务

《保险法》第 47 条规定:"投保人解除合同的,保险人应当自收到解除合同通知之日起三十日内,按照合同约定退还保险单的现金价值。"[1]如果保险人没有将约定保单现金价值表交付给投保人,或者虽交付但未履行说明义务,投保人是否可以以保险人违反说明义务为由解除保险合同,并要求保险人返还全部保险费?依据我国《保险法》第 17 条第 1 款规定:"订立保险合同时,采用保险人提供的格式条款的,保险人向投保人提供的投保单应当附格式条款,保险人应当向投保人说明合同的内容。"[2]然而,该条款却没有规定保险人违反说明义务需要承担的法律责任。对此,有观点认为,保险人对保险条款的说明义务实际上是一个倡导性的义务,保险人未尽到这个义务不应该从法律程序和实体上承担后果。[3]从司法实践来看,法院的裁判结果也是有分歧的,一些法院并不支持保险人隐瞒与保险

---

[1] 参见《保险法》第 47 条。
[2] 参见《保险法》第 17 条第 1 款。
[3] 刘振宇主编:《人身保险法律实务解析》,法律出版社 2012 年版,第 459 页。

合同相关的现金价值表的内容，违反告知义务的说法，并以"原告以为现金价值即为保险费的理解纯属个人观点与法无据不予采信"的理由，驳回原告诉讼请求，支持保险人按《现金价值表》向原告给付退保金。[1]笔者认为，保险人违反现金价值说明义务的，投保人解除保险合同，保险人应返还全额保险费。理由是虽然保险合同作为一种消费性质合同，依常理即可知，既因风险转嫁于保险人，继而享受保险合同所带来之心境安宁，则必将支付相应对价，正所谓"天下没有免费的午餐"。但如果保险人收取相应期间保险费的标准远超过社会大众所理解的范围时，则应当由保险人承担说明义务。一般来说，保险公司收取成本费通常在合同成立之初便已从总保费中扣除，而此时保险合同的现金价值尚未形成。因此，经过犹豫期后，投保人越早解约，保单的现金价值相对于所缴保费的比例越低，相应地投保人的损失也就越大，有时保险人收取保险费数额高达总保费的 50%。更何况，现金价值表内容具有专业技术性，非一般社会大众所能了解。因此，为保护投保大众之利益，保险人应将退保费用告知投保人。通常在保险实务中，由于保险营销员的过错致使投保人解除保险合同时，保险营销员无权获得与所解除保单相关的代理手续费（佣金）。[2]既然保险营销员无权从保险公司处获得有关代理手续费（佣金），那么，基于保险营销员与保险公司之间的代理关系，相应地保险公司也同样无权

---

〔1〕 "《张洁诉保险合同退保纠纷上诉案》（（2000）包经终字第 90 号）"，北大法宝，http：//www.pkulaw.cn/case/pfnl_ 1970324836975441.html。

〔2〕 参见"《中国人寿保险股份有限公司上海市分公司保险营销员代理手续费（佣金）支付规定》。该规定第 9 条规定，……由于保险营销员的过错致使投保人解除保险合同时，保险营销员无权获得与所解除保单相关的代理手续费（佣金），公司尚未支付该保险合同的代理手续费（佣金）的将不予支付，已经支付代理手续费（佣金）的，必须全额退还公司。"，北大法宝，http：//www.pkulaw.cn/case/pfnl_ 1970324845789072.html，访问日期：2017 年 4 月 13 日。

从投保人处扣除手续费。从国外立法例来看，对于保险人违反说明义务，一般给予投保人救济途径。例如，在韩国保险法中，保险人具有交付约款并说明其内容的义务，保险人违反该义务的，自合同成立后的1个月内，投保人有权撤销该保险合同，投保人撤销合同的，保险合同失效，保险人应返还全额保险费。[1]

(二) 保险人解除合同溯及力分析

一般情形下，保险人解除保险合同，以不具有溯及力为原则。但如因投保人或被保险人之主观故意导致解除保险合同的，则应例外地赋予合同消灭之溯及既往的效力。保险法中可根据投保人（合同义务人还包括被保险人，但为行文方便，故下文仅提及"投保人"）主观过错程度，分为故意、重大过失和一般过失三种。

1. 解除事由发生：投保人之故意

保险合同解除事由因投保人过失而发生，保险合同解除后，合同效力溯及既往的消灭，已作出的给付欠缺原因，当事人互负回复原状及返还受领的给付义务。如投保人已受领保险金，则发生保险金返还问题，投保方需向保险人如数返还保险金。保险人则向投保人返还受领保险费。但是，当投保人主观过失为故意的情形下，保险人并不负有向投保人返还保险费的义务。如《保险法》第16条第4款规定："投保人故意不履行如实告知义务的，保险人对于合同解除前发生的保险事故，不承担赔偿或者给付保险金的责任，并不退还保险费。"[2]对于保险人无须返还已受领保险费的法律依据，存有三种学说。

---

[1] 崔吉子、黄平：《韩国保险法》，北京大学出版社2013年版，第84-85页；参见《韩国商法》第638条。

[2] 参见《保险法》第16条第4款。

第一，报酬说。该学说认为，保险费是保险人承担危险之对价。详言之，保险合同当事人互负对价之义务关系为，投保人负有给付保险费义务，保险人之对待给付义务则为整个保险期间内所提供危险承担之保护，包括保险事故发生前之承担危险，使要保人于精神上和经济上免于忧患，[1]而非始于保险事故发生之时，保险人承担的给付保险金义务。可见，与保险费形成对价关系的是整个保险期间之危险承担，即便保险事故未发生解除保险合同，保险人也已经事实上为投保人提供保护，且这种危险承担不具有返还性。那么，既然保险费作为危险承担之对价，而危险承担又不具有返还性，最终导致投保人不能向保险人返还。相应地，保险人也可免除向投保人返还保险费之义务。所以，该学说将投保人之保费视为保险人承担危险责任之报酬。

第二，赔偿说 也称补偿说。该学说认为，保险费是合同解除对保险人造成的损失赔偿。从保险人行使法定解除条件来看，保险人因投保人不履行合同义务或履行合同义务不符合约定而发生解除权。投保人违反基于合同所生的附随义务属于违约行为，而保险人因违约行为解除合同，并给保险人造成损失的，构成违约损害赔偿责任。合同虽解除但不影响当事人要求赔偿损失的权利。因此，投保人应当赔偿保险人因其过错地不履行合同义务给对方造成的损失。依据《合同法》第113条规定，损失赔偿额应当包括合同履行后可以获得的利益，但不得超过违反合同一方订立合同时预见到或者应当预见到的因违反合同可能造成的损失。[2]所以，投保人的赔偿损失范围应以保险费为限。因此，作为投保人向保险人承担民事赔偿责任的不利后

---

〔1〕 江朝国：《保险法基础理论》，中国政法大学出版社2002年版，第32-33页。

〔2〕 参见《合同法》第113条。

果，保险人对保险费不予返还。

第三，惩罚说。该学说认为，不返还保险费是作为对主观恶意方的惩罚。因投保人不履行合同义务或履行合同义务不符合约定，保险人解除保险合同，产生违约责任。从道义责任论和规范责任论的角度出发，投保人的过错违约行为应受到法律的否定和谴责，也即这种违约责任应当具有惩罚性。[1]具体到投保人违反合同义务情形，这种违约责任的惩罚性即表现为保险费的不予返还。

违约责任作为民事责任的一种，具有民事责任的一般属性，包括财产性、补偿性和惩罚性等。[2]上述三种学说，其实质是从不同的角度分别揭示了保险法上违约责任的三种属性。在投保人具有主观故意违反合同义务的情形下，以《保险法》第16条第4款为例，重点是强调违约责任的惩罚性质，惩罚说更具说服力。我国台湾地区"保险法"亦有类似规定，第25条规定，保险契约因要保人违反告知义务而解除保险契约时，保险人无须返还其已收受之保险费。[3]对此，江朝国先生认为，"保险法对于因违反据实说明义务所规定之解除权，一方面具有溯及之效力使契约自始无效。另一方面就保险费而言，则只具有自此开始之效力，保险人以前所收受之保险费仍为有效，而无返还之必要，显然有强烈保护保险人而同时惩罚要保人违反善意原则之味道。"[4]

上述可知，在投保人具有主观故意违反合同义务的情形下，保险人无须返还受领保险费，是保险法上的特别规定。这种特

---

〔1〕 参见崔建远主编：《合同法》（第5版），法律出版社2010年版，第293页。
〔2〕 崔建远主编：《合同法》（第5版），法律出版社2010年版，第293页。
〔3〕 参见台湾地区"保险法"第25条。
〔4〕 江朝国：《保险法基础理论》，中国政法大学出版社2002年版，第232页。

别规定以惩罚投保人主观恶意为立法目的。例如,我国《保险法》第 16 条第 1 款针对故意不履行如实告知义务、第 27 条第 1、2 款针对谎称保险事故发生与故意制造保险事故的情形,作出不予退还保费的规定。那么,保险人受有保费的具体范围为何?是仅为已经过保险期间的保险费,还是包括剩余期间的保险费呢?对于已经产生现金价值的人寿保险合同,保险人不予返还的范围又是否包括现金价值呢?

  首先,从我国《保险法》第 16 条第 1 款、第 27 条第 1、2 款的字面意思来看,保险人受有保费的范围应为整个保险期间的全部保费。其次,从金钱数额及赔偿范围角度理解,认为赔偿数额或违约金的数额高于受害人的实际损失时,即谓违约责任具有惩罚性;否则,则不能谓为具有惩罚性。[1]正如前述"报酬说"所揭示的那样,对于保险合同解除前之经过期间保险费,因保险人已为投保人提供危险责任保护,使投保人实际上免于精神上和经济上忧患。可见,保险费与危险承担已构成对待给付关系,故如保险人受有保费的范围如仅为已经过保险期间的保险费,则不能谓之具有惩罚性。而保险人对于剩余保险期间保费的受有,因不具有法律上的原因,本应构成不当得利,但违约责任的惩罚性产生了阻止投保人不当得利返还请求权的效果。同时,这种法律上的特殊规定也构成保险人受有剩余保险期间保费法律上的原因。最后,从前述可知,保单现金价值是投保人提前缴纳了部分或全部应当在以后缴纳的自然保险费,这部分提前缴纳的保险费加上对应的储蓄和投资收益,并扣除保险公司相应运营成本后所形成的保险单经济价值。[2]也即现

---

  [1] 韩世远:《合同法总论》,法律出版社 2004 年版,第 681-682 页。
  [2] 马向伟:"人寿保险单的现金价值可以被强制执行",载《人民司法》2016 年第 17 期。

金价值=保费-运营成本+增值收益，即保险公司把扣除运营成本后所剩的保费投入运营，产生增值后即为现金价值。其中，投保人所提前缴纳的保险费既不是属于保险人已经取得的利益，也不是人寿保险公司的利润收入，甚至可以说，已收保险费中有一部分是保险人对投保人的债务。[1]学者桂裕先生也认为，人寿保险有投资之性质，要保人所付之保险费应累积为责任准备金，而非尽属保险人取得之利益。此项责任准备金应于届满时，返还于要保人或指定之受益人。[2]本此原则，台湾地区"保险法"第116条第6款规定，保险契约终止时，保险费已付足两年以上，如有保单价值准备金者，保险人应返还其保单价值准备金。[3]因此，对于已交足二年以上保险费的人寿保险合同解除的，即便投保人存有违反合同义务之主观故意，保险人仍应负有返还保单现金价值的义务。

2. 解除事由发生：投保人之过失

一是投保人之重大过失。投保人因重大过失未履行合同义务，保险人应当根据投保人的过错程度相应减少保险金赔偿或给付，即以比例给付替代全有全无。简言之，将重大过失纳入到保险人承保范围。而投保人因重大过失违反合同义务的，保险人并非一律享有合同解除权，仅在投保人违反合同义务足以影响保险人决定是否同意承保或者提高保险费率，即确已对保险人产生实质性影响的前提下，保险人才享有解除保险合同的权利。保险人有权解除保险合同的，此时合同解除不发生溯及既往消灭的效力。具体而言，保险人仍然需要承担合同解除前发生的保险事故，但保险人有权根据义务人的过失按照比例原则减少其

---

[1] 樊启荣："论保险合同的解除与溯及力"，载《保险研究》1997年第8期。
[2] 桂裕编著：《保险法论》，三民书局股份有限公司1981年版，第92页。
[3] 参见台湾地区"保险法"第116条第6款。

应当承担的保险责任。对于保险合同剩余期间的保险费,保险人因未承担剩余保险期间的保险责任,则应当负担相应的退还义务。

二是投保人之一般过失。本书排除投保人因一般过失所具有的法律可责难性,保险事故发生的,保险人应当按照约定承担相应的赔偿或给付保险金的责任。但当投保人违反合同义务足以影响保险人决定是否同意承保或者提高保险费率,即确已对保险人产生实质性影响的前提下,如果双方当事人就承保风险无法达成新的协议(如增加保险费、降低赔付比例、将增加风险设置为责任除外条款),保险人仍然享有解除保险合同的权利。只是此时保险人解除保险合同,例外地只发生合同终止的效力,即解除效力仅向将来发生,保险人仍需返还剩余保险期间的保险费。

(三)保险人给付保险金责任

在保险事故发生后解除保险合同的,就会涉及事故如何处置的问题。也即保险人是否承担保险金给付责任。一般而言,保险人是否承担给付保险金责任涉及保险合同解除是否具有溯及力的问题。如果保险合同解除具有溯及力,也就意味着保险人对在合同成立至合同解除之期间内所发生的保险事故均能免责。而如果保险合同解除不具有溯及力,也就是该解除的效力只对将来产生效力,则对于已经有效经过的期间内发生的保险事故都应当承担保险责任。关于保险人是否承担给付保险金责任,具体分为下述两种情形:

1. 承担给付保险金责任

通常,保险合同解除不具有溯及力的,保险人需承担保险金给付责任。上述可知,合同解除不具有溯及力的,包括以下情形:①投保人解除保险合同的,但不包括因保险人违约而致投保人解除合同。②保险人因客观原因解除保险合同的,如非因投保人违约导致的保险标的危险增加。③投保人因重大过失违反合同义务,保险人享有合同解除权的,合同解除不具有溯及力。具体而言,保险人仍然需要承担合同解除前发生的保险事故,并应当退还剩余期间保险费。但保险人有权根据义务人的过失按照比例原则减少其应当承担的保险责任。④投保人因一般过失违反合同义务,且保险人享有合同解除权的,合同解除不发生溯及既往的效力,仅向将来消灭,相应的保险人对于合同解除权发生的保险事故,须承担赔偿或者给付保险金的责任,并应退还剩余保险期间保险费。例外,保险合同解除具有溯及力,但保险人仍需承担保险金给付责任,主要是指因保险人违反合同义务而致投保人解除保险合同的情形,保险人仍需承担合同解除前发生的保险金给付责任,但应当退还收取的保险费(包括责任保险期间+剩余保险期间)。准确地讲,这种解除溯及力具有限制性,是限制性溯及既往消灭的效力。[1]

2. 不承担给付保险金责任

从我国《保险法》规定的保险人法定解除权条款来看,对于投保方因故意或重大过失违反合同义务的情形均不承担赔偿或者给付保险金的责任。但如此规定,对于投保人苛责义务过重,笔者认为,在将重大过失纳入到保险人承保范围之内后,保险人仅在因投保人或被保险人之故意而致保险人解除保险合同的情形下,保险合同解除具有限制性溯及既往消灭的效力。

---

[1] 限制性溯及效力,一般保险合同解除的效力溯及至合同成立之时,保险合同将自始无效,保险人将回到未签订保险合同时的状态,即需要返还已收取的保险费。在此,立法者通过规定终止的效力溯及至保险事故发生之时,将事故发生之前的保险关系作有效存续的处理,从而保证保险人在事故发生之前所收取的保险费有效取得,在合同终止时,保险人无须返还。籍以此,制裁那些违反告知义务的投保人,鼓励投保人诚实履行告知义务。崔吉子、黄平:《韩国保险法》,北京大学出版社 2013 年版,第 86-87 页。

即保险人对于解除前发生的保险事故,不承担赔偿或者给付保险金的责任,并不退还保险费。而因重大过失违反合同义务,保险合同解除不具有溯及力,仅向将来发生效力。

本章小结

本章主要围绕保险合同解除权的行使方式、期间、限制以及法律效果四个方面展开。投保人的保险合同解除权行使方式有两种:一种是利己保险合同的解除方式,与合同解除方式相同,采取通知解除模式。另一种是利他保险合同的解除方式,投保人依旧采取通知解除模式,只是通知解除的意思到达保险人时不立即发生解除的效果,在经过一定期间后,如被保险人拒绝赎买保险合同,则发生合同解除的效力,从而给予被保险人行使赎买权的机会。保险人行使合同解除权方式相对简单,适用合同法上的有关合同解除规定即可。保险合同解除权期间问题,对投保人解除权行使设置一个解除权行使期限,即自保险合同成立后至保险事故发生之前。对于四种未规定期间的保险人解除权,本书抓住一个核心要点,即投保人或被保险人违反相关义务的时间点,即为保险人合同解除权产生的时间点,同时也是保险合同客观期间的起算点,对四种情形逐一进行比对分析,并根据具体情形之不同,完善其期间问题。保险合同解除权的限制方面,主要包括弃权、禁反言以及不可抗辩条款三个问题。其中,本书着重对不可抗辩条款在实践中引发众多纠纷的现象进行分析,并提出相关改进建议。

保险合同解除权的法律效果方面,主要对保险合同解除之溯及力、保险费返还以及保险责任承担三个问题进行阐述。在投保人解除保险合同的情形下,一般投保人解除保险合同原则上无溯及力,仅向将来发生效力,保险人只需返还相当于剩余保险期间内的保险费即可。但在例外情形下,保险人应当返还全额保险费。在保险人解除保险合同的情形下,一般保险人解除保险合同,以不具有溯及力为原则。例如,因客观原因、投保人重大过失以及一般过失等事由,导致保险人解除保险合同的,保险人需承担合同解除前发生的保险金赔付责任,并对于合同剩余期间的保险费,保险人应负退还义务。但如果保险人解除保险合同,是由于投保人或被保险人之主观故意而解除保险合同的,则应例外地赋予合同溯及既往消灭的效力。即保险人不承担合同解除前发生的保险金赔付责任,并不退还剩余保险期间的保险费。

第五章
保险合同解除制度的完善

第一节 保险合同解除制度的评价

我国保险法之制定，虽起步晚于其他国家，但在充分借鉴比较法经验的基础上，结合多年来积累的宝贵实践经验，当前我国保险法制建设已经取得长足进步和显著成果。自1995年颁行《保险法》以来，在短暂的二十余年间经过了2002年和2009年两次大幅度修改完善，并先后通过三部保险法司法解释，一方面使得我国保险立法的体系框架更加科学，增强了在司法实践中的可操作性。另一方面则呈现出我国在保险法制现代化建设上渐行与保险法先进国家接轨。在保险法总体上取得实质性成果的大环境下，我国《保险法》对保险合同解除权方面的规定也有诸多进步。但理性地分析保险合同解除制度的现状，也可以发现从宏观框架的构建到具体规则之解释适用还都存在改进的余地，故仍有借鉴创新并不断完善之必要。总体来讲，保险合同解除制度存在的不足主要体现在以下几个方面。

一、解除权制度利益分配不合理

利益平衡是保险合同解除制度的核心问题，同时也是我国现行保险立法存在的最大问题。这种利益不平衡具体是指解除权分配的不均衡，集中体现在以下两个方面：

（一）投保人与关系人之间的不合理

虽然在三分法体制之下，被保险人非为当事人，但真正于保险事故发生损害之人为该被保险人，故保险合同所保障的对象仍为被保险人。[1]我国现行保险立法对于投保人解除权几乎未加任何限制，导致被保险人、受益人的合理利益无法得到保障。事实上，对比较法稍作研究，[2]亦可得出我国投保人解除权规定失之过宽的结论。因此，我国保险立法在坚守三分法立法体制不变的前提下，应当确立以被保险人为合同之中心理念，[3]

---

[1] 江朝国："论我国保险法中被保险人之地位——建立以被保险人为中心之保险契约法制"，载《月旦法学教室》2011年。

[2] 例如，①德国：《德国保险合同法》对于投保人解除权限制的最为严格，不仅为解除权设置了短期行使期限，即除人寿保险中投保人解除权的行使期限为30日之外，其他保险合同中投保人解除权期限为自保险合同签订之日起的14日内。还附加了例外情形限制：（a）保险期间不足1个月的合同；（b）暂保合同，除非上述保险合同属于《德国民法典》第312b条第1款和第2款规定的远程保险合同；（c）雇佣合同中规定的养老金保险，除非上述保险合同属于《德国民法典》第312b第1款和第2款规定的远程保险合同；（d）大额风险合同。参见《德国保险合同法》第8条、第152条；孙宏涛：《德国保险合同法》，中国法制出版社2012年版，第4页。②法国：《法国保险合同法》虽仅对投保人解除权设置了行使期限限制，即在保险单或保险合同上签字的投保人在第一次支付保险费后的30日内，有权通过挂号信的形式解除保险合同。但依该法第L132-9条第1款规定，当受益人以明示或暗示之形式表示接受保险合同时，有关具体受益人的保险利益条款不得变更，也就意味着投保人不得行使解除权。参见《法国保险合同法》第L132-5-1条第1款、第L132-9条第1款。参见孙宏涛译："法国保险合同法"，载宋志华主编：《保险法评论》（第5卷），法律出版社2013年版，第306-307页。③韩国：韩国保险法虽规定，投保人有权在保险事故发生前任意终止全部或部分保险合同，并向保险人请求返还剩余保险期间的保险费。但在利他保险合同中，第649条第1款但书部分对投保人的终止权加以一定限制，即投保人未经他人同意或未持有保单的，不得终止合同。参见《韩国商法》第649条第1款和第3款规定。崔吉子、黄平：《韩国保险法》，北京大学出版社2013年版，第84页、第262页。

[3] 樊启荣：《保险法诸问题与新展望》，北京大学出版社2015年版，第9-10页。

提升被保险人在合同中的地位。具体措施便是限制投保人解除权，以达到分解权利的效果，进而加强对被保险人、受益人的权益保障。

（二）保险人与投保方之间的不合理

保险人不仅利用保险特殊性使得营业利润提前实现，还通过其在合同中的强势地位巧妙地实现风险转移和回避，攫取到许多不合理好处。[1]不仅如此，由于我国现行保险立法的不完善，保险人除利用保险营业的特殊性获得合法的好处之外，还乘机钻法律的空子，贪婪的掠夺投保方更多合法但不合理的好处。这种在实务中产生的保险人逆选择现象[2]，所滋生之不公平，屡遭业界专家诟病。因此，基于最大诚信以及公平原则，立法必须对保险人解除权进行限制，并且这种限制应该是多方面的，除解除权行使条件限定外，还应当包括行使方式、期间以及法律效果等。

二、保险人解除权制度仍有待完善

（一）解除权行使条件不完善

保险立法对投保人（被保险人）履行合同义务的范围缺乏明确的界定，这实际上变相地放大了保险人解除权行使条件范围。以《保险法》第52条规定的安全维护义务为例，该条文对于被保险人安全维护义务的范围未加任何强制性约束条件，就交由双方自行协商约定，立法本意在于维护契约自由，实则忽

---

[1] 诚如有学者所言，"保险营业的这种特征与解除权的结合使得保险人可以从事一场不公平的赌博。马宁："保险法如实告知义务的制度重构"，载《政治与法律》2014年第1期。

[2] "最能淋漓尽致体现保险人逆选择的现象，莫过于帅英骗保案"，载http://www.xaxslaw.com，访问日期：2017年3月16日。

略双方地位之不平等性，使得原本已经倾向于保险人一方的利益天平失衡。

（二）解除权行使期间不完善

《保险法》中关于保险人法定解除权行使期间的规定并不完善。例如，第 27 条规定的谎报或故意知道保险事故、第 51 条规定的违反安全维护义务、第 52 条规定的违反危险增加通知义务等。[1]对于解除权期间不受限制的弊端，学者桂裕先生精辟地论述道，"若无此时限之规定，更难免有不法之保险人，知有瑕疵而故不声张，无事则收保险费以自肥，有事则以违约为卸责。"[2]

（三）解除权行使法律效果不完善

保险人法定解除权行使法律效果的不完善集中体现在两个方面：一是对投保人（被保险人）违反义务的主观状态未加区分，笼统地将合同解除法律效果规定为增加保险费或者解除合同。例如，《保险法》第 49 条、第 51 条、第 52 条等。二是虽然第 16 条对主观过错程度加以区分并异于后果具有一定进步性，但经前文仔细剖析后发现还是被保险人精明的"算计"了，尽管保险人为掩人耳目将这种全有全无的法律后果称之为风险管理层面的管理模式。因此，笔者认为我国保险立法应当顺应国际保险立法的最新改革趋势，采用比例给付原则，对保险人解除权的法律效果进行全面的变革整合。

---

[1] 参见杨德齐："论保险合同解除权制度的体系建构：兼评《保险法》司法解释三（征求意见稿）的解除权条款"，载《保险研究》2015 年第 2 期。

[2] 桂裕编著：《保险法论》，三民书局股份有限公司 1981 年版，第 200 页。

三、制度借鉴与市场契合度不高

如果说我国保险法借鉴其他国家和地区的法的形式意义大于实质意义,[1]那么,对于不可抗辩条款的借鉴,可以说连形式上的完备都不具备。2009 年修订的《保险法》第 16 条第 3 款引进了国际上通行的不可抗辩条款,这本应是值得称道之事。但是由于在借鉴的过程中未系统地引进整套制度而只是引进单个法条,导致该条款在适用中引发诸多问题。[2]其中,遭学者诟病最多的莫过于该条款可能造成的"格雷欣困境"[3],即在我国国内信用体系建设尚不完善的情况下,少数别有用心的人可能滥用该条款并引发严重的保险欺诈。而保险公司所支付的欺诈保险金,必将通过提高保险产品价格的方式转嫁到全体投保人身上,这样将迫使一部分善意投保人因收益率的降低退出保险市场,最终导致保险市场规模的萎缩。[4]实际上,这条经济法上的法则——格雷欣法则,运用到保险中应称之为"深衣袋理论"(deep pocket theory)更加有助于理解,且颇为形象。

---

[1] 邹海林:"我国保险法的发展论——以保险合同法的发展为中心",载宋志华主编:《保险法评论》(第 5 卷),法律出版社 2013 年版,第 4 页。

[2] 孙宏涛:《德国保险合同法》,中国法制出版社 2012 年版,第 38 页。

[3] "格雷欣法则是一条经济法则,也称劣币驱逐良币法则,意为在双本位货币制度的情况下,两种货币同时流通时,如果其中之一发生贬值,其实际价值相对低于另一种货币的价值,实际价值高于法定价值的良币将被普遍收藏起来,逐步从市场上消失,最终被驱逐出流通领域,实际价值低于法定价值的劣币将在市场上泛滥成灾,导致货币流通不稳定。",学步园,http://www.xuebuyuan.com/505558.html,访问日期:2017 年 3 月 16 日。

[4] 参见孙宏涛:《德国保险合同法》,中国法制出版社 2012 年版,第 38 页。

第二节　保险合同解除制度的完善

　　法律制度研究的最终落脚点应该是为本国的相关法律制度提供相应的改进和完善建议。基于此，结合前文之分析论述，本书尝试着对我国保险合同解除制度提出一些粗浅的看法：从总体来看，我国保险合同解除制度的完善可从两方面着手，一是从宏观框架来看，我国保险法解除制度体系仍需继续完善。二是就具体规则而言，我国既存保险合同解除规则需要解决理解和适用的问题。此外，在我国采民商合一的立法体例下，保险合同法是调整保险关系的民商事特别法。因此，在研究完善保险合同解除制度的同时，还需要注重协调民法尤其是合同法解除一般规则与保险法解除特殊规则的关系，以防造成法制的冲突和人为的不协调。

一、解除制度宏观架构的论证与完善

　　在我国《保险法》中，保险合同解除权规定在第二章保险合同中，对于具有普适性的条款集中规定在保险合同的一般规定中，而对于一些特别解除条款则分别在第二节人身保险合同和第三节财产保险合同中予以具体规范。[1]对于保险合同解除权规定的方式，一种有代表性的观点认为，从形式上来看，《保险法》对保险合同解除权的规定较为分散、不够细致，应该考虑将有关条款集中规定，整合成一个小体系。[2]对于保险合同解除制度的宏观架构，到底是在既有基础上进行改进和完善，还是完全推倒重来，将保险合同解除条款整合成一个小体系？

---

〔1〕 张元华："论保险合同解除权"，长春工业大学 2011 年硕士学位论文。
〔2〕 张元华："论保险合同解除权"，长春工业大学 2011 年硕士学位论文。

可先从保险立法例开始分析。

(一) 主要立法例之考察

因我国保险法主要承继大陆法系保险立法体系，故此处择大陆法系之主要立法例进行比较法研究。

1. 德国保险合同法

作为保险统一立法的先驱和集大成者，《德国保险合同法》对我国保险立法产生深远影响。2008年《德国保险合同法》总共分为三编，分别是总体规定、特种保险和附则。《德国保险合同法》中因保险合同消灭所产生之不同效力，可将之区分为解除和终止二种，分别规定于前两编各章节内。总体而言，该法对保险合同消灭条款规定采取了总分结构，也就是指按照提取公因式的方法，区分合同消灭的共同性规则条款与特殊性规则条款，将共同性规则条款集中起来规定在第一编第一章的总则部分，将特殊性规则条款在分则的各险种中加以规定。

2. 韩国保险法

较之德国已经发展百余年的保险合同法，韩国保险法的发展状况与中国更具相似性。[1] 韩国保险法总共分为三章，分别是通则、财产保险和人身保险。韩国保险法中，对于保险合同终止条款并未作共同性规则与特殊性规则之区分，而是统一集中规定在第一章的通则部分，分则部分未作特殊性规定。

3. 日本保险法

日本保险法总共分为五章，除总则和杂则部分，还包括损害保险、生命保险和伤害疾病定额保险三章。[2] 日本保险法与韩国保险立法又不相同，虽同样未区分保险合同终止之共同性

---

〔1〕 参见崔吉子、黄平：《韩国保险法》，北京大学出版社2013年版，第1页。

〔2〕 参见《日本保险法》。

规则与特殊性规则，但区分之处在于将保险合同终止条款分别在各章中单辟一节加以集中规定，而非规定在总则部分。该法的总则部分非常单薄，仅包括保险法的宗旨以及各项用语定义两个条文。各章在结构体例上大致按照保险合同的成立、效力、保险金给付、终止的顺序进行编排。

4. 我国台湾地区"保险法"

我国台湾地区"保险法"总共分为六章，除总则、保险业和附则之外，还包括保险契约、财产保险、人身保险三章。该法对保险合同的终止和解除条款亦采取了总分模式，将共同性规则按照提取公因式的方法提炼出来集中规定在第二章保险契约部分，再针对财产保险与人身保险之特殊性在各险种中分别加以规定。

从上述立法例来看，大致可分为三种立法模式：第一种为总分模式；第二种为通则模式；第三种为分则模式。首先，日本的分则模式因未采取提取公因式的立法技术，使得条文内容不够精练。虽然这种结构安排方便适用，但并不是一种最为理想的立法选择。而韩国采取通则模式，仅对保险合同解除作简单的原则性规定，其次，在实务中更多的是保险公司拟定的条款进行的补充规范，这与韩国保险市场的成熟度和市场化程度是分不开的。最后，保险市场的成熟度和市场化程度越高，其自治性就越高。高度自治的基本内涵，在于保险条款的拟定和适用，并给予保险产业创新空间和生命力。[1]而我国保险市场目前尚处于培育阶段，并且这种培育需要过程，我们不能期望在一个市场化程度不高的保险市场，对保险合同解除作简单的原则性规定。因此，采取总分模式在我国更具适用性和生命力。

---

[1] 宋志华主编：《保险法评论》（第5卷），法律出版社2013年版，第5页。

(二) 我国保险合同解除制度构建之路径选择分析

1. 我国保险合同解除制度立法现状评述

我国现行保险合同解除条款规定在第二章保险合同部分，该章在篇章上，遵循一般规定—人身保险合同—财产保险合同的结构安排。在体系上亦采总分的构造模式。其中，第一节"一般规定"部分的解除条款是从分则所规定的各险种合同中抽离出来，并可以一般性地适用于各险种合同。该节基本上按照保险合同发生及发展的时间先后顺序来规定相应的内容，即保险合同的订立、成立、内容、效力、违约责任及法律救济等。第二节人身保险合同和第三节财产保险合同则是从险种之特殊性出发，对各险种合同解除的具体问题作出规定，从而更明确地、具体地调整不同险种存在的特定合同解除关系。

2. 我国保险合同解除制度构建之路径选择分析

从立法技术层面来看，总分结构采取先一般、后特殊的编纂方式，将一般性的规定置于特殊性规定之前，这就使得法律规则富有逻辑性。[1]而这种立法模式在我国合同法中也能得以体现，即关于合同解除权的法律规定不仅存在于《合同法》总则之中，在《合同法》分则中又分别对各种不同的有名合同所涉及的合同解除权问题作出特别规定。[2]除此之外，合同法以外的其他部门法中也包含了一些特殊法上的合同解除权规则。而若果真如前述观点所提议，像韩国或日本立法例模式，将有关解除条款集中规定，整合成一个小体系。那么，随之保险合同的成立、内容、效力等内容均需作出相应整合，以此才能维持保险合同内部体系的一致性和协调性。甚至于，还须大刀阔

---

[1] 王利明：《民商法研究》（第5辑），法律出版社2014年版，第244页。
[2] 杜晨妍：《合同解除权行使制度研究》，经济科学出版社2011年版，第149页。

斧的对合同法进行整合，否则保险法与合同法在立法体例上的协调性亦将被打乱。因此，前述提议看似只是需要将有关解除条款进行整合，实则是牵一发而动全身，小至保险合同内部体系，大至合同法的宏观架构均需作出相应调整。这种打破立法体系现状，完全推倒重来的立法改进，工程量之浩大程度可想而知。并且从现行《保险法》的稳定性以及保险合同体系的严谨性和逻辑性来看，并无必要如此大张旗鼓。综上，本书认为在现行保险合同解除制度的基本框架下，进行完善即可，并无推倒重来之必要性。具体对《保险法》第二章保险合同的一般规定部分，本书有两项完善的建议如下：

第一，采实质性要件，统一义务违反解除条件。无论投保人、被保险人违反的是先合同义务（如年龄不实、如实告知），还是合同义务（如危险增加、安全维护），保险人享有合同解除权的前提条件，都应以这种义务违反具有重要性的实质性要件为据。因此，本书建议在未来《保险法》进行修订的时候，可以将投保方的义务违反的实质性要件进行统一界定，并采取提取公因式的方式，将之规定在《保险法》第二章保险合同的一般规定部分。本书建议在《保险法》第 15 条与第 16 条之间增设条款：“本法规定的保险人解除合同，除危险增加足以影响保险人决定是否同意承保或者提高保险费率外，保险人不得解除合同。上述规定不适用于义务人故意未履行先合同义务或合同义务的情形。”

第二，采比例给付原则，整合合同解除法律效果。笔者主张将重大过失行为纳入保险承保范围之内，采取比例给付原则以替代全有全无原则。对于保险人法定解除之法律效果具有共性的部分，采取提取公因式的方式统一放到《保险法》第二章第一节的一般规定部分中去。而对于谎报或故意制造保险事故和效力中止的保险合同超过复效期等特殊情形可维持现状，不作结构性的调整。建议条款："投保人、被保险人故意未履行合同义务的，保险人有权解除合同。投保人、被保险人因重大过失未履行合同义务的，保险人有权根据过错程度减少赔偿或者给付保险金的责任，投保人、被保险人就其不存在过错的事实承担举证责任。"

二、解除制度具体规则的重整与完善

在借鉴比较法经验的基础上，结合我国保险法的实际情况，应当从如下方面完善我国保险合同解除制度。

（一）与其他法律部门相关规则之衔接

尽管有学者曾言，保险合同法似乎从产生的那天起，就开始偏离普通合同法的发展轨道和方向。但保险合同法律关系首先是当事人意思表示一致的合同关系，脱离基础法律关系去讨论保险法律关系，无异于建立空中楼阁。[1]因此，对于保险合同解除制度的完善，尤其是保险合同解除具体规则的空白，为避免保险法与合同法相关制度的冲突和不协调，须先研究是否可以通过适用合同法的一般解除规则予以解决，以充分发挥一般性规则之填补空白功能。一般就特别法与普通法之适用关系而言，特别法应优先于普通法适用，仅于特别法未规定之事项，才选择适用普通法进行调整。但在立法关系上，二者关系则是反过来的，即一般法上不能予以解决的，特别法应进行专门的规范和调整。具体到保险合同解除制度，至少有如下事项可通过调整一般法予以解决，并无在保险合同中专门加以规范之必要，以避免立法资源的浪费。

---

〔1〕 王林清：《保险法理论与司法适用：新保险法实施以来热点问题研究》，法律出版社2013年版，第3页。

1. 保险合同解除权行使主体部分

保险合同解除权主体是整个解除权制度的核心，我国《保险法》虽仅规定保险合同当事人享有合同解除权，对于合同当事人之外的解除权主体尚未言及，但如下主体的合同解除权却可通过一般法的适用予以解决：①投保人继承人之保险合同继承。对于我国《继承法》第3条，关于遗产继承之客体范围应作扩张解释，即除专属于被继承人人身专属的权利义务外，遗产是指被继承人财产上的全部权利义务。②债权人对保险合同行使代位解除权。对于我国《合同法》第73条，关于债权人代位权的客体范围，可作扩张解释，即除专属于债务人人身专属的权利外，债权人代位权的客体为债务人现有的财产权。[1]

2. 保险合同解除权行使方式部分

保险人合同解除权的行使方式，可依照《合同法》第96条之规定，将解除合同的意思通知投保人，合同自通知到达投保人时发生解除效果。[2]此外，投保人在利己保险合同中的解除权同样适用于通知解除方式，只是在利他保险合同中，因涉及第三人，须加以专门规定。具体而言，对于利他保险合同的解除方式，投保人依旧采取通知解除模式，只是通知解除的意思到达保险人时不立即发生解除的效果，在经过一定期间后，如被保险人拒绝赎买保险合同，则发生合同解除的效力，从而给予被保险人行使赎买权的机会。

（二）限制投保人任意解除权

结合前章的论述，本书认为投保人解除权的限制可从三方面着手：一是设置一个解除权行使期限，即自保险合同成立后至保险事故发生之前。二是设置一个解除权生效期间，即投保

---

[1] 李永军：《合同法》（第3版），法律出版社2010年版，第446页。
[2] 参见《合同法》第96条。

人行使解除权不立即产生解除效力,必须经过一定期限(日本受益人介入权期限为1个月)方能生效。在这段期间内,由保险人通知被保险人,是否愿意赎买保险合同。如同意赎买,则必须支付相当于保险合同解除后返还的现金价值的金额,则该解除不生效力。具体被保险人行使赎买权之路径变化,详见图三、图四。三是排除两种解除权例外情形,主要指基于对价关系(取得债权或清偿债务)而订立的保险合同,以及投保人基于劳动关系为员工购买的养老金保险,自保险合同成立之后不得解除。

图三:现行立法赎买模式

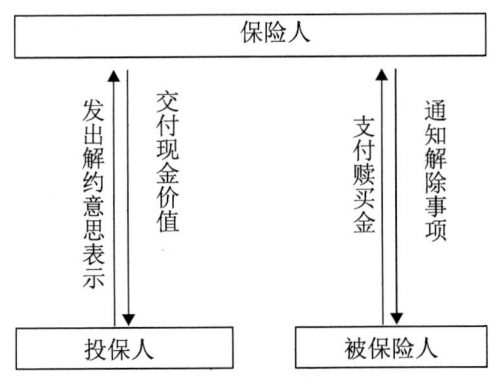

图四:建议改进赎买模式

(三) 区分保护被保险人与受益人之介入权

1. 被保险人介入权之保护

结合本书第三章第一节中投保人法定解除权行使条件分析部分,笔者认为,在人寿保险中,被保险人的信赖利益应受到法律保护，这种保护主要体现在对投保人任意解除权的限制上。具体而言，有以下两个方面：

一是设置投保人解除权生效期间。建议增设条款，"投保人行使保险合同解除权，自保险人收到该通知时起算经过一个月后，发生其效力。至前款规定的经过期间为止的期限内，保险人应向被保险人通知合同解除相关事项，被保险人于上述期限内向保险人支付保单现金价值的，前款规定的解除，不发生效力。被保险人以保险合同解除保险人未通知被保险人或因可归责保险人之过错侵害被保险人赎买权益为由主张解除行为无效的，人民法院应予支持，但保险合同解除无效的效力不及于投保人。"

二是排除解除权之例外情形。建议增设两种例外情形，"一是指基于对价关系而订立的保险合同（也即基于清偿或取得债权的原因而订立的保险合同，因投保险人已从被保险人处取得支付保费之对价，基于诚信原则，故应排除投保人之合同解除权）。二是投保人基于劳动关系为员工购买的养老金保险，自保险合同成立之后不得解除。"

2. 受益人相关权益之保护

结合第二章第三节受益人之权益分析部分，鉴于在保险事故发生之前，受益人之地位尚未产生财产价值，故无权利保护之必要性。因此，对于受益人的权益保护应后置于保险事故发生后，相应保护措施主要体现在对投保人行使解除权的期限限制，即自保险合同成立后至保险事故发生之前，投保人有权行使解除权，而当保险事故一旦发生，受益人之保险金请求权始为确定，投保人不得解除合同。建议增设条款，"投保人在保险事故发生后解除保险合同，受益人以解除合同未经其同意为由主张解除行为无效的，人民法院应予支持。但对于保险标的物可分的合同，受益人仅可对发生保险事故的部分标的物，主张解除无效抗辩。"对于《保险法司法解释（三）》第17条所规定之受益人介入权，基于上述之相同理由，权利行使仍应以取得投保人之同意为前提（在以死亡为给付保险金条件的合同中，投保人主体之变更还须征得被保险人的书面同意，否则变更行为无效）。同时应区别于被保险人赎买权之保护。

3. 有关司法解释条文之改进建议

我国保险立法将被保险人与受益人之介入权统一规定在《保险法司法解释（三）》第17条中，鉴于被保险人与受益人之于保险合同法律地位之差异性，故本书认为在相应权利救济上应加以区分。具体而言，在称谓上，被保险人介入权可替换为赎买权以区分受益人之介入权。在法律责任上，侵害被保险人赎买权应增设权利人相应的法律救济，受益人介入权行使仍需以取得投保人同意为前提。综上，建议将被保险人赎买权之规定单列为一个法律条文，并对受益人介入权条款进行修改，具体条款内容如下：

第一，增订被保险人赎买权的建议。以死亡为给付保险金条件的合同，投保人行使保险合同解除权，自保险人收到该通知时起算经过一个月后，发生其效力。至前款规定的经过期间为止的期限内，保险人应向被保险人通知合同解除相关事项，被保险人于上述期限内向保险人支付保单现金价值的，前款规定的解除，不发生效力。被保险人以保险合同解除保险人未通知被保险人或因可归责保险人之过错侵害被保险人赎买权益为由主张解除行为无效的，人民法院应予支持，但保险合同解除无效的效力不及于投保人。

第二，修改受益人介入权的建议。以死亡为给付保险金条件的合同，投保人解除保险合同，受益人以投保人解除合同未经其同意为由主张解除行为无效的,人民法院不予支持,但受益人已向投保人支付相当于保险单现金价值的款项并通知保险人的除外。

(四)保险人法定解除权条件的改进与细化

保险法的进步性与立法对保险人解除权的合理限制是分不开的,为了实现公平公正的法律终极目标,立法者须手握戒尺,谨小慎微地通过层层限制保险人的方式,逐渐平衡已经倾斜的利益天平。同时还要注意限制的尺度问题,以防止保险公司腰包掏的不合理,最终将这种过度限制的不利后果转嫁于全体投保人。这样一来不仅损害投保人利益,而且也不利于我国保险业的健康发展。此外,在有益借鉴其他国家或地区之立法例,对保险人法定解除权条件进行改进与细化的同时,还需要从体系化的角度,注重《保险法》本身内部各条文之间的协调和统一,尤其是在解除法律后果之轻重平衡问题上。

1. 关于"违反如实告知义务"的建议

第一,增设义务主体扩张解释的建议。出于对《保险法》稳定性的考虑,目前较为可行的路径是在司法解释中,将投保人所知道的关于保险标的的情况扩张解释为包括被保险人知道或应当知道的重要事实。但待将来再次修订《保险法》时,可考虑直接将告知义务主体规定为投保人和被保险人。建议增设条款,"保险合同订立时,投保人与被保险人为不同主体的,保险人主张投保人告知范围包括被保险人已知或应知的情形,人民法院应予支持。"

第二,增设义务履行期扩张解释的建议。关于投保人如实告知义务履行期,可扩张解释为保险合同成立之前的整个阶段。建议增设条款,"保险人主张自接受投保人的订约请求后至正式签订保险合同前,投保人有义务履行如实告知义务,人民法院应予支持。"

第三，增设如实告知义务免除的建议。笔者建议增设如实告知义务的免除条款，即"投保人应对如下事项免除告知义务：①保险人已经知晓的事项。②保险人应当知晓的事项。③保险人表示不要求告知的事项。④非重要风险或风险减少的事项。⑤保险人未为询问的事项。"

2. 关于"谎报或故意制造保险事故"的建议

第一，《保险法》第 27 条第 1 款。第 27 条第 1 款与第 43 条第 2 款两个法律条文，在法律责任上存在轻重失衡的现象。为保证保险法条文之间的协调性与一致性，应对《保险法》第 27 条第 1 款作相应修改，即针对受益人谎报保险事故的情形，不再免除保险人承担保险责任，仅使得受益人丧失受益权即可。本书具体建议如下：①第 27 条第 1 款去掉受益人主体。[1]②增加受益人谎称发生了保险事故，向保险人提出赔偿或者给付保险金请求的，该受益人丧失受益权的条款。

第二，《保险法》第 27 条第 2 款。《保险法》第 27 条第 2 款之故意制造保险事故情形，还需要对保险人免责增设下述限制条款：①投保人与受益人为一人时，投保人故意制造保险事故的，保险人有权解除合同，不承担赔偿或者给付保险金的责任。②如果行为人故意制造保险事故的行为具有法律上的正当性，比如正当防卫、紧急避险，也可成为阻却不利法律后果的抗辩事由。建议对于《保险法》第 27 条第 2 款与第 43 条第 1 款中的投保人，于司法解释中进行限缩解释，即投保人与受益人为一人时。并增设如果投保人、被保险人或者受益人故意制

---

[1]《保险法》第 27 条第 1 款，未发生保险事故，被保险人谎称发生了保险事故，向保险人提出赔偿或者给付保险金请求的，保险人有权解除合同，并不退还保险费。

造保险事故具有正当性，保险人应当承担赔偿或者给付保险金的责任。

3. 关于"被保险人年龄申报不实"的建议

我国《保险法》第 16 条第 5 款与第 32 条第 1 款两个法律条文，在法律责任上同样存在轻重失衡的现象。第 32 条第 1 款适用范围为年龄申报不实不可归责于善意投保人或被保险人之情形，其法律效果为退还保险单的现金价值。而第 16 条第 5 款适用于投保人或被保险人基于故意或重大过失之主观可非难性，致使年龄申报不真实之情形，其法律效果却为退还保险费。两条文之间出现不可归责者之法律责任重于可归责者的不合理现象，有违责任相称原则。故为保证保险法律条文内部之间的协调性与一致性，应对第 16 条第 5 款的法律后果作相应修改，即应当将重大过失行为纳入保险承保范围之内，采取比例给付原则以替代全有全无原则。

4. 关于"效力中止的保险合同超过复效期"的建议

我国《保险法司法解释（三）》第 8 条第 3 款将保险合同复效时点规定为补交保险费之日恢复效力，不存在合同复效的空档期，对于投保人逆选择之风险控制力较弱，故建议参照我国台湾地区"保险法"之相关规定，采用宽松的可保模式，即在司法解释中增加条款，保险合同效力依照保险法第 36 条规定中止后，投保人于 6 个月内提出恢复效力申请并同意补交保险费的，自补交保险费之次日起，保险合同恢复效力。投保人于合同效力中止之日起 6 个月后申请恢复效力的，保险人应于投保人申请恢复效力之日起 5 日内要求投保人提供被保险人之可保证明，除被保险人在中止期间的危险程度显著增加外，保险人拒绝恢复效力的，人民法院不予支持。[1]

---

〔1〕 参见我国台湾地区"保险法"第 116 条第 3 款。

5. 关于"违反安全维护义务"的建议

对于违反安全维护义务，需要从两个方面进行限制：一方面是对被保险人的安全维护义务范围进行限制。一是安全维护义务的范围应采用重要性的标准进行限制，也就是说这种义务履行与否涉及危险变动的程度必须达到重要性的实质性要求，重要性的判断以足以影响保险人决定是否同意承保或者提高保险费率的为据。二是被保险人承担的安全维护义务应当与避免标的物遭受危险之间具有关联性。三是这种实质性增加风险，必须属于合同具体指明的风险，也即属于合同中明确约定的风险范围。另一方面是对保险人合同解除权行使条件进行限制。具体是指保险人仅在被保险人故意违反安全维护义务时，保险人才有权解除保险合同。最后，是对保险合同解除权行使法律后果进行细化。详见后文（具体规则完善之第九项）。

6. 关于"违反危险增加通知义务"的建议

对于违反危险增加通知义务，需要从三个方面进行限制：一是被保险人的危险增加通知义务同样应采用重要性的标准进行限制，即足以影响保险人决定是否同意承保或者提高保险费率的为据。二是对保险人合同解除权行使条件进行限制。具体是指保险人仅在被保险人故意违反危险增加通知义务时，保险人才有权解除保险合同。三是增设违反危险增加通知义务的免除条款。建议条款，"投保人应对如下事项免除通知义务：①损害的发生未加重保险人责任承担的事项。②为避免或减轻损害而实施必要措施的事项。③为履行道德义务的事项。④保险人知道或者应当知道的事项。⑤保险人声明免于通知事项。"

（五）明确代缴保费之相关问题

除保险合同对缴费主体有要求亲自履行的约定外，保险人一般不得拒绝投保人之外的第三人支付保险费，但第三人支付仅以下列情形为限：一是第三人经过投保人同意；二是在投保人已没能力履行或者情况表明在履行期到来时投保人将不会履行的情况下，利害关系第三人可不经投保人同意，代为缴纳保险费。虽然第三人代替投保人缴纳保险费，但并不能当然地发生取代投保人当事人法律地位的效力，只有在征得投保人以及被保险人（以死亡为给付保险金条件的合同）的同意，投保人将保险单转移给行为人，并及时通知保险人的情形下，代缴行为人才可取代原投保人成为新的合同当事人。

（六）保险人法定解除权期间限制的完善

鉴于保险人法定解除权情形之差异性，需具体情况具体分析，故应对未规定期限的法定解除条款进行逐条补充。除第37条规定的效力中止的保险合同超过复效期情形无须期间限制之外，其他情形之具体建议如下：

1. 违反如实告知义务之情形

建议对《保险法》第16条第3款进行修正，具体条款为，自保险合同责任期间开始起超过二年的，保险人不得解除合同。

2. 谎报或故意制造保险事故之情形

在《保险法》第27条中补充第3款，"前款规定的合同解除权，自保险人知道有解除事由之日起，超过三十日不行使而消灭。自投保人、被保险人或者受益人向保险人提出赔偿或者给付保险金责任之日起超过二年（一年）的，[1]保险人不得解除合同。"

3. 违反安全维护义务之情形

在《保险法》第51条中补充第4款，"前款规定的合同解除权，自保险人知道有解除事由之日起，超过三十日不行使而消灭。自投保人、被保险人未按照约定履行其对保险标的的安

---

[1] 对于非寿险保险合同的不可抗辩期间长度可进行相应调整，缩短为1年。

全应尽责任之日起超过一年的，保险人不得解除合同。前款规定的不可抗辩期间不适用于期限短于一年的保险合同。"

4. 违反危险增加的通知义务之情形

该情形可参考《保险法》第 49 条第 3 款，关于保险标的转让导致危险程度显著增加情形的期间规定。因该情形之客观期间起算点可确定，故无专门立法规定之必要，只需明确保险人行使解除权之主观期间即可。关于修订《保险法》第 52 条，建议补充以下内容，"因保险标的危险程度显著增加的，保险人自收到前款规定的通知之日或保险事故发生之日起三十日内，可以按照合同约定增加保险费或者解除合同。"

（七）不可抗辩条款配套制度的完善

1. 不可抗辩条款配套制度的完善

结合前文所述，对于不可抗辩条款配套制度的完善，主要有以下三方面：一是对《保险法》第 16 条第 3 款中"自合同成立之日起超过二年的，保险人不得解除合同"应进行限缩解释，即以保险合同自订立之日起满二年后发生保险事故为保险人理赔的前提条件。建议条款，"保险人自保险合同责任期间开始起未满二年发生保险事故为由拒绝给付保险金的，人民法院应予支持，但保险合同期限短于二年的除外。"二是特殊不可抗辩期间。对于合同期限短于二年的非寿险保险合同，其不可抗辩期间长度可进行相应调整，缩短为一年。三是明确不可抗辩条款适用的例外情形。建议条款，"自保险合同责任期间开始起超过二年的，保险人不得解除合同。除非投保人故意违反如实告知义务的行为已经构成严重的保险欺诈。"

2. 不可抗辩条款与保险人撤销权之适用关系

对于不可抗辩条款规则适用范围内的情形，应采用排除说，即不得适用保险人撤销权。对于不可抗辩条款规则的例外情形，可采用选择说,即赋予保险人撤销权。建议条款,"保险人以投保人具有不可抗辩条款除外情形为由撤销保险合同的,人民法院应予支持。"[1]

(八) 理清保险合同解除和终止之关系

保险合同作为一种继续性合同,由于给付的不同特点,故应于法律适用上区别对待,而其中殊值重视的便是合同终止。[2]唯我国《保险法》上仍称之为解除,将一部分原本属于保险合同终止的情形一并划分到保险合同解除中加以规范,导致保险合同解除后在法律效力上的混乱局面。《保险法》如此规定之根源在于《合同法》的一般规定。如前所述,在我国《合同法》上,合同终止的概念等同于合同消灭,为合同解除的上位概念,合同解除仅为保险合同终止的情形之一。可见,如欲参考德国民法之立法例,将保险合同的解除与终止概念并列,以明晰保险合同解除之法律效果,则需先修改合同法上之相关概念,在此基础上,方能再对保险法之相关概念进行调整。虽然在19世纪末,德国起草民法第一草案时,亦曾经将解除与终止的概念作上下位阶对待,但在制定第二草案时,认为终止毕竟与解除的性质不同,开始把二者区分开来,并确定了不同的名称和效果。[3]但从我国民法学者的反应来看,对此并无做出改动的意向,并认为,即使不加区别,直接把终止作为解除的一种,也不会发生不适当的结果。[4]且从实践的角度来看,也确如崔建远先生所言,在合同消灭的意义上使用终止,与法人终止、

---

[1] 孙宏涛:《德国保险合同法》,中国法制出版社2012年版,第67页。

[2] 王文军:《继续性合同研究》,法律出版社2015年版,第171页。

[3] 王家福主编:《中国民法学·民法债权》,法律出版社1991年版,第362页。

[4] 王家福主编:《中国民法学·民法债权》,法律出版社1991年版,第362页;

委托终止等一致起来,效果更佳。由此可见,意图将保险合同的解除与终止概念并列,以明确区分保险合同解除法律效力的路径并非是一种最佳且具有可行性的方式。

实际上,在尊重《合同法》用语及学界长期的术语使用习惯的前提下,[1]对保险合同解除的效力进行区分更具可行性。如日本民法同样没有规定合同的终止,但在规定保险合同解除时,将其分为两类:一类解除的效力溯及既往;另一类解除的效力不溯及既往。[2]韩国保险法虽仅规定保险合同终止之情形,却将保险合同解除效力分为不具有溯及效力及限制性溯及效力两类。其中所谓"限制性溯及效力",是指保险人因投保人违反合同义务等特定事由终止保险合同的,即使保险事故在终止之前发生,保险人亦不负支付保险金的责任,如果已经支付了保险金,保险人可要求被保险人予以返还,但这种终止溯及力不波及保险费,对于已收取经过期间之保险费,保险人无须返还。[3]我国保险合同解除的效力也可作类似的区分。具体而言,将保险合同解除的法律效力分为两类:①即有溯及既往效力(限制性溯及既往效力更加准确);②无溯及既往效力。其中,投保人故意违反合同义务以及保险人过错(包括故意和重大过失)违反合同义务,导致合同解除的,其解除效果具有限制性溯及既往的效力。其中,投保人故意违反合同义务,保险人行使法定解除权的,保险人不承担合同解除前发生的保险金赔付责任,并不退还保险费。因保险人违反合同义务致投保人解除保险合同之情形,保险人对合同解除前发生的保险事故需要承担相应的保险

---

[1] 王文军:《继续性合同研究》,法律出版社2015年版,第176页。

[2] 王利明:《民商法研究(修订本)》(第3辑),法律出版社2001年版,第501页。

[3] 参见崔吉子、黄平:《韩国保险法》,北京大学出版社2013年版,第86-87页。

金给付责任,并应退还全额保险费。保险合同解除无溯及既往效力,则是指不存在当事人可归责过错事由而发生合同解除之情形。此外,还包括因投保人一般过错以及重大过错导致保险人解除保险合同等情形。

(九) 整合保险人解除权行使法律效果

对于保险人法定解除权的限制,不仅体现在解除条件上、解除期间上,而且还充分地体现在合同解除之后的法律效果上。基于前两章节的论述,认为应当对保险人解除权的法律效果进行变革整合。具体而言,除谎报或故意制造保险事故以及效力中止的保险合同超过复效期两种特殊情形外,我国保险人法定解除权行使的法律效果,可一律依据投保人或被保险人之主观过错程度进行细化,区分故意、重大过失与一般过失三种情形,并且这种差异要在法律后果上予以体现。具体如下,一是在投保人故意违反义务情形下:①保险人有权解除合同;②对于合同解除前发生的保险事故,不承担赔偿或者给付保险金的责任;③不退还保险费。二是在投保人因重大过失违反义务情形下采取比例给付原则:①如果在没有违反合理陈述义务的情况下保险人不会以任何条款订立合同,则保险人可解除合同并且拒绝所有索赔,但是必须退还已经支付的保费。[1]②如果保险人会以不同的条款(除与保费相关的条款)订立合同,则如果保险人如此要求,合同将被视为是在那些不同的条款的基础上订立的。[2]③除此之外,如果保险人会订立合同(不论与保费相关

---

〔1〕 参见《英国保险合同法》附录1-4。郑睿译:"英国《2015年保险法》及立法背景资料",载王宝敏主编:《保险法评论》,法律出版社2016年版,第299页。

〔2〕 参见《英国保险合同法》附录1-5。郑睿译:"英国《2015年保险法》及立法背景资料",载王宝敏主编:《保险法评论》,法律出版社2016年版,第299页。

的条款之外的条款是否相同或不同），但是会收取更高的保费，保险人可以按比例减少对索赔的赔偿数额。[1]④如果保险人不能证明投保人存在上述情形的，保险人应当承担赔偿或者给付保险金的责任。三是在义务人因一般过失或无过错未履行义务，且足以影响保险人决定是否承保或者提高保险费率的情形下：①双方就保险合同条款重新进行协商，如增加保险费、降低赔付比例，或者是将增加风险设置为责任除外条款；②解除保险合同。即仅向将来发生效力，保险人在有权保有合同经过期间保险费的同时，应当承担经过期间的保险责任，并应返还保险合同剩余期间的保险费。

本章小结

本章最后落脚点即为本书论述主旨，即保险合同解除制度的改进与完善。我国保险合同解除制度，从体系上来看，现行立法模式更为科学，且富有逻辑性，故无重构之必要，但在已有架构之上仍有小修小补的改进余地。从内容上来看，依旧着眼于具体规则的修改、补充和完善，主要对涉及保险合同解除的诸多条款进行了"增、删、改"调整。总体来看，完善保险合同解除制度，需在有益借鉴其他国家或地区立法例的基础上，不仅要重注与合同法等法律部门的协调，以避免保险法解除与合同法相关制度规定之间产生冲突和不协调，而且必须要确保保险法内部的协调性与统一性，才能有利于构建一套体系上完整、内容上规范、实质上公平的权利体系。

---

〔1〕 参见《英国保险合同法》附录1-6（1）。郑睿译："英国《2015年保险法》及立法背景资料"，载王宝敏主编：《保险法评论》，法律出版社2016年版，第299页。

第五章 保险合同解除制度的完善

具体而言,本章结合前文之分析论述,对现行保险合同解除制度进行总体的评价,重点剖析当前解除制度的不足之处,并对不足之处加以专节论述。其中,本书对于《保险法》第二章保险合同的一般规定部分,提出两项完善建议:一是采实质性要件,统一义务违反之解除条件;二是采比例给付原则,整合保险合同解除之法律效果。对于保险合同解除制度具体规则部分,概括性地提出九项完善建议,主要包括限制投保人解除权行使、细化和改进保险人解除权行使条件、完善保险人解除权行使期间、以及整合保险人解除权行使法律效果等内容。对于解除制度具体规则的完善,一方面是对投保人解除权进行限制和约束,以保护投保方内部被保险人、受益人相关利益。另一方面则是对保险人法定解除权范围的进一步限缩,以保护投保方作为保险消费者的权益。

结　论

我国保险立法，须在坚守"三分法"立法体制不变的前提下，应当确立"被保险人为保险合同之中心"理念，提升被保险人在合同中的地位。这种理念，具体到合同解除权问题上，主要体现在两个方面：一是对投保人解除权的限制和约束，即完善被保险人赎买权的法律后果，以确保其权利的实至名归。二是对保险人解除权的进一步限缩，具体是指解除权行使条件的细化、解除权期间的完善、解除权法律效果的改进等问题。但是保护被保险人利益并非是个教条，仍应有度，须要在尊重契约自由的基础上，追求当事人权益的实质公平，维护社会关系的诚信和公正，而并非对一方当事人的偏袒。[1]

事实上，无论是投保方内部权利冲突，还是投保方与保险人之间的权利冲突，皆可借用科斯的权利相互性理论进行分析。具体而言，无论法律最终决定保护哪一方权利，必然将以侵犯相对方权利为代价。[2]对于这种权利冲突，科斯提出权利配置

---

[1] 邹海林："我国保险法的发展论——以保险合同法的发展为中心"，载宋志华主编：《保险法评论》（第5卷），法律出版社2013年版，第11页。

[2] 苏力：《法治及其本土资源》（第3版），北京大学出版社2015年版，第192页。

最大化原则,从方法论上说,是一种经济分析法学的方法,[1]具有浓重的功利性色彩。因此,在分析保险合同解除的权利配置过程中,仍应以法律之公平公正为价值导向,同时辅之以经济学分析方法。换言之,在保证法之公平公正的同时,尽可能的实现利益最大化,即按照一种能避免较为严重的损害的方式来配置权利。[2]具体到限制投保人解除权问题上,本书首先,基于对价原则和信赖规则两大理论基石,以保险合同是否具有对价为分界线,将之分为两类:第一类,存在对价的保险合同,否定投保人有行使解除权的权利;反之,第二类,对于赠与型保险合同,基于对信赖利益的保护,适当地对投保人的解除权设置一个生效期间,从而给予被保险人赎买合同的机会。其次,以保险事故是否发生为分界点,事故发生前合同财产利益表现为现金价值,权属于投保人,其有权行使合同解除权自然无可非议。然而保险事故一旦发生,合同财产利益则由现金价值转化为保险金,此时利益归属于受益人,与投保人无关。因此,投保人既不得行使合同解除权,也无权请求返还现金价值,因为此时保险合同上已无现金价值可言。

限制保险人合同解除权,须从解除权行使的条件、期间、法律效果等方面着手。首先,解除权行使条件限制,投保人、被保险人对如实告知义务、安全维护义务、危险增加通知义务的违反,必须以对保险标的(物)所涉及危险程度之变动具有实质性影响为限,即采取重要性标准限缩保险人解除权。

其次,对于违反义务的法律后果,在详加区分义务人主观

---

[1] 刘作翔:"权利平等保护的法理思考",载郑贤君主编:《燕京法学》,中国民主法制出版社2006年版,第4-6页。

[2] 苏力:《法治及其本土资源》(第3版),北京大学出版社2015年版,第194页。

过错程度的基础上，规定不同的法律后果。详言之，义务人故意违反合同义务，不承担赔偿或给付保险金的责任。义务人因重大过失未履行合同义务，保险人应当根据投保人的过错程度相应减少保险金赔偿或给付，即以比例给付替代全有全无；排除义务人因一般过错所具有的法律可责难性。保险人是否享有合同解除权，应采义务人违反合同义务是否足以影响保险人决定是否同意承保或者提高保险费率的实质性标准，如确已产生实质性影响，且双方当事人就承保风险无法达成新的协议，除义务人具有主观故意之外，不必区分义务人之重大过失与一般过失，保险人一律享有合同解除权。对于保险人是否应当退还保险费问题，基于保险合同属于继续性合同之理由，一般合同解除不具有溯及力，即保险人应当退还保险费。但在例外情形下，为实现法律之阻吓功能，蕴藏着一种惩罚性赔偿的理念。即当投保人故意违反合同义务或保险人因过错违反合同义务，而导致保险合同解除的，合同解除具有限制性溯及力。具体而言，如因保险人过错，投保人解除保险合同的，保险人应当返还全部保险费。同样，如因投保人故意违反合同义务，保险人享有合同解除权的，可不退还全部保险费（包括剩余保险期间的保险费）。但投保人因重大过失或一般过错违反合同义务的，例外地只发生合同终止的效力，即解除效力仅向将来发生，保险人仍需返还剩余保险期间的保险费。

再次，保险人合同解除权的行使期间，除特殊情形外[1]，统一采取"双重期间限制"模式，其关键点在于客观期间起算点的确定上。对于客观期间起算点的确定，须要抓住三个时间

---

[1] 效力终止的保险合同超过复效期情形无须法定期间限制，可交由当事人自主协议；违反危险增加的通知义务情形只需补充主观期间即可，与之相类似的即为《保险法》第49条规定的保险标的转让导致危险程度限制增加情形的期限规定。

点，即义务人违反合同义务的时间点即为保险人合同解除权产生的时间点，同时也是保险合同客观期间的起算点。在此基础上，即可对三种保险人法定情形的期间逐一项进行完善。

最后，保险合同解除制度的完善，除必须遵循保险客观规律，重视保险法内外部的协调与统一外，还应紧密结合我国保险市场发展实际，对保险市场运作进行详细的实证分析，从而加强成文法律的可行性及有效性，提高与保险市场的契合度。由此观之，我国保险法解除权的发展路径，将会是实现其他国家和地区的法在中国的本土化成长，并具有我国自己的特点，[1]即以社会主义法治理念为核心之立法特色。

---

〔1〕邹海林："我国保险法的发展论——以保险合同法的发展为中心"，宋志华主编：《保险法评论》（第5卷），法律出版社2013年版，第4页。

参考文献

一、中文类参考文献

（一）中文著作

1. 周枏：《罗马法原论》，商务印书馆1994年版。
2. 陈朝璧：《罗马法原理》（上册），商务印书馆1937年版。
3. 张文显主编：《法理学》（第3版），法律出版社2007年版。
4. 舒国滢主编：《法理学导论》，北京大学出版社2006年版。
5. 江平主编：《民法学》，中国政法大学出版社2007年版。
6. 朱庆育：《民法总论》，北京大学出版社2013年版。
7. 梁慧星：《民法第一课》，法律出版社2009年版。
8. 张俊浩主编：《民法学原理》（修订版），中国政法大学出版社1997年版。
9. 王家福主编：《中国民法学·民法债权》，法律出版社1991年版。
10. 谢在全：《民法物权论》（修订5版）（下册），中国政法大学出版社2011年版。
11. 李永军：《民法总论》（第2版），法律出版社2009年版。
12. 李永军：《合同法》（第3版），法律出版社2010年版。
13. 王利明：《合同法研究》（修订版，第1卷），中国人民大学出版社2011年版。

14. 王利明:《民商法研究》(第 5 辑),法律出版社 2014 年版。
15. 王利明:《民商法研究》(第 6 辑),法律出版社 2014 年版。
16. 王利明:《民商法研究》(第 1 辑)(修订本),法律出版社 2001 年版。
17. 郑玉波:《民法债编总论》(修订 2 版),陈荣隆修订,三民书局股份有限公司 2002 年版。
18. 郑玉波:《保险法论》,三民书局股份有限公司 1970 年版。
19. 王泽鉴:《民法学说与判例研究》(第 1 册),中国政法大学出版社 1998 年版。
20. 王泽鉴:《民法学说与判例研究》(第 6 册),北京大学出版社 2009 年版。
21. 王泽鉴:《民法学说与判例研究》(第 7 册),北京大学出版社 2009 年版。
22. 王泽鉴:《债法原理 2》(不当得利),中国政法大学出版社 2002 年版。
23. 王泽鉴:《侵权行为》,北京大学出版社 2009 年版。
24. 史尚宽:《民法总论》,中国政法大学出版社 2000 年版。
25. 史尚宽:《债法总论》,荣泰印书馆股份有限公司 1954 年版。
26. 史尚宽:《继承法论》,中国政法大学出版社 2000 年版。
27. 崔建远主编:《合同法》(第 5 版),法律出版社 2010 年版。
28. 韩世远:《合同法总论》,法律出版社 2004 年版。
29. 郭明瑞、房绍坤:《新合同法原理》,中国人民大学出版社 2000 年版。
30. 梁慧星主编:《民商法论丛》第 7 卷,法律出版社 1999 年版。
31. 梁慧星主编:《民商法论丛》第 12 卷,法律出版社 1999 年版。
32. 梁慧星主编:《民商法论丛》第 33 卷,法律出版社 2005 年版。
33. 梁慧星主编:《民商法论丛》第 36 卷,法律出版社 2006 年版。
34. 梁慧星主编:《民商法论丛》第 57 卷,法律出版社 2015 年版。
35. 沙银华:《日本保险经典判例评释》(修订版),法律出版社 2011 年版。
36. 林群弼:《保险法论》(修订 3 版),三民书局股份有限公司 2002 年版。
37. 梁宇贤:《保险法新论》(修订新版),中国人民大学出版社 2004 年版。
38. 刘宗荣:《新保险法:保险契约法的理论与实务》,中国人民大学出版社 2009 年版。

39. 江朝国：《保险法基础理论》，中国政法大学出版社 2002 年版。
40. 江朝国：《保险法论文集》（1），瑞兴图书股份有限公司 1997 年版。
41. 江朝国：《保险法论文集》（3），瑞兴图书股份有限公司 2002 年版。
42. 江朝国：《保险法逐条释义》（第 2 卷 保险契约），元照出版有限公司 2015 年版。
43. 江朝国：《保险法逐条释义》（第 4 卷 人身保险），元照出版有限公司 2015 年版。
44. 江朝国译：《德国保险法》，台北财团法人保险事业发展中心 1993 年版。
45. 许崇苗、李利：《中国保险法原理与适用》，法律出版社 2006 年版。
46. 覃有土、樊启荣：《保险法学》，高等教育出版社 2003 年版。
47. 温世扬主编：《保险法》，法律出版社 2003 年版。
48. 李玉泉：《保险法》（第 2 版），法律出版社 2003 年版。
49. 陈欣：《保险法》，北京大学出版社 2000 年版。
50. 贾林青：《保险法》，中国人民大学出版社 2006 年版。
51. 桂裕编著：《保险法论》，三民书局股份有限公司 1981 年版。
52. 韩长印、韩永强编著：《保险法新论》，中国政法大学出版社 2010 年版。
53. 王林清：《保险法理论与司法适用：新保险法实施以来热点问题研究》，法律出版社 2013 年版。
54. 张家勇：《为第三人利益的合同的制度构造》，法律出版社 2007 年版。
55. 吴文嫔：《第三人利益合同原理与制度论》，法律出版社 2009 年版。
56. 刘振宇主编：《人身保险法律实务解析》，法律出版社 2012 年版。
57. 李浩：《民事诉讼法学》（第 2 版），法律出版社 2014 年版。
58. 宋朝武主编：《民事诉讼法学》，中国政法大学出版社 2008 年版。
59. 孙宏涛：《德国保险合同法》，中国法制出版社 2012 年版。
60. 孙宏涛：《保险合同法精解》，法律出版社 2014 年版。
61. 崔吉子、黄平：《韩国保险法》，北京大学出版社 2013 年版。
62. 奚晓明主编：《〈中华人民共和国保险法〉保险合同章条文理解与适用》，中国法制出版社 2010 年版。
63. 江必新：《保险纠纷》，法律出版社 2014 年版。

64. 樊启荣：《保险契约告知义务制度论》，中国政法大学出版社 2004 年版。
65. 陈欣：《保险法》，北京大学出版社 2000 年版。
66. 彭虹、豆景俊主编：《保险法》，中山大学出版社 2003 年版。
67. 徐卫东主编：《保险法学》，科学出版社 2009 年版。
68. 徐卫东主编：《保险法学》（第 2 版），科学出版社 2004 年版。
69. 张俊浩主编：《民法学原理》（修订版），中国政法大学出版社 1997 年版。
70. 许崇苗、李利：《中国保险法原理与适用》，法律出版社 2006 年版。
71. 李先波：《英美合同解除制度研究》，北京大学出版社 2008 年版。
72. 黄勇、李之彦编：《英美保险法经典案例评析》，中信出版社 2007 年版。
73. 周林彬主编：《比较合同法》，兰州大学出版社 1989 年版。
74. 王军编著：《美国合同法》，中国政法大学出版社 1996 年版。
75. 王文军：《继续性合同研究》，法律出版社 2015 年版。
76. 沈达明编著：《英美合同法引论》，对外经济贸易大学出版社 1997 年版。
77. 沈达明、梁仁浩编著：《德意志法上的法律行为》，对外经济贸易大学出版社 2015 年版。
78. 谢宪主编：《保险法评论》第 3 卷，法律出版社 2010 年版。
79. 谢宪主编：《保险法评论》第 4 卷，法律出版社 2012 年版。
80. 宋志华主编：《保险法评论》第 5 卷，法律出版社 2013 年版。
81. 王宝敏主编：《保险法评论》第 6 卷，法律出版社 2016 年版。
82. 傅静坤：《二十世纪契约法》，法律出版社 1997 年版。
83. 傅安平等主编：《中华人民共和国保险实务全书》，企业管理出版社 1995 年版。
84. 尹田主编：《保险法前沿》（第 3 辑），知识产权出版社 2015 年版。
85. 尹田编著：《法国现代合同法》，法律出版社 1995 年版。
86. 樊启荣：《保险法诸问题与新展望》，北京大学出版社 2015 年版。
87. 胡康生主编：《中华人民共和国合同法释义》，法律出版社 1999 年版。
88. 王静：《保险案件司法观点集成》，法律出版社 2016 年版。

89. 苏号朋主编：《美国商法——制度、判例与问题》，中国法制出版社 2000 年版。
90. 张明楷：《刑法学》（第 4 版），法律出版社 2011 年版。
91. 张明楷：《诈骗罪与金融诈骗罪研究》，清华大学出版社 2006 年版。
92. 张利兆：《保险诈骗罪研究》，中国检察出版社 2007 年版。
93. 张法连编著：《英美法律术语辞典》，上海外语教育出版社 2014 年版。
94. 史学瀛、郭宏彬主编：《保险法前沿问题案例研究》，中国经济出版社 2001 年版。
95. 袁宗蔚：《保险学：危险与保险》，首都经济贸易大学出版社 2000 年版。
96. 中国保险行业协会编：《保险法理论与实践》，法律出版社 2016 年版。
97. 杜晨妍：《合同解除权行使制度研究》，经济科学出版社 2011 年版。
98. 苏力：《法治及其本土资源》（第 3 版），北京大学出版社 2015 年版。
99. 郑贤君主编：《燕京法学》，中国民主法制出版社 2006 年版。
100. 公丕祥主编：《法制现代化研究》（第 8 卷），南京师范大学出版社 2002 年版。

（二）中文论文期刊

1. 薛军："利他合同的基本理论问题"，载《法学研究》，2006 年第 4 期。
2. 尹田："论涉他契约——兼评合同法第 64 条、第 65 之规定"，载《法学研究》2001 年第 1 期。
3. 姚新华："契约自由论"，载《比较法研究》，1997 年第 1 期。
4. 施文森："诚信原则与格式条款外之求偿"，载《月旦法学杂志》2010 年。
5. 王泽鉴："附条件买卖买受人之期待权"，载《民法学说与判例研究》（第 1 册），中国政法大学出版社 1998 年版。
6. 王利明："论第三人利益合同"，载《法制现代化研究》2002 年第 0 期。
7. 江朝国："论我国保险法中被保险人之地位——建立以被保险人为中心之保险契约法制"，载《月旦法学教室》2011 年。
8. 樊启荣："死亡给付保险之被保险人的同意权研究——兼评我国《保险法》第 56 条第 1、3 款之疏漏及其补充"，《法学》2007 年第 2 期。
9. 樊启荣："论保险合同的解除与溯及力"，载《保险研究》1997 年第 8 期。

10. 樊启荣："中国保险立法之反思与前瞻：为纪念中国保险法制百年而作"，载《法商研究》2011年第6期。
11. 邹海林："投保人法律地位的若干问题探讨"，载《法律适用》2016年第9期。
12. 葛文："人寿保险合同中被保险人信赖利益的构建——以保险法第56条第1款为中心"，载梁慧星主编：《民商法论丛》（第33卷），法律出版社2005年版。
13. 孙积禄："投保人告知义务研究"，载《政法论坛（中国政法大学学报）》2003年第3期。
14. 王萍："以形成权限制法理研究不可抗辩条款"，载《中国政法大学学报》2015年第1期。
15. 蔡大顺："论重大过失行为之法律责任体系于保险法上的重构"，载《政治与法律》2016年第3期。
16. 马宁："保险法如实告知义务的制度重构"，载《政治与法律》2014年第1期。
17. 潘红艳："被保险人法律地位研究"，载《当代法学》2011年第1期。
18. 杨德齐："论保险合同解除权制度的体系建构：兼评《保险法》司法解释三（征求意见稿）的解释权条款"，载《保险研究》2015年第2期。
19. 岳卫："《日本保险法》的立法原则及对我国的借鉴意义"，载《当代法学》2009年第4期。
20. 刘清元："人身险中被保险人、受益人的法律地位及权利保障"，载尹田主编：《保险法前沿》（第3辑），知识产权出版社2015年版。
21. 方乐华："论寿险合同中的投保方内部关系"，载《中国保险法律制度完善与保险市场规范发展》，中国保险法学研究会2014年年会论文集。
22. 韩世远："试论向第三人履行的合同——对我国《合同法》第64条的解释"，载《法律科学（西北政法学院学报）》2004年第6期。
23. 吴涵昱："论利他人身保险合同投保人法定解除权的继承"，载《浙江省2014年保险法学学术年会论文集》。
24. 董庶、王静："试论利他保险合同的投保人任意解除权"，载《法律适用》2013年第2期。

25. 刘胜利："合同定作人任意解除权的法理分析"，载《人民论坛》2010年第11期。

26. 代琴："利他保险合同解除权中的第三人保护——《保险法》第15条的修改建议"，载《保险研究》2015年第12期。

27. 姜南、杨霄玉："保险合同解除语境下被保险人利益之保护"，载《河北法学》2014年第12期。

28. 武亦文、潘重阳："保险合同索赔欺诈私法效果论"，载《保险研究》2016年第7期。

29. 宋永存："论人身保险合同不可抗辩条款的适用限制及例外"，载谢宪主编：《保险法评论》（第4卷），法律出版社2012年版。

30. 许宗生："'不可争条款'初探"，载《保险研究》1997年第4期。

31. 刘学生："论不可抗辩规则——我国《保险法》第16条第3款之解释"，载谢宪主编：《保险法评论》（第3卷），法律出版社2010年版。

32. 刘学生："保险法上对价平衡原则初探"，载尹田主编：《保险法前沿》（第3辑），知识产权出版社2015年版。

33. 吴雯雯："从司法解释三谈投保人合同解除权继承问题：基于以被保险人为中心的价值选择"，载《经贸实践》2015年第6期。

34. 王飞、徐文文："论人寿保险合同解除纠纷中的利益平衡"，载《法律适用》2013年第5期。

35. 汪渊智："形成权理论初探"，载《中国法学》2003年第3期。

36. 马向伟："人寿保险单的现金价值可以被强制执行"，载《人民司法》2016年第17期。

37. 麻昌华："遗产范围的界定及其立法模式选择"，载《法学》2012年第8期。

38. 钱进："股权继承双重客体及实务研究"，载《中国公证》2015年第2期。

39. 石旭雯："保单质押的基本法律问题探析：实践的审视与规则的梳理"，载《西部法学评论》2009年第4期。

40. 左稚华、张念："人身保险保险单现金价值权属问题研究"，载《广东金融学院学报》2007年第4期。

41. 李政宁："保险受益权与投保人或被保险人的债权人利益的冲突与解决"，载《内蒙古财经学院学报（综合版）》2010年第5期。
42. 张弛："代位权法律制度比较研究"，载《法学》2002年第10期。
43. 王利明："论代位权的行使要件"，载《法学论坛》2001年第1期。
44. 丘志乔："代位权与代位执行：并存还是归一——对我国债权人代位权制度的思考"，载《广东社会科学》2006年第4期。
45. 王晶："论代位执行与代位权的关系"，载《中州大学学报》2005年第2期。
46. 潘重阳："论债权人代位权制度之存废：以实体与程序交叉为视角"，载《大连海事大学学报（社会科学版）》2015年第3期。
47. 岳卫："人寿保险合同现金价值返还请求权的强制执行"，载《当代法学》2015年第1期。
48. 李政宁："保险受益权与投保人或被保险人的债权人利益的冲突与解决"，载《内蒙古财经学院学报（综合版）》2010年第5期。
49. 冯珂："从权利保障到权力制约：论我国民事诉讼模式转换的趋向"，载《当代法学》2016年第3期。
50. 李利、许崇苗："我国保险合同解除法律制度完善研究"，载《保险研究》2012年第11期。
51. 肖乾利、国建："检察机关提起刑事附带民事诉讼面临的困境与立法完善"，载《法学杂志》2010年第7期。
52. 福建省永春县人民法院课题组："关于财产刑适用与执行情况的调查报告"，载《福建法学（福州）》2009年第1期。
53. 黄忠顺："论司法机关在财产刑执行中的角色分担"，载《中国刑事法杂志（北京）》2014年第1期。
54. 吴珏："论公法债权"，载《苏州大学学报（哲学社会科学版）》2008年第5期。
55. 乔宇："论财产刑执行的法律问题"，载《法律适用》2015年第10期。
56. 张守文："论税收的一般优先权"，载《中外法学杂志》1997年第5期。
57. 肖建国："论财产刑执行的理论基础——基于民法和民事诉讼法的分

析",载《法学家》2007年第2期。

58. 王静:"如实告知义务法律适用问题研究〉若干问题的解释（二）》为核心"，载《法律适用》2014年第4期。

59. 刘勇:"论保险人解除权与撤销权的竞合及适用"，载《南京大学学报》2013年第4期。

60. 徐志军、张传伟:"欺诈的界分"，载《政法论坛》2006年第4期。

61. 马宁:"保险侵权欺诈的识别与私法规制——以《保险法》第27条为中心"，载《中南大学学报（社会科学版）》2015年第3期。

62. 梁鹏:"保险合同复效制度比较研究"，载《环球法律评论》2011年第5期。

63. 姬文娟:"论我国保险合同复效制度中的若干问题"，载《上海保险》2008年第1期。

64. 赵桥梁:"保险合同复效法律法规及相关司法解释之探讨"，载《上海保险》2016年2月。

65. 姚军、李方:"论保险法中的安全维护义务"，载《中国青年政治学院学报》2013年第3期。

66. 唐世银:"保险法上对价平衡原则的司法运用"，载《法律适用》2015年第12期。

67. 徐卫东、高宇:"论我国保险法上危险增加的类型化与危险增加的通知义务"，载《吉林大学社会科学学报》2002年第2期。

68. 孙宏涛:"我国《保险法》中危险增加通知义务完善之研究——以《保险法》第16条第3款为中心"，载《政治与法律》2016年第6期。

69. 孙宏涛:"我国《保险法》中不可抗辩条款完善之研究"，载《政治与法律》2015年第7期。

70. 梁鹏:"保险合同复效制度比较研究"，载《环球法律评论》2011年第5期。

71. 崔建远:"合同解除的疑问与释答"，载《法学》2005年第9期。

72. 王子晏:"保险合同解除权的规范性质和法律适用"，载《社会科学家》2012年第12期。

73. 徐卫东、高湘宇:"论保险法上的半强行性规范——保险精神与技术的一般原理",载《中国商法年刊》2007 年第 0 期。
74. 邹海林:"我国保险法的发展论——以保险合同法的发展为中心",载宋志华主编:《保险法评论》(第 5 卷),法律出版社 2013 年版。
75. 方芳:"保险合同解除权的时效与溯及力",载《西南政法大学学报》2006 年第 6 期。
76. 任自力:"保险法最大诚信原则之审思",载《法学家》2010 年第 3 期。
77. 罗俊玮:"英国海上保险法最大诚信原则发展之评析",载《国会月刊》2010 年第 5 期。
78. 编辑部:"江朝国教授《对价平衡原则介入契约自由原则的界线——善意复保险危险发生后不得请求保费返还》重点提示",载《月旦释读文摘》2011 年第 5 期。
79. 丁亮华:"第三人利益合同及其请求权基础——对《合同法》第 64 条之'漏洞'的创设性补充",载梁慧星主编:《民商法论丛》(第 36 卷),法律出版社 2006 年版。
80. 夏元军:"论保险法上解除权与民法上撤销权之竞合",载《法律科学(西北政法大学学报)》2010 年第 2 期。
81. 何苏平:"论保险合同解除权与合同撤销权的竞合",载《浙江省 2014 年保险法学学术年会论文集》。
82. 王丽萍:"债权保全制度研究",载《山东大学学报(哲学社会科学版)》1996 年第 1 期。
83. 马新彦:"论现代私法上的信赖规则",载许章润主编:《清华法学》(第 3 辑),清华大学出版社 2003 年版。
84. 方芳:"浅析保险受益人与债权人保护的利益平衡",载《商业经济研究》2009 年第 8 期。
85. 沙银华:"个人年金保险合同解约权是否'一身专属'",载《中国保险报》2002 年 4 月 17 日。
86. 王艳玲:"关于民法中确立禁止权利滥用原则的思考",载《河北法学》2006 年第 7 期。
87. 李永军:"论私法合同中意志的物化性",载《政法论坛》2003 年第

5 期。

88. 李永军:"契约效力的根源及其正当化说明理论",载《比较法研究》1998 年。

89. 谭春霖:"论保险的最大诚信原则",载《恩施职业技术学院学报(综合版)》2004 年。

90. 仲伟珩:"投保人如实告知义务研究:以中德法律比较为出发点",载《比较法研究》2010 年第 6 期。

91. 周刚:"保险法不可抗辩条款研究",载中国保险行业协会编:《保险法理论与实践》,法律出版社 2016 年版。

92. 刘作翔:"权利平等保护的法理思考",载郑贤君主编:《燕京法学》,中国民主法制出版社 2006 年版。

93. 马更新:"论我国保险法上的如实告知义务——兼论保险法第 16 条立法的优点与不足",载谢宪主编:《保险法评论》(第 4 卷),法律出版社 2012 年版。

94. 李青武、于海纯:"论美国不可争议条款规制投保欺诈的制度构成及其正当性",载《比较法研究》2014 年第 1 期。

95. 李青武:"我国《保险法》不可争辩条款制度:问题与对策",载《保险研究》2013 年第 6 期。

(三) 中文学位论文

1. 郝磊:"合同解除权制度研究",中国政法大学 2005 年博士学位论文。
2. 李寒劲:"保险人法定解除权制度研究",武汉大学 2009 年博士学位论文。
3. 李晓钰:"合同解除制度研究",西南政法大学 2014 年博士学位论文。
4. 陈坚:"合同司法解除研究",湖南大学 2012 年博士学位论文。
5. 姜南:"保险合同法定解除制度研究",西南财经大学 2008 年博士学位论文。
6. 孙晓利:"保险受益人法律制度完善研究",中国海洋大学 2013 年硕士学位论文。
7. 陈姣:"人身保险合同存续期间保单现金价值的执行问题研究",华东政法大学 2015 年硕士学位论文。

8. 孙慧婷："人身保险合同复效制度研究"，吉林大学 2014 年硕士学位论文。
9. 王卓振："论保险合同的解除权"，吉林大学 2010 年硕士学位论文。
10. 张元华："论保险合同解除权"，长春工业大学 2011 年硕士学位论文。
11. 欧千慈："保险法上对价平衡原则之研究"，中正大学 2006 年硕士学位论文。

（四）网址及其他

1. "王某诉中国人寿保险公司永顺县支公司保险合同纠纷案"，北大法宝，http://www.pkulaw.cn/。
2. "原告唐甲与被告新华人寿保险股份有限公司山东分公司、唐丙人寿保险合同纠纷一案一审民事判决书"，聚法案例，http://www.jufaanli.com/。
3. "中国太平洋人寿保险股份有限公司滨州中心支公司与山东省邹平县三宝畜牧科技有限公司等保险合同纠纷执行异议案"，北大法宝，http://www.pkulaw.cn/case/。
4. "中国平安人寿保险股份有限公司宁波分公司诉杨韵等人寿保险合同纠纷案"，北大法宝，http://www.pkulaw.cn/case/pfnl_1970324857704280.html。
5. "李立彬诉中国人寿保险股份有限公司北京市分公司人身保险合同纠纷案"，北大法宝，http://www.pkulaw.cn/case/pfnl_1970324843264868.html。
6. "张洁诉保险合同退保纠纷上诉案"，北大法宝，http://www.pkulaw.cn/case/pfnl_1970324836975441.html。
7. "最高人民法院关于适用《中华人民共和国保险法》若干问题的解释（三）的征求意见稿"，中国法院网，http://www.chinacourt.org/law/。
8. "四川省高级人民法院关于审理合同解除纠纷案件若干问题的指导意见"，http://blog.sina.com.cn/。
9. "关于规范人身保险经营行为有关问题的通知"，法律教育网，http://www.chinalawedu.com/news/。
10. "保险法司法解释（二）"，华律网，http://www.66law.cn/tiaoli/1205.aspx。
11. "难倒法官的骗保案：刑法说她该坐 10 年大牢"，网易新闻中心，http://news.163.com/05/0414/17/1HAMC9B00001122E.html。

12. "格雷欣法则",学步园,http://www.xuebuyuan.com/505558.html

二、外文类参考文献

(一) 外文译著

1. [德] 迪特尔·梅迪库斯:《德国民法总论》,邵建东译,法律出版社 2000 年版。
2. [德] 迪特尔·施瓦布:《民法导论》,郑冲译,法律出版社 2006 年版。
3. [德] 迪特尔·梅迪库斯:《德国债法总论》,杜景林、卢堪译,法律出版社 2004 年版。
4. [德] K. 茨威格特、H. 克茨:《比较法总论》,潘汉典、米健、高鸿钧、贺卫方译,法律出版社 2003 年版。
5. [德] 莱因哈德·齐默曼、[英] 西蒙·惠特克:《欧洲合同法中的诚信原则》,丁广宇等译,法律出版社。
6. [德] 卡尔·拉伦茨:《德国民法通论》(下册),王晓晔、邵建东等译,法律出版社 2003 年版。
7. [德] 卡尔·拉伦茨:《法学方法论》,陈爱娥译,商务印书馆 2003 年版。
8. 郑冲、贾红梅译:《德国民法典》(修订本),法律出版社 2001 年版。
9. 杜景林、卢谌译:《德国民法典》,中国政法大学出版社 2014 年版。
10. [美] 约翰·F. 道宾:《美国保险法》(第 4 版),梁鹏译,法律出版社 2008 年版。
11. [美] 小罗伯特·H. 杰瑞、道格拉斯·R. 里士满:《美国保险法精解》(第 4 版),李之彦译,北京大学出版社 2009 年版。
12. [美] 肯尼斯·S. 亚伯拉罕:《美国保险法原理与实务》,韩长印、韩永强等译,中国政法大学出版社 2012 年版。
13. [美] A. L. 科宾:《科宾论合同》(下册),王卫国等译,中国大百科全书出版社 1998 年版。
14. [美] 肯尼思·布莱克、哈罗德·斯基珀:《人寿保险》(第 12 版,上册),洪志忠等译,北京大学出版社 1999 年版。

15. ［美］L. L. 富勒、小威廉 R. 帕迪尤:"合同损害赔偿中的信赖利益"，韩世远译，载梁慧星主编:《民商法论丛》(第 7 卷)，法律出版社 1999 年版。

16. ［美］E. 博登海默:《法理学:法律哲学与法律引法》，邓正来译，中国政法大学出版社 2004 年版。

17. ［美］约翰·罗尔斯:《正义论》，何怀宏等译，中国社会科学出版社 2014 年版。

18. ［美］罗纳德·哈里·科斯:《论生产的制度结构》，盛洪、陈郁译，上海三联书店 1994 年版。

19. 孙建江、郭站红、朱亚芬译:《魁北克民法典》，中国人民大学出版社 2005 年版。

20. ［英］P. S. 阿狄亚:《合同法导论》（第 5 版），赵旭东等译，法律出版社 2002 年版。

21. ［英］丹宁勋爵:《法律的训诫》，群众出版社 1985 年版。

22. ［英］P. S. 阿狄亚:《合同法导论》（第 5 版），赵旭东等译，法律出版社 2002 年版。

23. ［英］A. G. 盖斯特:《英国合同法与案例》，张文镇等译，中国大百科全书出版社 1998 年版

24. ［英］约翰·伯茨:《现代保险法》，陈丽洁译，河南人民出版社 1987 年版。

25. ［英］约翰·T. 斯蒂尔:《保险的原则与实务》，孟兴国译，中国金融出版社 1992 年版。

26. ［日］山下孝之:《受益人的指定》，商事法务 2003 年版。

27. ［日］松波仁一郎:《日本商法论》，秦瑞玠、郑钊译述，中国政法大学出版社 2005 年版。

28. ［日］奥田昌道:《债权总论》（增补版），悠悠社 2000 年版。

29. ［日］仓沢康一郎:《保险契约法的现代课题》，成文堂 1995 年版。

30. ［日］竹滨修:"2008 年《日本保险法》的修改及其后的发展"，载宋志华主编:《保险法评论》（第 5 卷），法律出版社 2013 年版。

31. ［日］美浓部达吉:《公法与私法》，黄冯明译，中国政法大学出版社

2003 年版。

32. 渠涛编译：《最新日本民法》，法律出版社 2006 年版。
33. ［法］拿破仑：《拿破仑法典（法国民法典）》，李浩培等译，商务印书馆 1979 年版。
34. ［意］彼德罗·彭梵得：《罗马法教科书》，黄风译，中国政法大学出版社 1992 年版。
35. 费安玲、丁玫译：《意大利民法典》，中国政法大学出版社 1997 年版。
36. ［奥］冯·哈耶克：《个人主义与经济秩序》，贾湛、文跃然等译，北京经济学院出版社 1989 年版。
37. 欧洲保险合同法重述项目组："欧洲保险合同法原则"，韩永强译，载梁慧星主编：《民商法论丛》（第 57 卷），法律出版社 2015 年版。
38. 孙宏涛译："法国保险合同法"，载宋志华主编：《保险法评论》（第 5 卷），法律出版社 2013 年版。
39. 郑睿译："英国《2015 年保险法》及立法背景资料"，载王宝敏主编：《保险法评论》（第 6 卷），法律出版社 2016 年版。
40. 韩世远译："欧洲合同法原则"，载梁慧星主编：《民商法论丛》（第 12 卷），法律出版社 1999 年版。

（二）外文文献

1. Barry Nicholas, *The French Law of Contract*, 2nd edition, London, Butterworths Press1982.
2. Kenneth Carnnar, *Essential cases in insurance law*, Woodhead-Faulker, 1985.
3. John p. Dawson, William Burnett Harvey, Stanley D. Henderson, *Cases and Comment On Contract*.
4. Ricketts v. Scothorn, *Supreme Court of Nebraska*, 1898, 57 Neb. 51, 77 N. W. Ambassador Insurance Co. v. Montes, 76 N. J. 477, 388 A. 2d. 1978. .
5. Erin Wessling, Contracts——Applying the Plain Language to Incontestability Clauses Kersten v. Minnesota mutual life insuranceCO., 608 N. W. 2D 869 (MINN. 2000), William Mitchell Law Review, 2000, v. 27.
6. Elizabeth A. Martin A. MARTIN, *Oxford Dictionary of Law*, Oxford university press1983.

7. Elizabeth Cooke, *The Modern Law of Estoppel*, Oxford University Press2000.
8. John F. Dobbyn, *Insurance Law*, 法律出版社 2001 年版, p214.
9. Joel v. LUnion and Crown Insuranee Co [1908 2 2 K. B. 863（AC）].

致 谢

　　终于到写后记的环节了！应当说每篇博士论文的完成，其过程之艰辛程度都是不言而喻的。我也不例外，在拼尽全力撰写博士论文的同时，一方面需要工作，另一方面则是孕育新生命——我的第二个孩子，还有就是照顾刚入幼儿园的大孩子。其过程之艰难与狼狈是我不情愿再去追忆的。然而，我不能忘记的是，在那段不堪回首的日子里，如果不是父母帮助我照看两个孩子，与我一起频繁的往返在家与医院之间，我是无论如何也撑不到现在的；还有老公的担当与包容，在承担自身繁忙的工作任务之外，为我搜集论文材料，尽力承担家务，容忍我的坏脾气；再就是我的两个孩子，沐沐、琳琳是我坚持和拼搏的动力。所以，首先，感谢家人的风雨同舟，默默支持，使得我这篇论文得以成型。其次，感谢授业恩师管晓峰老师三年来对我的教导，除了学业的孜孜教诲之外，管老师更加注重对学生在做人做事方面的提点，对于老师的教导，学生将铭记于心，终身受益。同时，感谢管老师多次认真的辅导和指正，使得我这篇论文最终得以完善。这里还想表达对江平老师、赵旭东老师、王卫国老师、王涌老师的谢意，感谢老师们精彩的课堂知识传授；再次，感谢诸位同学和朋友的鼓励，论文写作过程中，陷入困惑和质疑的时候居多，而生活中的问题也不少，有时情绪会莫名的绝望，感谢你们一路陪伴和鼓励！我时常暗自庆幸，

"遇到你们,何其幸运!"最后,感谢答辩委员会各位老师,提出的宝贵修改意见!感谢民商院研工办老师们的辛勤付出!也感谢自己一直坚强地走到今天!